AMANDA LEDUC, geboren 1982 in British Columbia, studierte Kreatives Schreiben und Philosophie in Victoria (Kanada) und St. Andrews (Schottland). Sie schreibt Essays, Erzählungen und Romane. 2021 erscheint ihr Roman *The Centaur's Wife*. Sie hat eine Zerebralparese und lebt in Hamilton, Ontario, wo sie für das Festival of Literary Diversity (FOLD) arbeitet, Kanadas erstes Literaturfestival für diverse Autor*innen und Geschichten.

JOSEFINE HAUBOLD studierte Anglistik und Germanistik in Dresden und Berlin. Seit 2011 arbeitet sie als freie Lektorin und Übersetzerin aus dem Englischen, unter anderem übersetzte sie Bücher von Nellie Bly, Tennessee Williams und Hayley Long.

AMANDA LEDUC

ENTSTELLT

ÜBER MÄRCHEN BEHINDERUNG UND TEILHABE

AUS DEM ENGLISCHEN ÜBERSETZT VON JOSEFINE HAUBOLD

EDITION NAUTILUS

Die Originalausgabe des vorliegenden Buches erschien unter dem Titel *Disfigured: on fairy tales, disability, and making space* bei Coach House Books, Toronto.

Canada Council for the Arts Conseil des arts du Canada

Der Verlag dankt dem Canada Council for the Arts für seine Unterstützung.

Verlag und Übersetzerin bedanken sich bei Tanja Kollodzieyski für die Beratung.

Edition Nautilus GmbH
Schützenstraße 49 a
D-22761 Hamburg
www.edition-nautilus.de

Deutsche Erstausgabe März 2021
Umschlaggestaltung:
Maja Bechert, Hamburg
www.majabechert.de
Porträt der Autorin auf Seite 2:
© Trevor Cole

FSC www.fsc.org MIX Papier aus verantwortungsvollen Quellen FSC® C083411

Druck und Bindung:
CPI – Clausen & Bosse, Leck
1. Auflage
ISBN 978-3-96054-251-3

Für Dorothy, die mir den Weg in die Wälder zeigte;

Für Jael, die mir gezeigt hat, dass ich mutig genug war, ihm zu folgen;

Und für alle meine behinderten Brüder und Schwestern, die mich an die Hand nahmen, damit ich den Weg nicht alleine gehen musste.

Niemand sieht Sophokles' Stück als Tragödie über einen Krüppel und einen Blinden, die um die Zukunft von Theben ringen.

– Tobin Siebers

Deine einstmals sanfte Stimme
wird dich verlassen, deine Beine
machen jeden Schritt an Land zur Folter.
Irgendwann vermisst du
den Tang und die Robben, dein altes Sein,
deinen alten Körper. Du passt nicht ans Land
noch ins Meer, dein Opfer liegt lange zurück.
Kämme dein Haar, das weiter wächst,
obwohl du den Prinzen verlorst.
Und du weißt, es kommt der Tag
da zahlst du den Preis
Für deine kurze Zeit an der Sonne.

– Jeannine Hall Gailey

Einleitung

Die Idee zu diesem Buch kam mir passenderweise in einem Wald. Im Sommer 2018 hatte ich das außerordentliche Glück, für ein dreiwöchiges Aufenthaltsstipendium in Hedgebrook auf Whidbey Island vor der Küste von Seattle ausgewählt worden zu sein. Ich arbeitete gerade an einem Roman, und nach einem besonders anstrengenden Tag beschloss ich, auf der Suche nach etwas Aufmunterung in den Wald zu gehen. Neben der Eingangstür meiner Hütte lehnte ein Spazierstock, den ich ohne groß nachzudenken mitnahm, bevor ich mich zum hinteren Teil des Anwesens aufmachte. Irgendwo an seinem nördlichen Ende stand ein Brombeerstrauch, und ich konnte es kaum erwarten, dort ganze Hände voller Beeren zu sammeln.

Während ich so ging, dachte ich darüber nach, wie viel einfacher das Gehen mit dem Stock doch war: ein unbelebter Begleiter, der mir durch die Höhen und Senken des Waldes half. Selbst auf dem gepflasterten Boden in der Nähe meiner Unterkunft war er nützlich. Mit dem Stock in der Hand fühlte ich mich sicher. Er half mir, mein Gewicht beim Wechsel vom einen auf den anderen Fuß auszubalancieren, auf eine Weise, die ich aufregend und überraschend fand.

Heißt das, ich sollte im normalen Leben auch einen Stock benutzen?, fragte ich mich auf dem Weg zu den

Brombeeren. *Ob das wohl hilfreich wäre? Wie würde sich dadurch die Art verändern, wie ich mich durch die Welt bewege?*

In meinem Alltag nutze ich keinen Gehstock. Ich habe eine leichte Zerebralparese und spastische Hemiplegie, und obwohl ich sichtbar hinke, war mein Gleichgewichtssinn in den ersten dreieinhalb Jahrzehnten meines Lebens gut genug, dass ich ohne Hilfsmittel gehen konnte.

Doch mein Blick ist beim Gehen auf den Boden gerichtet – eine Tatsache, die mir überhaupt erst bewusst wurde, als eine Podologin mich vor einigen Jahren darauf aufmerksam machte. Es brauchte noch einige weitere Jahre, bis mir klarwurde, dass ich deshalb auf den Boden sehe, weil er voller Gefahren ist, unberechenbar und launisch: Lücken zwischen Betonplatten, unebenes Pflaster, Risse im Bürgersteig. Wenn ich nicht ständig aufpasse, wohin ich meine Füße setze, ist es so gut wie sicher, dass ich irgendwann stürze.

Ein Stock, überlegte ich, *wäre wahrscheinlich hilfreich.*

Für viele von uns mit körperlichen Behinderungen kann der Wald ein gefährlicher Ort sein. Es ist aussichtslos, mit einem Rollstuhl zwischen die Bäume fahren zu wollen, wo es keinen deutlich markierten und planierten Weg gibt; selbst mit einem Blindenhund an der Seite ist die Navigation mitunter schwierig. Ich würde wetten, dass der Wald sogar denen Probleme bereitet, deren Behinderung oft als unsichtbar erachtet wird; ein finsterer Ort, voller Gerüche und sensorischer Angriffe, an dem sogar nichtbehinderte Menschen sich verlieren können.

Eine Prinzessin im Rollstuhl hätte wohl ihre Schwierigkeiten, die Brombeeren zu finden, dachte ich, während ich mich durchs Gebüsch schlug. Kurz hielt ich inne und musste lächeln. Eine Prinzessin im Rollstuhl? *Wo gibt's denn so was?*

Doch als ich zum Brombeerstrauch durchgedrungen war, konnte ich an nichts anderes mehr denken als an die unbekannte Prinzessin in ihrem Rollstuhl. An die Prinzessin, an die sieben Zwerge, die Schneewittchen geholfen haben, und an Rumpelstilzchen. An die Hässlichkeit des Biests in ›Die Schöne und das Biest‹, an die böse Königin in ›Schneewittchen‹, die sich in eine bucklige Alte verwandelt, an den Prinzen, der erblindet, nachdem die Zauberin Rapunzel aus ihrem Turm entführt hat, an die Prinzessin, die in einen langen, verwunschenen Schlaf fällt. An die Hexe mit der Krücke in ›Hänsel und Gretel‹, an Aschenputtels Stiefschwestern, denen die Tauben die Augen auspicken, und an all die hässlichen Prinzen und Prinzessinnen, die dank ihrer List den Thron erobern und deren Schönheit sich schließlich offenbart oder ihnen geschenkt wird.

Und plötzlich war ich nicht mehr alleine im Wald; plötzlich eröffneten sich all diese Zusammenhänge: Behinderung und Märchen, *wie offensichtlich*, warum war ich bloß vorher noch nie darauf gekommen?

Daraus musste ein Essay werden, dachte ich mir. Aber zweifellos gab es das bereits, zweifellos war über den Zusammenhang von Märchen und Behinderung schon millionenfach geschrieben worden. Es gab *so viel* daran, worüber man schreiben konnte. Klügere Leute als ich hatten das sicher schon getan, und zwar gut. Ich labte mich an den Brombeeren, ging zurück zu meiner Hütte und machte mich wieder an meinen Roman.

Doch zwischendurch kreisten meine Gedanken immer wieder um die Momente im Wald. Behinderung und Märchen. Behinderung *im* Märchen.

Als ich wieder zu Hause war, recherchierte ich ein bisschen und fand erstaunlich wenig zu dem Thema. Überzeugt davon, dass ich etwas übersehen hatte, grub ich etwas tiefer. Bei meinen Grabungen stieß ich auf Ann Schmiesing und ihr wunderbares Buch *Disability, Deformity, and Disease in the Grimms' Fairy Tales*. Ich stieß auf Sharon Snyder und David T. Mitchell und ihre Arbeiten über narrative Prothesen, auf den Disability-Forscher Tobin Siebers und auf die fantastische Bandbreite der Forschungen von Jack Zipes.

Und ich kam auch wieder zu den Märchen. So viele düsterere Versionen der Disney-Geschichten, die ich als Kind gekannt hatte – und auch so viele düsterere Elemente in den Disney-Geschichten. Warum war Scar, der Bösewicht aus dem *König der Löwen*, nur unter der Narbe bekannt, die sein Gesicht zeichnete? Warum jagte mir die Darstellung des »buckligen« Quasimodo Schauer über den Rücken? Warum hatte ich beim Anblick der kleinen Meerjungfrau Arielle, nachdem ihr Beine wachsen und sie an Land kommt, nie mich selbst in ihrer unsicheren Haltung und ihrem Stolpern wiedererkannt?

Warum war es in all den Geschichten über jemanden, der oder die jemand oder etwas anderes sein möchte, immer das Individuum, das sich ändern musste, und nie die Welt?

Entstellt ist mein Versuch, einige der bekannteren westlichen Märchen-Archetypen aus der Perspektive der Behindertenrechtsbewegung zu beleuchten. Wenn wir die Schäden, die diese Archetypen anrichten, überwinden wollen, müssen wir zunächst verstehen, wie sie entstanden sind – warum der entstellte Körper historisch als weniger vollkommen angesehen wurde; warum Märchen, die häufig mit scheinbarem Empowerment assoziiert werden, einen Nährboden für behindertenfeindliche Narrative geschaffen haben; und wie die Anziehungskraft und Wirkmacht dieser Geschichten die Wahrnehmung von Behinderung bis heute beeinflussen.

Um uns das Narrativ von Behinderung zurückzuerobern, müssen wir verstehen, *warum* Erzählungen wie Märchen von Anfang an so davon fasziniert waren, und *warum* sie Differenz – und Behinderung – verleumdet haben, um der Welt einen Sinn zu geben.

Einige Anmerkungen. Als jemand, die mit westlichen Märchen und deren Bearbeitungen aufgewachsen ist, beabsichtige ich, sozusagen in meinem Metier zu bleiben und mich in diesem Buch überwiegend auf Märchen und popkulturelle Held*innen zu konzentrieren, die einem westlichen Publikum bekannt sind. Auch wenn ich gelegentlich Märchen aus anderen Kulturen erwähnen werde, um die Verbreitung bestimmter Archetypen zu zeigen, handelt der Großteil dieses Buchs von westlichen Märchen und den zahlreichen modernen Bearbeitungen, die in überwiegend europäischem Kontext aus ihnen hervorgegangen sind. Ich hoffe sehr, dass dieses Buch auch etwas zum Gespräch über Behinderung in Märchen aus anderen Kulturen beitragen kann, und freue mich darauf, mehr darüber zu erfahren.

Es ist mir außerdem wichtig zu betonen, dass es sich bei diesem Buch nicht um ein Werk der Märchenforschung handelt. Meine Absicht ist es, Märchen aus der Perspektive von jemandem zu betrachten, die Märchen immer geliebt, die jedoch den Großteil ihres Lebens in laienhafter Kenntnis damit hantiert hat. Da mich insbesondere die Schnittstellen von Märchen-Narrativen und ihren Archetypen mit der Darstellung von Behinderung interessieren, mag es gelegentlich so scheinen, als würde ich bei meinen Interpretationen Märchen miteinander gruppieren, die traditionell als unterschiedlich gelten (etwa in den Abschnitten über die Brüder Grimm und Hans Christian Andersens ›Kleine Meerjungfrau‹).

Dieses Buch soll auch kein Werk der Behindertenforschung sein. Ich bin eine körperlich behinderte Frau, die zudem mit einer schweren depressiven Störung zu tun hat. Auch wenn ich meine eigenen Erfahrungen nutze, um Märchen und ihren kulturellen Einfluss in der Welt zu untersuchen, ist es weder meine Absicht, für das Feld der Behindertenforschung zu sprechen, noch für alle behinderten Menschen oder für all jene, die sich regelmäßig den Herausforderungen ihrer eigenen psychischen Gesundheit stellen müssen. Behinderung ist keine monolithische Erfahrung – jede behinderte Person hat ihre eigene Geschichte, und wie wir uns in der Welt bewegen, ist ebenso vielfältig und komplex.

Es ist mir außerdem wichtig, anzumerken, dass ich aufgrund meiner Erfahrungen als weiße behinderte Frau über Mehrfachmarginalisierungen innerhalb der Behinderten-Community zwangsläufig nur eingeschränkt Aussagen machen kann. Wir müssen den Geschichten behinderter Menschen aus BIPoC-Communitys (Black, Indigenous and People of Colour) Raum geben, sie anhören und fördern. Die Frage, wie westliche Märchen zu den kolonialistischen und kapitalistischen Strukturen beigetragen haben, die behinderte BIPoC bis heute marginalisieren, sollten alle weißen behinderten Menschen stellen, unabhängig von den Intersektionen innerhalb unserer eigenen Communitys. Ich wünsche mir, dass die in diesem Buch thematisierten Fragen zu Gesprächen darüber beitragen können, wie insbesondere behinderte Menschen aus BIPoC-Communitys durch Märchen beeinflusst und verletzt wurden. Ich hoffe, dass dieses Buch zu den Menschen auf jeweils die Weise spricht, die sie brauchen. Indem ich meine eigene Geschichte erzähle und untersuche, wie Behinderung in einigen der bekanntesten westlichen Märchen funktioniert, hoffe ich außerdem, den Diskurs über die Repräsentation von Behinderung in unseren heutigen Erzählungen voranbringen zu können.

Im Buch verstreut finden sich Konsultationsberichte des ersten Neurochirurgen, der mich operierte, als ich vier Jahre alt war. Ich habe Auszüge aus diesen Berichten eingefügt, weil für mich das Verständnis dessen, was meinen Eltern über meine Behinderung gesagt wurde – und auch dessen, was meine Ärzt*innen sich selbst darüber sagten –, entscheidend ist für mein eigenes Verständnis davon, wie meine Behinderung sich auf mein heutiges Leben auswirkt. Indem ich die Aussagen meines Arztes hier veröffentliche, versuche ich, mir mein eigenes Narrativ zurückzuerobern. Ich möchte dennoch betonen, dass niemand von behinderten Menschen erwarten darf, dass sie ihre Krankenakten mit der Öffentlichkeit teilen. Bei meinen Erfahrungen mit der medizinischen Welt hatte ich großes Glück – und Privilegien –, und mir ist bewusst, dass dies für viele nicht gilt.

Ich habe, während ich *Entstellt* schrieb, mit vielen behinderten Menschen gesprochen. Sofern es von den Betreffenden nicht anders gewünscht war, nutze ich im Text durchgehend *identity-first language*. *Identity-first language* (»behinderter Mensch«) drückt aus, dass die behinderte Identität ein wichtiger Teil dessen ist, was eine Person ausmacht, dass sie untrennbar damit verbunden ist, wie sie sich in der Welt bewegt. Im Gegensatz dazu argumentiert die *person-first language* (»Mensch mit Behinderung«), dass jemand in erster Linie ein Mensch ist und erst danach jemand mit einer Behinderung. Der allgemeine Konsens unter Behindertenaktivist*innen ist, dass die *person-first language*, wenngleich sie gut gemeint sein mag, Behinderung und Identität trennt und so die Abwertung von Behinderung, die Vorstellung von Behinderung als etwas Negativem fortschreibt.

Die Behinderungen und Pronomen jeder Person in diesem Buch wurden entsprechend den jeweiligen Wünschen der Betreffenden verwendet.

Ich bin allen dankbar, die ihre Zeit und Expertise mit mir geteilt haben, und hoffe sehr, dass die Untersuchungen in diesem Buch ihnen allen gerecht werden.

1
Das Kind, dessen Kopf in Dunkelheit getaucht war

Es fängt, wie alle Märchen, mit einem Problem an. Es waren einmal ein Holzfäller und seine Frau, die waren kinderlos. Es war einmal ein wohlhabender Mann, dessen Frau starb, und weil er einsam war, heiratete er eine neue Frau, die grausam zu seinem Kind war. Es war einmal eine Meerjungfrau, die über das Meer hinaussah und sich danach sehnte, auf dem Land zu gehen.

In diesem Fall waren es eine Mutter und ein Vater mit einer siebzehn Monate alten Tochter, die noch nicht laufen gelernt hat. Das muss nicht immer ein Problem sein – manche Kinder lernen es früher, andere lassen sich Zeit –, aber diese Eltern sind beunruhigt. Sie lesen die Literatur zu den üblichen Stufen frühkindlicher Entwicklung und befragen Ärzt*innen, die ihnen sagen, sie sollen sich keine Sorgen machen. Nachts wiederholen sie flüsternd diese Worte: *Keine Sorge. Es wird alles gut.*

Sie haben schon einmal ein Kind verloren – eine Tochter, dunkelhaarig und stumm, die schon tot auf die Welt kam. Das war anderthalb Jahre vor der Geburt ihrer zweiten Tochter. Ihre Asche ruht in einer kleinen grauen Kiste im Regal ihres Schlafzimmers. Sie haben Angst, sind aber auch voller Hoffnung.

Manchmal dauert es eben ein bisschen länger, beruhigen sie sich. *Jedes Kind ist anders.* Mit den anderen Entwicklungsstufen ihrer zweiten Tochter ist alles in Ordnung. Sie lacht, sie weint, sie krabbelt mühelos. Sie isst alles, was man ihr vorsetzt. (*So eine gute Esserin*, sagt ihr Großvater. Der Spruch sollte zu ihrem ältesten Familienwitz werden.)

Als sie kurz vor ihrem zweiten Geburtstag ihre ersten Schritte macht, sind die Eltern überglücklich, wenngleich noch immer besorgt. Der rechte Fuß ihrer Tochter dreht sich nach innen, so dass das rechte Bein zum linken hin einknickt. Sie zieht es nicht nach, nicht so richtig zumindest, aber irgendetwas an ihrem Gang sieht nicht ganz richtig aus. So etwas wird in ihren Babybüchern nicht erwähnt, es sind dort keine Beine abgebildet, die sich *genau so* neigen. Sie gehen mit ihr zu einer Ärztin, die bestätigt: Irgendetwas ist nicht so, wie es sein sollte.

Mehr noch: Die Ärztin vertraut ihnen, glaubt ihnen, sie versteht den dunklen Fluss von Verunsicherung, der tief im Inneren aller Eltern fließt.

»Ich höre den Müttern zu«, sagt sie. »Sie wissen immer, wenn etwas nicht stimmt.«

Die Ärztin überweist sie zu einem Neurologen, der sie in eine andere Stadt schickt, wo man das Mädchen in eine Maschine stecken und ihr Gehirn betrachten kann.

Märchen, wie wir in der modernen westlichen Welt sie verstehen, haben eine reiche und vielfältige Geschichte. Der *Oxford Companion to Fairy Tales* definiert sie als »Narrative von Zauberei und Fantasie, die als fiktional verstanden werden«. Der englische Ausdruck *fairy tale* geht zurück auf eine Veröffentlichung der französischen Adligen Marie-Catherine d'Aulnoy aus dem Jahr 1697, *Les contes des fées*. Doch Märchen gab es – in schriftlicher wie mündlicher Form – schon viel früher. Vor ihrer

Verschriftlichung wurden sie lange mündlich überliefert. Die Form, die sich über Tausende von Jahren erhalten konnte, ist stärker als die der meisten anderen Geschichten – und da sie den Launen der mündlichen Nacherzählung unterworfen ist, zugleich um vieles empfindlicher.

Einige Märchen fallen in die Unterkategorie der *Volkssage*, ein Begriff, der mittlerweile recht weitgreifend die Gesamtheit der Erzählungen, Sagen, Mythen und Legenden einer bestimmten Kultur umfasst. (Auch wenn die Grenzen manchmal fließend sind, bemerkte der Ethnologe William Bascom, dass die Ethnologie oft zwischen Mythen und Legenden einerseits und Märchen andererseits anhand der Haltung unterscheidet, die die Menschen zu ihnen einnehmen. Dem Anthropologen Elliott Oring zufolge werden Mythen »als zugleich heilig und wahr« angesehen, während Legenden sich auf einen einzelnen, wundersamen Aspekt einer Geschichte konzentrieren. Im Gegensatz dazu gelten Märchen von Anfang bis Ende als fiktiv.)

Es finden sich Märchenelemente in ›Der goldene Esel‹, dem einzigen überlieferten Roman der griechischen Antike; sie finden sich in ›Bel und der Drache‹ im Buch Daniel des Alten Testaments, das auf das fünfte oder sechste vorchristliche Jahrhundert datiert wird. Kunstmärchen wiederum stammen nicht aus mündlichen Überlieferungen, sondern sind Schöpfungen bekannter Urheber*innen. Hans Christian Andersen schuf eigene Märchen, ebenso wie Lewis Carroll und Edith Nesbit. J. M. Barrie verwendete Märchenelemente in *Peter Pan*, das von Kindern wie Erwachsenen gleichermaßen geschätzt wird, ebenso wie L. Frank Baum im *Zauberer von Oz*.

Während der Begriff *Märchen*, wie wir ihn in der westlichen Kultur verstehen, sich grundsätzlich auf europäische Erzählungen bezieht, umfasst der Oberbegriff *Volksmärchen* Geschichten aus der ganzen Welt. In vielen Fällen haben klassische europäische Märchen ähnliche Entsprechungen in anderen Ländern, von denen einige um Jahrhunderte oder sogar noch weiter zurückreichen als ihre europäischen Pendants. Die Ursprünge von Erzählungen wie ›Hans und die Bohnenranke‹, ›Die Schöne und das Biest‹ oder ›Rumpelstilzchen‹ lassen sich in ihren weltweiten Varianten über viertausend Jahre zurückverfolgen.

Im Grunde erzählen wir einander Geschichten, seit wir sprechen können. Das Genre Märchen mag eine relativ junge Entwicklung sein, doch es ist eine Art von Erzählung, die es in unterschiedlichen Formen von Anbeginn der Zeit gegeben hat.

Genauer gesagt haben wir diese Erzählweise benutzt, um das zu beschreiben, was anders ist. Ob diese Andersartigkeit in einer Entstellung begründet ist oder in sozialer Ausgrenzung: Märchen drehen sich oft in irgendeiner Weise um Protagonist*innen, die sich vom Rest der Welt unterscheiden.

»Der Zweck von Geschichten«, stellt der Amerikanist und Disability-Forscher David T. Mitchell fest, »ist, das zu erklären, was aus der Reihe fällt. Das Begreifen von Unterschieden zwischen Menschen ist eines der ersten Dinge, die den Akt des Geschichtenerzählens ins Leben rufen.«

Durch Geschichten verleihen wir der Welt Gestalt, um sie zu verstehen – und historisch gesehen haben wir durch Geschichten den Unterschieden überhaupt erst Gestalt verliehen. Ohne die Hilfe der Wissenschaft beim Verstehen dessen, was nicht in die Reihe passt, ist es nachvollziehbar, dass zuerst Geschichten diese Funktion erfüllten.

Ich bin drei Jahre alt, als meine Eltern mich in ein Krankenhaus in London, Ontario, zum CT-Scan bringen. Ich habe kaum Erinnerungen daran – vielleicht erinnere ich mich an das Gefühl des Eingeschlossenseins in der riesigen, surrenden Maschine, doch da in den darauffolgenden Jahren noch weitere CT-Scans von mir gemacht werden sollten, erinnere ich mich wahrscheinlich eher an diese. Es sind meine Eltern, die die Erinnerungen bewahren: die fast zwei Stunden dauernde Fahrt in die andere Stadt, wie sie die Angst beschleicht, als sie im Auto sitzen, wie sie immer wieder versuchen, ein Gespräch anzufangen. Vielleicht bin ich unterwegs eingeschlafen – es ist sogar wahrscheinlich. Ich schlafe immer noch in Autos ein, so viele Jahre später.

Ich bin drei Jahre alt und spiele auf dem Fußboden, als die Neurologin meine Mutter aufruft, um ihr die Befunde mitzuteilen. Dort, wo Teile meines Gehirns sein sollten, ist ein leerer Raum, erklärt sie ihr. Die Scans zeigen einen dunklen Fleck im Zentrum meines Großhirns, eingebettet zwischen der linken und der rechten Gehirnhälfte.

»Dort sollte eigentlich Gehirnmasse sein«, sagt die Neurologin, »aber da ist nichts.«

Meine Mutter fängt an zu weinen. Ich greife nach ihr, bin verwirrt.

Aber sie weiß doch, wer ich bin, denkt meine Mutter. *Sie sieht gar nicht aus, als hätte sie kein Gehirn. Was soll das alles bedeuten?*

Die Neurologin empfiehlt eine Operation und verweist uns an einen anderen Arzt. Wir gehen zum Beratungsgespräch. Meine Eltern mögen ihn nicht.

»Er war ein junger Arzt«, erzählt mir meine Mutter heute. »Man merkte, dass er überhaupt nicht wusste, was zu tun war, dass er nur Vermutungen anstellte.« In ihrer

Verzweiflung wendet sie sich an ihre Cousine, die als Krankenschwester in der Kardiologie arbeitet. Die Cousine hört sich um und liefert meinen Eltern einen Namen: Dr. Humphreys vom Kinderkrankenhaus in Toronto. Dieses Krankenhaus liegt wieder eine Stunde von meiner Heimatstadt entfernt, in der entgegengesetzten Richtung.

Wenn der Arzt es von ihnen verlangt hätte, wären meine Eltern in den Wald gegangen und hätten einen Haselzweig gesucht, sie hätten ihn vor unserer Haustür eingepflanzt und auf Regen gewartet. Sie hätten ein gemästetes Kalb geschlachtet und sein Blut um die Tür versprengt, oder mich zu einer Waldhexe gebracht und sie um einen Zaubertrank gebeten, den sie in mein Essen gemischt hätten. Sie hätten einen alten Mann vor ihrer Haustür angetroffen, von dem sie instinktiv wüssten, dass er der (verkleidete) Teufel ist, und hätten ihm die Reichtümer ihres Hauses und ihrer Ländereien als Gegenleistung für meine Gesundung versprochen. Sie hätten alles getan, sie würden alles tun für die Sicherheit und Unversehrtheit ihrer kleinen Tochter. Sie können sich nicht vorstellen, wie das Leben sonst sein soll.

Wir erzählen uns Geschichten, um zu leben, sagt Joan Didion.

Sie fahren mit mir ins Krankenhaus, sie falten die Hände und beten.

Anders als Legenden und Mythen gelten Märchen im Allgemeinen nicht als auf irgendeiner historischen Wahrheit beruhend. Ihr oberster Zweck ist meist moralischer Natur: Märchen sollen uns etwas lehren, uns etwas über einen Teil der Welt erzählen, der in irgendeiner Weise missverstanden wurde. In den deutschen Märchen (Diminutiv von mittelhochdeutsch *mære*, aus dem Althochdeutschen *mären*: verkünden, rühmen), dem Äquivalent des englischen *fairy tale* (»Feenerzählung«) spielen Feen nur selten eine Rolle, jedoch enthalten sie allesamt Elemente des Wundersamen: Gänsemägde, die zu Prinzessinnen werden, drachentötende Helden, Königinnen, die zur Magie greifen, um ein Kind zu bekommen.

In Europa nahm das Genre als literarische Form während der Renaissance Gestalt an. Autoren wie Giovanni Francesco Straparola (*Le piacevoli notti*; *Ergötzliche Nächte*) und Giambattista Basile (*Il Pentamerone*; *Pentameron*) die darin enthaltene Erzählung ›Sonne, Mond und Thalia‹ ist die erste schriftliche Version von ›Dornröschen‹) bereiteten den Boden für die nachfolgenden Erzählungen von Charles Perrault (Frankreich) und die Sammlungen der Brüder Grimm.

Im siebzehnten Jahrhundert, als Madame d'Aulnoy in Frankreich ihre Märchen zu schreiben begann, wurde das Kunstmärchen zum beliebten Zeitvertreib adeliger Damen, die diese in ihren verschiedenen Salons erzählten und verbreiteten. Hier lässt sich die Auswirkung sozialer und kultureller Veränderungen auf die Geschichten beobachten: Ihr Schwerpunkt verlagerte sich hin zur Betonung bestimmter Vorstellungen von Moral und Etikette, wobei die Märchen stets mit großem rednerischen Elan erzählt wurden, der wiederum Form und Struktur der literarischen Sprache und des literarischen Stils zu beeinflussen begann.

Die gesammelten Märchen der Brüder Grimm, die in Deutschland als *Kinder- und Hausmärchen* veröffentlicht wurden und wahrscheinlich das bekannteste Beispiel europäischer mündlich tradierter und in schriftlicher Form zusammengetragener Märchen darstellen, waren zunächst ein Versuch, diesem hochgestimmten »literarischen« Stil entgegenzuwirken. Die Brüder Grimm wollten die den deutschen Volkssagen und -erzählungen innewohnende – wie sie es nannten – »Naturpoesie« erhalten, die sie in ihrer ursprünglichen Form bei den bäuerlichen Schichten bewahrt glaubten und die zu verschwinden drohte, indem die Welt sich allmählich literarischen Formen in Büchern und anderen Veröffentlichungen zuwandte. In den Einleitungen der ersten Ausgaben der Märchen priesen die Grimms den »robusten« und »gesunden« Charakter derjenigen, deren Märchen sie gesammelt hatten – Eigenschaften, die sie als maßgeblich für das Geschichtenerzählen betrachteten. So wie Industrialisierung und Verstädterung bäuerliche Lebensformen in Deutschland zunehmend verdrängten, sahen die Brüder Grimm im Aufkommen einer literarischen Kultur eine Bedrohung für die Traditionen des Erzählens, die sie ihr ganzes Leben lang gekannt hatten.

»Es besteht also eine Parallele«, schreibt die Literaturwissenschaftlerin Ann Schmiesing, »zwischen der Prekarität des menschlichen Seins und der Prekarität des mündlich überlieferten Märchens […]. Das Märchen kann nicht überleben, wenn es nicht weitererzählt und gehört bzw. aufgeschrieben und gelesen wird.«

Eine große Ironie hierbei ist jedoch, dass Wilhelm und Jacob Grimm eine beträchtliche Anzahl ihrer Märchen in Wirklichkeit von adeligen Damen und nicht von Angehörigen der bäuerlichen Schicht gesammelt haben. Im Nachwort zur Erstausgabe der *Kinder- und Hausmärchen* (im Folgenden abgekürzt als *KHM*) lobt Jacob Grimm insbesondere die Erzählkunst einer gewissen Dorothea Viehmann, die »noch rüstig und nicht viel über fünfzig Jahre alt, […] hell und scharf aus den Augen [blickt]. […] Sie bewahrt diese alten Sagen fest in dem Gedächtnis, welche Gabe, wie sie sagt, nicht jedem verliehen sei.« Tatsächlich gehörte Viehmann jedoch zur Mittelschicht – sie war die Tochter eines Gasthofbesitzers, die ihre zahlreichen Kinder alleine großziehen musste. Sie verstarb nach dem Erscheinen der zweiten Ausgabe der *KHM* an einer Krankheit.

Dennoch fand das Werk der Brüder Grimm Nachhall in ganz Europa. Sammler*innen und Volkskundler*innen in anderen Ländern wurden angeregt, ihre jeweils eigenen Geschichten zu sammeln und zu erhalten, was zugleich den Hang zu Nationalismus und kulturellen Erzählungen nährte, der zu jener Zeit über den Kontinent hereinbrach. Ebenso folgenreich war die Entscheidung, ihre Sammlung »Kinder- und Hausmärchen« zu nennen, wodurch das Genre Märchen auf Jahrhunderte verstärkt mit Blick auf ein junges Publikum geformt wurde.

Wie wir sehen werden, haben spätere Bearbeitungen – denken wir nur an die Disney-Prinzessinnen – die auf Kinder ausgerichtete Anpassung der Märchen noch weitergetrieben. So wurden viele ursprüngliche Elemente von Märchen wie ›Rapunzel‹ oder ›Aschenputtel‹ weggelassen (Rapunzels Schwangerschaft im Turm, die Selbstverstümmelung von Aschenputtels bzw. Cinderellas Stiefschwestern beim Versuch, den Schuh anzuziehen), um diese inhaltlich wie auch – im Fall von Disney – visuell freundlicher zu gestalten. Während im 20. Jahrhundert die streng religiösen Untertöne der Grimm'schen Märchen dezent in den Hintergrund gedrängt wurden, bildete sich durch die Konzentration auf das stets glückliche Ende eine eigene, neue Moral heraus: ein Versuch, die Ordnung über das Chaos zu stellen, die strenge und manchmal willkürliche Hand Gottes durch ein wohlwollendes Universum zu ersetzen, in dem das Gute denen widerfährt, die es verdienen. Gab es in den *KHM* und anderen Sammlungen noch viele Märchen, die tragisch endeten, sind die bis heute am häufigsten rezipierten meist die mit glücklichem Schluss. Der Bogen des moralischen Universums neigt sich heute in all den alten Geschichten, die überdauert haben, zum Guten hin.

Alle bekommen ihr Happy End, auf die eine oder andere Weise.

Zumindest, wenn sie es verdienen.

Eine Biopsie der Masse im Gehirn ergibt, dass es sich nicht um einen Tumor handelt, sondern um eine Zyste – was zwar etwas besser klingt, aber immer noch beängstigend ist. Es ist ungewöhnlich, sagt der Arzt meinen Eltern, eine Zyste dort zu finden, wo meine wächst: mitten im Gehirn.

Zerebralparese. Eine neurologische Störung, bei der Bewegung, motorische Fähigkeiten und Muskeltonus beeinträchtigt sind. Dr. Humphreys ist anders als der junge Arzt, der meine Mutter so verunsichert hat. Er ist älter, zugewandter, selbstbewusster. Als er ihr also diese Worte übermittelt, sind sie nicht ganz so bedrohlich, wie sie befürchtet hatte. Jahre später sollte ich herausfinden, dass sein Vorname Robin ist, Rotkehlchen. Das passt auf eine Weise zu ihm, die ich nicht ganz erklären kann. Er ist selbstbewusst und ernst, dabei aber überall, wo es darauf ankommt, noch ein Kind. Ein Mann, der verspielt ist und freundlich, wie ein weiser und gütiger Großvater. Wenn er sich in ein Tier verwandeln würde, wäre es nur passend, dass dieses Tier ein rotbrüstiger Vogel wäre.

»Die Zyste ist wie ein mit Wasser gefüllter Ball im Gehirn«, erklärt er. »Wir legen einen Shunt, um ihn trockenzulegen.«

Einen VP-Shunt, um genau zu sein. Ein Gerät, das normalerweise in die Gehirnventrikel eingebracht wird, um einen Hydrocephalus zu behandeln. Ich sollte das Wort erst zehn Jahre später richtig aussprechen können. *Vau-peh, vau-peh, vau-peh. Ventrikuloperitoneal.* Das Wort stolpert über meine Zunge wie *Rumpelstilzchen.*

Um den Shunt zu verlegen, rasieren sie mir die linke Kopfhälfte und öffnen meinen Schädellappen. Sie schieben den Shunt durch den linken Hauptventrikel und führen den langen Plastikschlauch an meinen Organen vorbei nach unten, wo er als silberglänzende Spirale in meinem Bauchraum zu liegen kommt. Während ich wachse, entrollt sich die Spirale Stück für Stück und dehnt sich mit mir zusammen aus. (»Wenn sie größer wird als 1,90«, scherzt der Chirurg später mit meinen Eltern, »bekommt sie ein Problem.«) Der Shunt soll die Hirn- und Rückenmarkflüssigkeit, die sich in der Zyste sammelt, in meinen Verdauungstrakt ableiten, von wo aus sie dann mit meinem Urin aus dem Körper austritt. Problem gelöst, wie durch Zauberei.

Meine Eltern weinen und sind dankbar, vorsichtig, doch noch immer besorgt. (*Warum haben sie ihr nur den halben Kopf rasiert?*, fragt sich meine Mutter, sagt aber nichts.) Ich bleibe zur Beobachtung im Krankenhaus.

Bald zeigt sich, dass der Shunt nicht funktioniert. (Die Sorge ist ein dunkler Fluss ohne Ende.) Die meisten Zysten bestehen aus Wasser – meine ist, wie sich herausstellt, eher gallertartig. Man muss sie herausschälen. Also werde ich noch einmal operiert. Diesmal rasieren sie mir auch die andere Hälfte des Kopfes, dann schneiden sie die Masse an und entfernen die Zyste Scheibchen für Scheibchen. Meine Mutter, die im siebten Monat mit meinem Bruder schwanger ist, hält ihren Bauch umfasst, während sie mit meinem Vater im Warteraum sitzt.

Die Operation verläuft erfolgreich – so erfolgreich es eben geht. Die Ärzt*innen konnten fast die gesamte Zyste entfernen, bis auf die Teile, die direkt an das Gewebe meines Gehirns angrenzen. Dr. Humphreys geht nicht davon aus, dass sie nachwachsen wird.

»Wir bestellen sie jedes Jahr zur Kontrolle ein, nur um sicherzugehen.«

Als meine Eltern nach der Operation zu mir kommen, bin ich benommen, aber wach.

»Weißt du, wer ich bin?«, fragt meine Mutter ängstlich.

Ich schaue sie an, verwirrt von den seltsamen Fragen der Erwachsenen, wie nur Vierjährige es sein können. »Ja«, sage ich. »Weißt du es denn nicht?«

Sie will lachen, oder weinen, tut aber nichts von beidem. Stattdessen setzt sie sich behutsam ans Bett und nimmt mich in den Arm, ganz vorsichtig, wegen der Verbände um meinen Kopf. Ich sehe winzig aus, wie ich da in dem Krankenhausbett schwimme, in meinem Krankenhauskittel schwimme.

Im Laufe der kommenden Tage erhole ich mich, bin aber mürrisch. Meine Mutter verbringt die Nächte im Hotel gegenüber dem Krankenhaus, wo sie alleine unter der Dusche weint. Sie glaubt nicht an Märchen, aber dies ist ein neuer dunkler Fluss, ein Flüstern, eine Warnung. Vielleicht ist irgendetwas in diesen Operationssaal eingedrungen, hat mich mitgenommen und dann ein anderes Mädchen an meiner Statt dort gelassen. »Irgendetwas stimmt nicht«, beschwört sie die Schwestern. »Das ist nicht das Kind, das ich kenne.«

Doch das ist es, ich bin es – ich bin nur *mürrisch.* Ich will nicht im Krankenhaus sein. Ich hasse den Verband, der an meinem Kopf juckt. Ich hasse es, dass die Krankenschwester mir beim Waschen helfen muss. Ich hasse das Essen, ich hasse es, dass ich mit den anderen Kindern im Spielzimmer spielen soll, ich hasse es, dass die Schwestern nachts alle paar Stunden hereinkommen, um meine Temperatur zu messen. Ich hasse den Piepton des Thermometers, das Tiefrot der Digitalanzeige. Ich hasse es, wie sich das kalte Metall unter meiner Zunge anfühlt. Ich hasse die forsche Fröhlichkeit der Schwestern, wenn ich mich weigern will.

Wenn du nicht den Mund aufmachst, muss ich deine Temperatur im Po messen!

Ich hasse es, dass meine Lieblingsschwester Margaret mir sagt, ich solle beim nächsten Mal, wenn meine Mutter zu Besuch kommt, nicht vor ihr weinen. *Natürlich* will ich stark sein für meine Mutter. *Natürlich* will ich sie nicht enttäuschen.

Sobald ich sie sehe, breche ich in Tränen aus, und das hasse ich noch viel mehr.

Doch schon bald werde ich aus dem Krankenhaus entlassen. Es ist April. Ich bin für den Rest meines letzten Kindergartenjahres zu Hause. Mein Haar wächst nach, aber nur langsam. Eines Tages fragt ein Mädchen auf dem Spielplatz seine Mutter: *Mami, warum trägt der Junge dort ein Kleid?* Und ich laufe weinend zu meiner Mutter.

Mein rechter Fuß dreht sich noch immer einwärts, also kommt innerhalb eines Jahres die nächste Operation, diesmal, um die Sehnen in meinem Fuß zu verlängern, damit er sich nach außen dreht – richtig, *normal*. Ich trage sechs Wochen lang einen Gips, ich habe ein Taxi, das mich zur Schule fährt, und einen Rollstuhl, in dem mich die anderen Kinder aus meiner Klasse gerne herumschieben, so lange, bis es nichts Neues mehr ist.

Als der Gips abkommt, hinke ich. Ich kann laufen, aber eben nicht normal. Meine Hüfte ist schief. Die verlängerten Sehnen ändern nur wenig daran; mein rechter Fuß ist unförmig und vernarbt. Ich muss Spezialschuhe tragen, der rechte Schuh ist größer als der linke. Es fällt kaum auf, wenn überhaupt, aber sogar mit meinen fünf oder sechs Jahren ist es das Einzige, was ich sehe.

In fast allen Märchen kommt irgendeine Art von Aufgabe vor. Diese kann entweder physischer Art sein – wie im Grimm-Märchen ›Die beiden Wanderer‹, wo ein Schneider eine Reihe von Aufgaben lösen muss, bevor er die Königstochter zur Frau erhält, oder auch spiritueller – wie bei Grimms ›Das Mädchen ohne Hände‹, in dem die Titelfigur mit abgetrennten Händen und auf den Rücken gebundenen Armen alleine durch den Wald irrt. Die Menschen werden in die Welt hinausgeschickt, um *etwas zu lernen*, um eine Reihe von Aufgaben zu meistern, eine Reihe von Gegenständen zu sammeln, um ihre Kämpfe zu bestehen und am Ende siegreich zurückzukehren. Tu dies, tu jenes, dann wird alles gut.

In dem norwegischen Märchen ›Östlich von der Sonne und westlich vom Mond‹ muss die Heldin zu einem Schloss reisen, um ihren zukünftigen Ehemann aus den Händen einer Trollprinzessin zu befreien. In Hans Christian Andersens ›Die kleine Meerjungfrau‹ soll die Meerjungfrau ihren geliebten Prinzen töten, um ihre Stimme wiederzuerlangen und ins Meer zurückzukehren.

Aufgaben gibt es in der Literatur und in mündlichen Überlieferungen seit Gilgamesch und in Kulturen weltweit. In einem westafrikanischen Märchen muss die Spinne Anansi eine Reise unternehmen, um den Python Onini, den Leoparden Osebo und die Mboro-Hornissen zurückzuholen, damit der Himmelsgott Nyame der Welt ihre Geschichten zurückgibt.

Anansi fängt die Tiere ein und befreit die Geschichten, der Schneider löst die Aufgaben und heiratet die Prinzessin, das Mädchen ohne Hände erhält Hilfe von wohlmeinenden Fremden, und zur Belohnung für ihren guten Glauben wachsen ihre Hände nach. Jede Aufgabe in jedem Märchen kommt zu irgendeinem Abschluss. Selbst die kleine Meerjungfrau, die sich am Ende von Andersens Märchen das Leben nimmt, erhält das Versprechen auf ein ewiges Happy End im Himmel.

Ich bin das Happy End, das meine Eltern sich erhofft hatten, und gleichzeitig bin ich es für mich selbst irgendwie auch nicht. Dass ich überlebt habe, ist der bestmögliche Verlauf – die triumphale Heimkehr, die Belohnung für tadellos gemeisterte Aufgaben. Meine Eltern haben auf die Ärzt*innen und Gurus gehört, sie haben so viele Ratschläge von weisen Männern und Frauen eingeholt, wie sie nur konnten. Mein Schädel wurde geöffnet und die missliebigen Teile wurden entfernt, ein Prozess, der vollkommen wissenschaftlich und zugleich vollkommen magisch ist. Erst ist alles beängstigend, und dann ist alles gut. Doch die Wirklichkeit dieses neuen Lebens nach der Operation, das ist eine ganz andere Geschichte.

Das Leben ist immer anders als die Happy Ends, die wir aus Märchen in Büchern und Filmen kennen. Obwohl wir das natürlich wissen, beruhen viele Annahmen und Vorurteile in unserer heutigen westlichen Kultur auf diesen uralten Geschichten.

Als Heranwachsende *wusste* ich, dass mein Leben als das eines behinderten Kindes ebenso wertvoll ist wie jedes andere. Was ich allerdings nicht wusste – und manchmal bis heute nicht weiß –, war, wie ich mich körperlich in diesen »wertvollen« Raum einfügen sollte. Ich war im Tanzunterricht nicht anmutig, obwohl ich es wollte, ich schritt nicht selbstbewusst durch die Schulkorridore. Ich hinkte. Ich trug peinliche, kastenförmige Schuhe. Die Prinzessinnen aus den Märchen, die ich in der Schule und zu Hause las, wurden nicht mit orthopädischen Einlagen und Physiotherapie traktiert. Sie mussten nicht jedes Jahr zur Kontrolle ins Krankenhaus nach Toronto, wo ein Arzt ihre missgebildeten Füße untersuchte und ihre Glieder vermaß.

Prinzessinnen wurden nicht in der Schule ausgelacht, weil sie *so komisch laufen*. Prinzessinnen gab man nicht den Spottnamen *Pickle*, weil *du läufst, als hättest du eine saure Gurke im Arsch!* (Außer dass es, zu meiner viel späteren Überraschung, manchmal doch so war: Aschenputtel erhielt ihren Namen von ihrer Stiefmutter und den Stiefschwestern, die unsere Heldin auslachten und schikanierten, weil ihre Haare und Kleider von der Arbeit als Küchenmagd oft mit Asche beschmutzt waren.)

Die Prinzessinnen, die ich kannte, waren anmutig und schön und konnten traumhaft tanzen. Objektiv gesehen wusste ich zwar, dass sie nicht echt sind, aber wie sollte ich gegen mein aufwallendes Herz ankommen, wenn Auroras Kleid die Farbe wechselte, von blau nach rosa und wieder zurück?

Wie sollte ich gegen die so offensichtlich normgerechte Schönheit von Disneys Belle oder Cinderella ankommen oder gegen die Unausweichlichkeit, mit der der Erzählbogen so vieler Märchen sich am Ende zur romantischen Liebe neigt? Wie sollte ich all das vereinbaren mit meinem Selbstverständnis als jemand, die nie *auf genau diese Weise* schön sein würde? Wichtiger noch – wie sollte ich begreifen, dass es nicht darauf ankommt, *auf genau diese Weise* schön zu sein? Wie umgehen mit der unvermeidbaren Abweichung des Lebens vom traditionellen Erzählbogen mit Happy End, wenn ich überall von diesen Happy Ends umgeben war – in Märchen, in den Medien, in anderen Geschichten, die ich las und liebte? Wie sollte ich erkennen, dass nicht die Abweichung des Lebens von diesem Erzählbogen das Problem ist, sondern die Etablierung dieses Bogens – diese normierten Körperideale und Erwartungen?

Und wie sollte ich mit dem Widerspruch zwischen dem nichtbehinderten und dem behinderten Erzählbogen umgehen, wenn Behinderung in diesen Happy Ends überhaupt nicht vorkommt?

Zerebral. Aus dem Lateinischen *cerebrum*, Gehirn. Im medizinischen Sinn bezogen auf den Bereich des Gehirns in und um die Hirnrinde sowie die Verbindungen, die von dort aus zum Kleinhirn verlaufen.

Parese. Aus dem Griechischen *parésis*, Erschlaffung, unvollständige Lähmung.

Zusammengenommen bilden die beiden Worte einen Überbegriff für eine Reihe von Diagnosen, bei denen die Bewegung eingeschränkt, bedingt oder unmöglich ist.

Andere Verwendungen von *zerebral*: das Gehirn betreffend, geistig, intellektuell. Im Englischen (*cerebral*) auch: unter Einbeziehung des Verstands statt emotional/instinktiv.

Parese (Substantiv): vollständige oder teilweise Muskellähmung, oft begleitet von Sensibilitätsverlust, unkontrollierten Bewegungen oder Tremor.

Verb: paralysieren, zu einer Paralyse führen, lähmen, handlungsunfähig/hilflos machen, etwa vor Angst.

Dr. Humphreys' Konsultationsberichte aus dem Jahr 1986 an unsere Hausärztin sind medizinisch-sachlich und zugleich warmherzig. *Das Kind wurde nach einer vollständig ausgetragenen, normal verlaufenen Schwangerschaft und unkomplizierten Entbindung geboren und wog 3800 Gramm. Die weitere Entwicklung des Kindes verlief relativ unauffällig. Im Alter von etwa sechs Monaten fiel den Eltern auf, dass Amandas rechte Zehen »sich nicht entspannen, sondern gekrümmt bleiben«. Sie lernte anschließend nur langsam laufen und machte erst im Alter von siebzehn Monaten sichere, eigenständige Schritte. Dabei blieb jedoch das Gleichgewicht instabil und der Fuß neigte zur Einwärtsdrehung.*

Er ist auf jeden Fall ein Geschichtenerzähler.

Mit der Zeit und mit fortschreitender Mobilität ge-

wöhnte sie sich an, beim Gehen das rechte Bein im Kreis zu schwingen. Sie ist nie impulsiv gerannt. Da die Ganganomalie weiterhin bestand, wurde nach möglichen Störungen im rechten Unterarm und in der rechten Hand gesucht. Hier gab es kaum Auffälligkeiten, auch nicht in Bezug auf eine leichte Spastik im Arm. Jedoch entwickelte sie sich aus irgendeinem Grund zur Linkshänderin.

(Es war einmal eine Zeit, da dachte man, dass Linkshändigkeit vom Teufel komme. Matthäus 25:41: »Dann wird er auch sagen zu denen zur Linken: Gehet hin von mir, ihr Verfluchten, in das ewige Feuer, das bereitet ist dem Teufel und seinen Engeln!« Die linke Seite galt als Merkmal alles Minderwertigen und Falschen: Eva, die aus Adams linker Rippe entstand, Frauen im Allgemeinen, von denen man glaubte, sie würden beim Geschlechtsakt aus dem linken Hoden des Mannes entstehen, was im antiken Griechenland zu der Praxis führte, dass Männer sich einen Hoden abbanden, um das Geschlecht ihrer Nachkommen zu beeinflussen. Im Südafrika des neunzehnten Jahrhunderts war es bei einigen Zulu-Stämmen Brauch, die linke Hand eines Kindes in kochendes Wasser zu tauchen, um das Kind dazu zu zwingen, seine rechte zu benutzen. Während der Spanischen Inquisition fürchtete die katholische Kirche Linkshänderinnen als Hexen und verbrannte einige von ihnen bei lebendigem Leib.

Cesare Lombroso, der vielen als der Vater der Kriminologie gilt, schrieb im Jahr 1903: »Je mehr der Mensch in Zivilisation und Kultur fortschreitet, zeigt er im Vergleich zu Primitiven eine immer stärkere Rechtshändigkeit, die männlichen mehr als die weiblichen, Erwachsene mehr als Kinder.« Lombroso betrachtete Linkshändigkeit als ein Zeichen von Abnormalität – eine Behinderung, die die Habenden von den Habenichtsen unterschied.

Dr. Humphreys war natürlich nicht der Meinung, dass ein linkshändiges Kind minderwertig sei. Doch sind wir nach so vielen Jahrhunderten von Legenden und Aberglauben überrascht, in seiner Beschreibung eine gewisse Ungläubigkeit mitschwingen zu hören, eine gewisse Spekulation? *…entwickelte sie sich aus irgendeinem Grund zur Linkshänderin.*)

Gegenwärtig ist die motorische Behinderung recht leicht und scheint nur ihr rechtes Bein, genauer dessen Knöchel und Fuß zu betreffen. Den Eltern fiel auf, dass sie länger braucht, um zu Fuß bestimmte Strecken zurückzulegen, etwa auf dem Schulweg oder in einem Einkaufszentrum. Es wurde außerdem eine leichte Linksneigung des Kopfes festgestellt, vermutlich im Zusammenhang mit einem Schielen, ein leichter Muskelschwund in der rechten Wade sowie eine sehr leichte Skoliose im unteren Rücken.

Bei der klinischen Untersuchung ist das Kind sehr aufmerksam und kooperativ. Sie weist jedoch einen leicht spastischen hemiparetischen Gang auf, der das rechte Bein nahezu vollständig einbezieht. Sie entwickelt zudem einen Pes equinovarus, der zu einem Hinken führt.

Hemiparetisch: von *Hemiparese*, leichte Lähmung einer Körperhälfte. Aus dem Altgriechischen *hemi-*: halb; *páresis*: (»das Vorbeilassen, Erschlaffung«), leichte, unvollständige Lähmung, Schwächung eines Muskels, einer Muskelgruppe.

Pes equinovarus: Fehlstellung des Fußes, (*equine*: wie bei einem Pferd), bei der der Fuß nach unten überstreckt und einwärts verdreht ist. Lateinische und medizinische Bezeichnung für einen Klumpfuß, mit dem auch Ödipus gezeichnet war.

Doch spricht man von Ödipus eigentlich immer als behindertem Mann? Seine Behinderung wird meist *symbo-*

lisch gelesen, als Zeichen dafür, wie seine Eltern versuchten, die Götter zu überlisten. Sie ist ein wesentlicher Teil der Erzählung eines Mannes, der immer wieder versucht, seinem Schicksal zu entkommen. Seine Behinderung ist keine Tatsache in seinem Leben – eine alltägliche Begleiterin, die neben ihm her und in ihm, durch ihn existiert –, sondern vielmehr ein Symbol, das sein Narrativ auf eine ganz bestimmte Weise vorantreibt: Er muss sie überwinden, sich über sie erheben, sich beweisen, denn als jemand mit einem Fuß, der anders ist, als jemand, der zur Bestrafung für die Verfehlungen seiner Eltern gezeichnet wurde, gilt er automatisch als Geringerer.

Erst durch den Klumpfuß gelangt Ödipus' Narrativ zur Vollendung: Um seine Behinderung zu überwinden, muss er sich der Tatsache beugen, dass die Götter sie über ihn verhängt haben, dass sie ihn damit heimgesucht haben als Symbol für seine *Hybris*, als er das Schicksal herausgefordert hat. Um die ganz reellen Schwierigkeiten zu meistern, vor die der Klumpfuß ihn in seinem Leben stellt, muss er – und wir, als Leser*innen seiner Geschichte – ihn stattdessen als Symbol für etwas anderes betrachten, für ein anderes Übel, dessen Wiedergutmachung ihm erst ermöglichen wird, ebenso zu triumphieren wie alle anderen nichtbehinderten Heroen. So wird die gelebte Realität der Behinderung zu etwas Abstraktem und Vorübergehendem – was es umso schwerer macht, Behinderung als eine konkrete Realität in der Welt zu sehen. Zum ersten Mal dachte ich an Ödipus als an einen behinderten Mann während meiner Recherchen zu diesem Buch. Das macht Behinderung-als-Symbol mit uns und unseren Geschichten.

Oder, wie Tobin Siebers es ausdrückt: »Niemand liest Sophokles' Stück als Tragödie über einen Krüppel und einen Blinden, die um die Zukunft von Theben ringen.«

»Behinderung nur als Metapher für etwas anderes zu lesen, ist schon an sich eine Form der Auslöschung«, bemerkt Ann Schmiesing, »weil es das Individuum und seinen behinderten Körper abstrahiert.«

Doch meine Zerebralparese war nie ein *Symbol* für irgendetwas. Sie war immer nur ich – ich und mein Körper. Wie soll es also von hier aus weitergehen? Die Geschichten, die wir erzählen, die Symbole, die wir verwenden. Wie sollen wir in einer Gesellschaft vorankommen, die den behinderten Körper so oft als Symbol eines inneren Übels einsetzt? Wie können wir uns die chaotische, gelebte Komplexität dessen, was es bedeutet, in dieser Welt einen anderen Körper zu haben, zurückerobern?

2
Behinderung: Ein Märchen

Behindert: infolge einer körperlichen, geistigen oder psychischen Schädigung beeinträchtigt.

Der Begriff *disabled* im Englischen ist das Partizip von *disable.* Aus dem Lateinischen *dis* (»das Gegenteil von etwas«) und dem Altfranzösischen *(h)able* (fähig, geeignet, brauchbar, imstande, geschickt), das wiederum vom lateinischen Verb *habere* – (er-)halten, empfangen – abstammt. Der Begriff kam im sechzehnten Jahrhundert in Gebrauch. Während er früher vorwiegend für Beeinträchtigungen physischer Art verwendet wurde, wird er heute weitgehend als Begriff für alle Arten von Beeinträchtigungen angesehen.

Im Deutschen ist *behindert* das Partizip von *behindern* (hemmen, störend aufhalten, jemandem/einer Sache hinderlich sein, im Wege stehen). Der Stamm *hindern* leitet sich ab aus dem althochdeutschen *gihintaren*, (betrügen, herabwürdigen), später *hintaren* (hemmen, vorenthalten, herabwürdigen, erniedrigen). Im Mittelhochdeutschen *hindern* (zurücktreiben, stören, abhalten).

Der Weltgesundheitsorganisation WHO zufolge ist *Behinderung* ein Überbegriff, der Beeinträchtigungen, Aktivitäts- und Teilhabeeinschränkungen umfasst. Eine Beeinträchtigung bezieht sich auf Probleme mit den anatomischen, psychischen oder physiologischen Funktionen und Strukturen des Körpers; eine Aktivitätseinschränkung ist gegeben, wenn ein Individuum bei der Ausübung von Aufgaben oder Handlungen Schwierigkeiten hat, während eine Teilhabeeinschränkung ein Problem darstellt, das ein Individuum bei der Beteiligung an bestimmten Lebenssituationen erfährt. Behinderung ist somit nicht nur ein gesundheitliches Problem, sondern vielmehr ein komplexes Phänomen, das die Interaktion zwischen den körperlichen Merkmalen eines Individuums und der jeweiligen Gesellschaft widerspiegelt.

Die Betrachtung von Behinderung als komplexes Phänomen ist auch der zunehmenden Verbreitung des *sozialen Modells* von Behinderung zu verdanken, dem zufolge die Behinderung von Individuen stärker von systemischen Barrieren, Exklusion und negativen Einstellungen gegenüber ihren Beeinträchtigungen abhängt als von den körperlichen Beeinträchtigungen selbst. (Wenn ein Gebäude Fahrstühle und barrierefreie Zugänge hat, schränkt die Tatsache, dass eine Person einen Rollstuhl nutzt, sie in diesem Gebäude in keiner Weise ein; im Gegensatz dazu stellt ein Gebäude mit Eingangstreppen und ohne Fahrstühle eine Barriere dar, weil eine Person, die auf Barrierefreiheit angewiesen ist, sich darin nicht bewegen kann. Die Architektur des Gebäudes berücksichtigt also strukturell gesehen nicht die Bedürfnisse der unterschiedlichen Körper.)

Das soziale Modell von Behinderung steht im Gegensatz zum *medizinischen Modell*, in dem ein Körper an eine Diagnose gebunden wird und der medizinische Eingriff zur Lösung oder Beseitigung der konkreten Behinderung oder Erkrankung im Vordergrund steht. »Das medizinische Modell«, bemerkt Tobin Siebers, »definiert Behinderung als einen individuellen, der jeweiligen Person innewohnenden Defekt, der geheilt oder beseitigt werden muss, damit die Person sich als menschliches Wesen voll entfalten kann.« Mit anderen Worten: Nicht die Gesellschaft ist verbesserungsbedürftig, sondern die Person ist schadhaft. »Mitleid und Medizin statt sozialer Gerechtigkeit«, schreibt Siebers, »sind die Antwort auf das Problem des behinderten Körpers, weil dieser als die eigentliche Ursache der Probleme angesehen wird.«

Im medizinischen Modell ist Behinderung sowohl eine Lebensrealität als auch eine Erzählung. Jede Geschichte von Behinderung wird zu einem Narrativ, das vor allem davon handelt, was in einer Kultur als gut gilt (Gesundheit, Schönheit) und was als schlecht (Behinderung, Entstellung), davon, wie wir uns in der Gesellschaft zueinander verhalten sollten – und was die Gesellschaft, oder die höheren Mächte, die da sein mögen, im Gegenzug für uns tun. Derart losgelöst von ihrer körperlichen Realität – der körperlichen Realität der behinderten Person – wird eine Behinderung für Außenstehende zum Symbol, mit Siebers' Worten zum »anderen Anderen«, und fungiert als eine Art intellektueller Böser Mann für die Heilen – ein dunkles Flüstern, das am Rand der vermeintlichen Ordnung der Welt lauert.

Kurz gesagt: Im medizinischen Modell ist Behinderung immer der Bösewicht. Behinderung ist *anders*, weil davon ausgegangen wird, dass es *eine* Art gibt, sich durch die Welt zu bewegen – eine Art zu gehen, zu sehen, zu riechen und zu fühlen, Informationen zu verarbeiten. Abweichungen von dieser Annahme sind somit erklärungsbedürftig. Ein Mädchen wird mit einer Zyste im Gehirn geboren, *hätte* aber ohne sie geboren werden *sollen*, somit müssen die Gründe dafür aufgedeckt werden: genetischer

Defekt, Verletzung *in utero*, identifizierbarer Zustand. Wie soll man sie sonst einordnen? Wie begreifen, wo in der Welt sie hineinpasst? Das Narrativ um ihre Behinderung folgt der gleichen Struktur wie die Märchen, die sie abends mit ihrer Mutter im Bett liest: Problem, Aufgabe, Rückkehr. Im medizinischen Modell besteht die »Rückkehr« darin, möglichst ein Leben ohne Behinderung zu erlangen/wiederzuerlangen – denken wir an Gentherapie, an Cochlea-Implantate, an die Suche nach einer *Heilung*.

Doch vor dem medizinischen Modell, vor der Wissenschaft, gab es Geschichten mitsamt all ihrer unergründlichen Magie. Wie sollte man verstehen, warum ein Kind mit einer Missbildung geboren wurde, wenn nicht, indem man eine Geschichte darüber erzählt – indem man die Missbildung im gläsernen Sarg einer Erzählung einschließt, die auf Magie und auf die stets unergründlichen Götter zurückgreift? Geschichten zwingen selbst widerspenstigen Körpern eine Ordnung auf. Indem etwas Unfassbares zu einer Geschichte wird, erlangt es Legitimität, agiert es plötzlich wieder im Bereich des Möglichen.

So ist es auch mit Körpern, die anders sind.

»Märchen sind ein Ausdruck des menschlichen Handlungsdrangs«, schreibt der renommierte Märchenforscher Jack Zipes. »Wir versuchen, die Welt den menschlichen Bedürfnissen anzupassen, während wir gleichzeitig uns selbst an die Welt anzupassen suchen. Daher geht es in Märchen, seien sie nun mündlich, schriftlich oder filmisch, immer um die Suche nach magischen Hilfsmitteln, außerordentlichen Technologien oder machtvollen Menschen oder Tieren, die es den Protagonist*innen ermöglichen, sich selbst und ihre Umgebung so umzuformen, dass ein zufriedenes Leben möglich ist.«

Märchen gehören zu den ursprünglichen Geschichten, mittels derer wir den Sinn unserer selbst und der Welt verstehen wollen. Mit ihrer Hilfe können wir die bestehende Welt erklären und zugleich eine mögliche Welt imaginieren. »Frühe mündlich überlieferte Märchen«, so Zipes, »waren eng an die Rituale, Bräuche und Religionen von Stämmen und Gemeinschaften geknüpft. Sie schufen nicht nur ein Zugehörigkeitsgefühl, sondern nährten auch die Hoffnung, dass Wunder und magische Verwandlungen möglich sind und eine bessere Welt herbeiführen können.«

Die Imagination einer Welt, die *möglich* ist, wird besonders wichtig, wenn man Märchen im Licht ihrer Entstehungszeit betrachtet. In einer Gesellschaft, in der die Elektrizität noch nicht entdeckt war, ist die Möglichkeit eines CT-Scans nur schwer vorstellbar; einfach hingegen ist der Glaube an Magie, an Zaubertränke, Feenstaub und gute Zauberinnen, an Geister, die Wünsche erfüllen können. Märchen haben sich auf vielfältige Weise mit Verwandlungen befasst. Doch weil ihre Schöpfer∗innen – vielleicht insbesondere die in der westlichen Welt – oft nicht in der Lage waren, sich das ganze Potenzial von Wissenschaft und Technologie auszumalen, sind die Verwandlungsmöglichkeiten in den uns bekannten Märchen zwangsläufig in wesentlicher Hinsicht beschränkt.

In ›Hans mein Igel‹, einer Erzählung aus der Sammlung der Brüder Grimm, verkündet ein Bauer vor lauter Verzweiflung darüber, dass er und seine Frau kinderlos sind (die zudem durch den Spott der anderen Bauern über ihre Kinderlosigkeit verstärkt wird), dass er glücklich wäre, ein Kind zu haben, »und sollt's ein Igel sein«. Sein Sohn, Hans mein Igel, der neun Monate nach dieser Verkündung geboren wird, hat den Oberkörper eines Igels und den Unterkörper eines Menschen. Die entsetzten Eltern halten den Jungen acht Jahre hinter dem Ofen versteckt. Das treibt ihn schließlich alleine in die Welt hinaus, wo er sein Glück als Musikant (der Vater hatte ihm auf seinen Wunsch einen Dudelsack gekauft) und Esel- und Schweinehirt machen will.

Hans ist ein mutiger Protagonist, der sich trotz der Behandlung durch seine Eltern nicht scheut, seine Wünsche zu äußern und Verbesserungen in seinem Leben zu fordern. Im Laufe der Zeit erwirbt er sich einen Ruf als ausgezeichneter Hirte und kehrt schließlich mit einer Herde Schweine nach Hause zurück, die er zum Wohl des Dorfs verkauft.

Danach zieht Hans mein Igel erneut in die Welt und trifft auf einen König, der sich verlaufen hat. Als Gegenleistung dafür, dass er ihm den Weg zeigt, willigt der König ein, Hans seine Tochter zur Frau zu geben, doch als ihm später die ganze Tragweite dieses Handels – dass er seine Tochter mit einer halb-menschlichen Kreatur verheiraten muss – bewusst wird, will er sein Versprechen nicht mehr einlösen. Die Tochter selbst ist ebenfalls alles andere als begeistert. Um sie für ihren Widerwillen zu bestrafen, zwingt Hans mein Igel die Prinzessin, sich zu entkleiden und sticht sie mit seinen Stacheln, bis sie blutet. Sie flieht schmacherfüllt und kehrt nie wieder an den Hof zurück.

Einige Zeit später trifft Hans mein Igel wieder einen König, der sich im Wald verirrt hat. Dieser König nimmt ebenfalls Hans mein Igels Hilfe an und ist überdies auch bereit, den Preis dafür zu zahlen. So kommt Hans mein Igel mit dem König auf dessen Schloss und heiratet die Prinzessin. Nur ihr offenbart er sein größtes Geheimnis: Seine Igelhaftigkeit ist nur eine Verkleidung, die er nachts ablegen kann. Auf seine Anweisung werfen vier Wachen seine Igelhülle, nachdem er sie ausgezogen hat, ins Feuer, wodurch seine Igelhaftigkeit gebannt wird und er seine wahre Gestalt als hübscher junger Mann annehmen kann. Nachdem diese Aufgabe gelöst ist, kehrt Hans mein Igel mit seiner schönen Prinzessin als Ehefrau im Schlepptau zu seinen Eltern zurück, und gemeinsam feiern sie den endgültigen Triumph über seine Entstellung. Sein Vater, überglücklich über seine Erscheinung als »normaler« Sohn, ist für den Rest seines Lebens gut zu Hans mein Igel.

›Hans mein Igel‹ ist deshalb interessant, weil es sowohl von der Selbstermächtigung des Protagonisten als auch den tiefer liegenden sozialen Erwartungen handelt. Hans äußert deutlich seine Wünsche und Bedürfnisse, und er bedrängt den Vater, ihn draußen in der Welt ein unabhängiges Leben führen zu lassen. Beim Schweinehüten stellt er seine Verlässlichkeit unter Beweis. Zudem ist er musikalisch begabt; als der erste König sein Dudelsackspiel im Wald vernimmt, lobt er das Talent des unsichtbaren Spielers. Um der Welt zu zeigen, wer er wirklich ist, setzt Hans mein Igel sich für *soziale* Veränderung ein: Die Gesellschaft soll ihn akzeptieren, wie er ist, sie soll seinen Beitrag zur Gemeinschaft anerkennen, Igel hin oder her. Die Erzählung steht unter dem Eindruck, dass Hans mein Igel ungerecht behandelt wird: Seine Eltern lehnen ihn ab, und der erste König will seine Tochter nicht hergeben, weil ihn Hans mein Igels Äußeres abstößt. Auch die Tochter selbst schämt sich seiner und wird bestraft. Nur der gütige König und die aufgeschlossene Prinzessin erfahren die Wahrheit über Hans – quasi als Belohnung für ihr gutes Verhalten.

Dennoch haben wir am Ende die traditionelle märchenhafte Verwandlung/Enthüllung: Die Igelhaftigkeit ist nur eine Hülle, die Hans mein Igel nach Belieben ablegen kann. Hans mein Igel erhält die erhoffte Heimkehr: Die Wiedervereinigung mit seinen Eltern, die stille Freude und Erleichterung der Prinzessin, die wohl trotz ihrer Güte ihren menschlichen Ehemann seiner früheren halbtierischen Form vorzieht.

Sei es der Kürbis in ›Cinderella‹ oder die herbeigezauberten Beine der kleinen Meerjungfrau – im Märchen geht es oft darum, dass jemand oder etwas sich verwandelt. Das Unerreichbare manifestiert sich mittels Magie, Feenstaub und Sehnsucht. Die böse Fee in ›Dornröschen‹ verwandelt ein Spinnrad in ein tödliches Utensil; in ›Rotkäppchen‹ verwandelt/verkleidet sich der Wolf; Aschenputtel/Cinderella wird von der Küchenmagd zur Prinzessin.

Dabei ist es jedoch nie die Gesellschaft, die sich ändert, und wenn noch so viele Halbtiere und Küchenmägde ihren Platz an der Tafel einfordern. Vielmehr sind es fast immer die Protagonist*innen selbst, die sich in irgendeiner Weise verändern – indem sie ansehnlicher, schöner werden, besser in die vorgeprägten Formen der bestehenden Gesellschaft passen. Obwohl der Eingriff nicht chirurgisch, sondern magisch ist, kann man sich vorstellen, wie die Verfasser*innen dieser Märchen zugunsten des medizinischen Modells argumentieren: die *lebensrettende* Operation – wobei *Leben* mit sozialem Status und Anerkennung gleichgesetzt wird. Das Kind, dessen Klumpfuß heute chirurgisch gerichtet wird, würde im Märchen von einer guten Fee oder einer bösen Hexe besucht werden, die mit dem unwiderstehlichen Geschenk des Normkörpers lockt.

Im Märchen ist das Individuum bei seiner Verwandlung auf Feen und Zauberei – oder auf die Götter – angewiesen, weil davon ausgegangen wird, dass die Gesellschaft sich nicht verbessern kann (und wird). Im historischen Kontext der Märchen betrachtet, leuchtet das zumindest ein wenig ein: Welchen Handlungsspielraum hat ein*e Landarbeiter*in mit einem behinderten Kind und wenig bis keiner Macht, die Welt, in der er*sie lebt, zu verändern? Doch seltsamerweise bewirkt die Zauberei in den Märchen auch das Gegenteil: Anstatt eine Welt aufzuzeigen, in der Veränderung möglich ist und den Rechtlosen Gutes widerfahren kann, festigt sie die bestehenden Klassen- und Gesellschaftsstrukturen sowie die traditionellen Vorstellungen davon, was es bedeutet, über einen funktionierenden Körper zu verfügen. Vermutlich ist das auch der Grund, weshalb die Protagonist*innen fast immer einen Preis für ihre magische Transformation zahlen müssen. Einfach so von einem Zustand in einen anderen überzuwechseln – das gestattet die Gesellschaft nicht. Also muss der*die Protagonist*in sich als würdig erweisen – durch gute Taten und Sanftmütigkeit, wie im Fall von Aschenputtel/Cinderella, oder durch Opfer und Prüfungen, wie die kleine Meerjungfrau.

Wer daran scheitert, trifft vielleicht auf eine Fee oder vertraut, wie in vielen Märchen der Brüder Grimm, auf Gott. »Die Märchen der Brüder Grimm vertreten zwar gesunde und normgerechte Körper als Ideal«, schreibt Ann Schmiesing, »doch gleichzeitig suggerieren sie oft, dass dieses Ideal unerreichbar ist, zumindest ohne göttliche Intervention.« Gehen, sehen, hören, fühlen. Gaben, die all die Mühe wert sind, wie hoch der Preis dafür auch sein mag.

Ich bin vier Jahre alt, fast fünf, als ich das Krankenhaus verlassen darf, nachdem sie mir den Kopf aufgeschnitten und Teile der Zyste herausgeschält haben. Ich freue mich, nach Hause zu kommen. Meine Mutter und ich haben im Krankenhaus alle Bände von *Unsere kleine Farm* gelesen, manche sogar zweimal. (*Laura und ihre Freunde* mochte ich am liebsten. Mir gefiel es, dass Mary und Laura Ingalls in einem unterirdischen Haus leben und auf ihrem Dach im Gras spielen.)

Eines Tages gegen Ende meines dreiwöchigen Aufenthalts komme ich mit der Schwester zusammen in mein Krankenzimmer, wo meine Mutter und meine Großmutter zusammen mit Dr. Humphreys auf mich warten.

»Wir haben drei Kleider für dich«, sagt Dr. Humphreys. Er lächelt. Ich mag sein Lächeln sehr. »Aber du kannst nur eins davon anziehen! Du musst dir also aussuchen, welches du tragen willst.«

Es geht um ein Festkleid – das weiß ich sogar mit meinen vier Jahren. Wir feiern, weil ich bald nicht mehr im Krankenhaus sein muss. Bald werde ich keine Verbände mehr haben. Bald wird Schwester Margaret mir nicht mehr den Kopf reinigen und beim Baden helfen müssen.

Ich weiß nicht mehr, wie die anderen beiden Kleider aussahen, aber das Kleid, das ich mir aussuche, ist blassgrün. Es hat kurze Ärmel und vorne zwei Reihen aus rosa Schleifen. Wenn ich mich drehe, bauscht sich der Rock, auch wenn ich mich wegen der Verbände nicht besonders schnell drehen kann.

Ich finde es wunderbar. Ich fühle mich wie eine Prinzessin.

Im sozialen Modell von Behinderung beinhaltet die »Rückkehr« von der Aufgabe auch die Anerkennung des anderen Körpers: wie er – anders – in die Welt passt und wie die Gesellschaft sich verändern muss, um ihn aufzunehmen. »Behindernde Umgebungen«, schreibt Siebers, »produzieren Behinderungen an Körpern und bedürfen der Intervention im Sinne sozialer Gerechtigkeit.« Das soziale Modell entstand in den 1960er Jahren als Gegenentwurf von behinderten Menschen zu der dem medizinischen Modell innewohnenden Bevormundung und Infantilisierung. In den Protokollen eines Treffens zwischen der UK Disability Alliance und der Union of the Physically Impaired Against Segregation (Vereinigung körperlich beeinträchtigter Menschen gegen Ausgrenzung) wird dies deutlich: »Unserer Auffassung nach ist es die Gesellschaft, die körperlich beeinträchtigte Menschen behindert. Behinderung ist etwas, das uns zusätzlich zu unseren Beeinträchtigungen auferlegt wird, indem wir unnötigerweise isoliert und von der vollen gesellschaftlichen Teilhabe ausgeschlossen werden.«

Im sozialen Modell geht es darum, Räume zu schaffen für Rollstühle und damit für Körper, die nicht laufen können, anstatt um jeden Preis laufen zu müssen; es geht um ein zunehmendes Bewusstsein für Dinge wie Gebärdendolmetschen und duftneutrale und chemikalienfreie Räume bei öffentlichen Veranstaltungen; es geht, wie bereits angedeutet, um die Einsicht, dass öffentliche Räume und Veranstaltungen, die keine barrierefreien Zugänge und Toiletten haben, den unterschiedlichen Bedürfnissen der Bevölkerung nicht gerecht werden. Vor allem geht es um die Forderung, dass behinderte Menschen bei allen Entscheidungen, die ihre Teilhabe an der Gesellschaft betreffen, ein Mitspracherecht haben – und dass die Gesellschaft für *all* ihre Mitglieder verantwortlich ist, wozu auch gehört, den unterschiedlichen Bedürfnissen verschiedener Körper entgegenzukommen. Der Slogan *Nothing about us, without us* (Nichts über uns ohne uns), der die Behindertenrechtsbewegung seit den 1990er Jahren begleitet, bringt diesen Anspruch des sozialen Modells zum Ausdruck.

In den Jahren seit seiner Einführung hat das soziale Modell von Behinderung immer mehr an Zugkraft gewonnen. Wie auch bei anderen Bewegungen erwies sich das Aufkommen der Sozialen Medien zu Beginn des 21. Jahrhunderts als besonders hilfreich und beflügelnd für die Behindertenrechtsbewegung, da vorbehaltlich bestehender ökonomischer Barrieren (Zugang zum Internet, zu einem Computer oder Mobiltelefon, zu Bibliotheken) viele behinderte Menschen daran teilhaben können. Twitter-Hashtags wie #DisabledAndCute (initiiert von der Schwarzen behinderten Autorin und Aktivistin Keah Brown), #ThingsDisabledPeopleKnow (initiiert von der Schwarzen behinderten Autorin und Aktivistin Imani Barbarin), und #DisabilityTooWhite (initiiert von der Schwarzen behinderten Aktivistin und Bloggerin Vilissa Thompson) haben in jüngster Zeit dazu beigetragen, den Diskurs über Behinderung, über das soziale Modell und Barrierefreiheit in die öffentliche Wahrnehmung zu rücken.

Auch das ist eine Art des Geschichtenerzählens, wenngleich in moderner Form. Das Medium mag zwar relativ jung sein, doch der Akt des Erzählens als solcher hat eine lange Tradition, den Mächtigen die Wahrheit ins Gesicht zu sagen. Die Kunst dabei ist, die Geschichte so zu erzählen, dass sie die Ungerechtigkeit zeigt und die Gemeinschaft und die bestehenden sozialen Strukturen zu Veränderungen aufruft, so dass alle – und nicht nur ein kleiner Kreis von Auserwählten – künftig Chancen auf Erfolg haben.

»Die Fähigkeit, Geschichten zu erzählen – das heißt, das Wort zu beherrschen – war unerlässlich für Anführer*innen, Schaman*innen, Priester*innen, König*innen,

Medizinmänner oder -frauen, Heiler*innen, Priester*innen und so weiter in einer Familie, einem Clan, Stamm oder einer kleinen Gesellschaft«, schreibt Jack Zipes in *The Irresistable Fairy Tale*. Märchen, führt er aus, appellieren wesentlich an die Sehnsucht nach Gerechtigkeit, die tief im Herzen jedes Menschen brodelt. Die Fähigkeit, eine überzeugende Geschichte zu erzählen, war früher essenzieller Bestandteil von Herrschaft und Macht. Und das ist sie womöglich bis heute: Wenn wir etwa an Menschen wie Barack Obama denken, dann wird deutlich, dass Worte und Geschichten die Gedanken und Herzen einer ganzen Generation entflammen können.

Umgekehrt sehen wir an jemandem wie Donald Trump, dass sie auch das Gegenteil bewirken können: Angst und Vorurteile in streng kontrollierte Narrative verpacken, die dann die Gedanken vieler infizieren. Hier werden Geschichten zu Narrativen, die die Überlegenheit des Individuums verteidigen, im Gegensatz zu solchen, die die Welt so verändern wollen, dass alle gewinnen können. Vor allem verteidigen diese Narrative die Überlegenheit des Individuums ganz konkret *auf Kosten* derer, die nicht gewinnen – ein Prozess des *Otherings*, der weitreichende Folgen hat.

In *Krankheit als Metapher* stellt Susan Sontag fest, dass »[d]ie modernen totalitären Bewegungen […] besonders – und in enthüllender Weise – geneigt [waren], Bilder aus dem Bereich der Krankheit zu gebrauchen«. So twitterte Donald Trump am 19. Juni 2018, die Demokraten »wollen, dass illegale Einwanderer, wie böse sie auch sein mögen, unser Land überfluten und es *infizieren*, wie die MS-13« (Hervorhebung von mir). So sprach David Ward, ein ehemaliger Beamter der US-Einwanderungsbehörde, im Oktober 2018 auf Fox News von Migrant*innen, die Krankheiten »wie Pocken und Lepra und [Tuberkulose] mitbringen, mit denen sie unsere Leute in den Vereinigten Staaten infizieren«. Bei dieser sehr konkreten Form des Geschichtenerzählens fokussiert die Angstmacherei insbesondere auf den Aspekt der Krankheit – und im weiteren Sinne auch der Behinderung – als etwas, das Außenstehende zu Anderen macht, sie *othert*. Um die Krankheiten zu vermeiden, müssen wir auch die *Menschen* meiden, die leiden. Denn niemand will *anders* sein, auch nicht gedanklich. So dient das Geschichtenerzählen – die Herrschaft über das Wort – der fortgesetzten Entrechtung derjenigen, die sowieso schon rechtlos sind, es mindert ihre Erfolgschancen noch weiter und sichert damit den anhaltenden Erfolg einiger weniger.

Anders ausgedrückt: Das medizinische Modell zelebriert den Triumph des Individuums über die Behinderung, das soziale Modell die kollektive Macht und Verantwortung der Gesellschaft, die Bedürfnisse aller zu berücksichtigen und Behinderung in unsere Welt zu integrieren.

(Es sei noch angemerkt, dass das soziale Modell nicht unumstritten ist. Insbesondere weisen jüngere Kritiken darauf hin, dass es nicht immer möglich ist, die soziale Umgebung so zu verbessern, dass alle Aspekte einer Behinderung berücksichtigt und aufgefangen werden. Rampen mögen einer*m Rollstuhlnutzer*in den Zugang zu einem Geschäft ermöglichen, doch barrierefreie Zugänge und Toiletten lindern keine Schmerzen oder Müdigkeit. Die Forderung nach einem gesellschaftlichen Wandel kann daher auch dazu führen, dass Menschen, die vielleicht gerne über ihre Schmerzen oder andere Schwierigkeiten sprechen würden, es nicht tun, weil sie befürchten, dass man es ihnen als Widerspruch zum sozialen Modell auslegt.)

Behinderte Menschen waren, wie andere marginalisierte Gruppen auch, lange die Hauptobjekte abwertender Narrative. Auch deshalb bietet das Aufkommen der Sozialen Medien eine so machtvolle Chance. Indem wir als behinderte Menschen den Raum für unsere eigenen Geschichten einfordern, indem wir für das soziale Modell von Behinderung und dessen verschiedene Weltsichten eintreten, erobern wir uns die Kontrolle über das Narrativ zurück und zwingen die Welt, nicht nur das Konzept des individuellen Triumphs zu hinterfragen, sondern auch die Narrative, die seit Tausenden von Jahren über behinderte Menschen erzählt werden.

Und doch reichen diese Narrative viel tiefer, als uns bewusst ist. Wie die Dornenranken, die Dornröschens Schloss im Disney-Film überwuchern, haben sie ihre knorrigen Wurzeln tief in unterirdische Pfade geschlagen. Um zu verstehen, wie das medizinische und soziale Modell von Behinderung in unserem Alltag wirken und wie diese Modelle und Denkmuster Staaten auf sozialer, politischer und struktureller Ebene leiten, müssen wir auch verstehen, wie die überlieferten Erzählungen dazu beigetragen haben, die Vorstellung vom behinderten Anderen bestenfalls als Objekt von Mitleid und schlimmstenfalls als unsichtbarer Irgendjemand, kaum Vorhandener, zu etablieren.

In *Care Work* untersucht der*die Behindertenaktivist*in Leah Lakshmi Piepzna-Samarasinha den Aufstieg der Behindertenrechtsbewegung in Hinblick auf die spezifischen Belange und Erfahrungen Schwarzer, PoC und queerer Behindertenpolitiken. Anhand von Narrativen behinderter BIPoC, die Gewalt und Missbrauch erlebt haben, geht Piepzna-Samarasinha einer Frage nach, die in den meisten uns bekannten Märchen herumspukt, nämlich ob es wirklich nur zwei Möglichkeiten gibt, wie eine Geschichte enden kann. »Etwas Unheimliches und Unergründliches geht im Schlafzimmer vor sich. Erst ist alles DUNKEL, dann geht die Sonne auf, du machst sechs Therapiesitzungen in einer freundlichen Praxis, und schon bist du geheilt. Du heiratest deinen Mann oder findest eine Freundin und bekommst ein Kind, dann ist alles nur noch in sanftes Licht und Pastellfarben getaucht, für immer und ewig, Ende. Entweder das – oder du bist am Arsch: Du misshandelst deine Kinder und stirbst einen grausamen Tod. Das sind die beiden Möglichkeiten, die die Leute im Hinterkopf haben.«

Diese beiden Optionen in unseren Köpfen – entweder glücklich bis ans Ende aller Tage oder schreckliches Leid bis zum Tod – gehen auf die Geschichten zurück, die uns als Kindern erzählt wurden. Happy Ends sind deshalb so glücklich, *weil* sie keinerlei Dunkelheit enthalten – umgekehrt sind unglückliche Enden unglücklich aufgrund der völligen Abwesenheit von Freude und Licht.

Für viele nichtbehinderte Menschen heutzutage ist die Vorstellung von Behinderung in Dunkelheit gehüllt. Sie finden es unvorstellbar, dass jemand behindert und gleichzeitig glücklich sein kann, weil sie aus Büchern, Filmen, Fernsehen, Musik und Geschichten wissen, dass Behinderung ein Nachteil ist: dass der behinderte Körper ein geringerer ist, ein Körper, der nicht so funktionieren kann wie die anderen. Behindert zu sein heißt zu leiden; körperlich und psychisch, emotional und spirituell – und was kann daran gut sein? Welches Happy End kann es angesichts von andauerndem Leid geben?

(Gleichzeitig gehört dazu die oft nachgebetete oberflächliche Wahrheit: dass wir alle Individuen, dass wir alle unterschiedlich sind. *Natürlich* besteht das Leben nicht nur aus Happy Ends, sagt die Gesellschaft – während sie gleichzeitig Glück und Freude verehrt und vor Mühe und Schmerz zurückscheut. *Natürlich* glaubt die Welt auf intellektueller, theoretischer Ebene, dass es möglich ist, behindert und glücklich zu sein – bis sie mit der konkreten Komplexität des behinderten Körpers konfrontiert wird. *Natürlich* kann die Gesellschaft wachsen und sich so verändern, dass sie alle unterschiedlichen Körper berücksichtigt – bis diese anderen Körper als unvernünftig, anstrengend oder eine Spezialbehandlung fordernd erscheinen. Dann verfällt sie wieder in den Ableismus, der unseren Geschichten seit Jahrhunderten zugrunde liegt, und beschwert sich lauthals, *das ist ungerecht!*

Es ist ungerecht, dass behinderte Menschen eine Extrawurst bekommen. Es ist ungerecht, dass behinderte Menschen bessere Parkplätze und Ermäßigungen bekommen, dass sie ihre Begleithunde mit ins Restaurant nehmen dürfen. Es ist ungerecht, dass behinderte Menschen zu Hause bleiben können, während die anderen arbeiten müssen!)

Die Gegenüberstellung von medizinischem und sozialem Modell von Behinderung funktioniert oft auch im Sinne der Dichotomie glücklich/unglücklich, wobei die Entscheidung, welches Modell für das Happy End steht, Ansichtssache ist: Für Befürworter*innen des medizinischen Modells ist ein Leben mit Behinderung unglücklich, weil die Medizin Abhilfe schaffen könnte; Befürworter*innen des sozialen Modells betrachten die Aussicht auf Heilung als unglücklich, weil es die Gesellschaft nicht nur von der Verantwortung entbindet, die Umgebung insgesamt zu verbessern, und stattdessen dem Individuum die Pflicht zur Veränderung auferlegt, sondern auch, weil sie die körperlichen Unterschiede und die damit einhergehenden Erinnerungen auslöscht, die die Welterfahrung von behinderten Menschen oft prägen.

Wer wäre ich, zum Beispiel, wenn ich nicht mit der Zyste im Gehirn geboren worden wäre? Meine Erfahrungen im Krankenhaus, die Operationen, mein Leben mit Rollstuhl und Gehhilfen, mein Hinken und das damit zusammenhängende Mobbing – all das hat mich geprägt. Ohne die Zyste hätte ich heute ein anderes Leben. Ich wäre nicht die, die ich heute bin.

In *Disability Theory* entwickelt Siebers eine Theorie, die er *complex embodiment* (komplexe Verkörperung) nennt, wonach Elemente sowohl des medizinischen als auch des sozialen Modells den Weg des Körpers durch die Welt lenken. »Die Theorie der komplexen Verkörperung«, schreibt er, »schärft das Bewusstsein dafür, wie behindernde Umgebungen die gelebten Körpererfahrungen behinderter Menschen beeinflussen, ohne dabei außer Acht zu lassen, dass einige mit Behinderung einhergehende Faktoren, etwa chronische Schmerzen, sekundäre gesundheitliche Folgen und Altern, vom Körper herrühren.«

Tatsächlich ist es möglich, sowohl von der Gesellschaft als auch durch Schmerzen behindert zu werden, sowohl mit dem vorherrschenden Ableismus als auch mit der Einzigartigkeit des eigenen Körpers und seinen Herausforderungen zu ringen. Behinderung und Nichtbehinderung sind bloß einzelne Punkte im enormen Spektrum menschlicher Vielfalt, und überhaupt auf der Welt zu sein, bedeutet, irgendwo auf diesem Spektrum zu sein – in irgendeiner Weise, Form oder Gestalt.

Analog zu diesem Spektrum von Behinderung ist ein entsprechendes Spektrum von *Glück* denkbar, auf dem Glück und Unglück, wie Behinderung und Nichtbehinderung, nicht in statischer Form existieren, sondern als dehnbare, veränderliche Eigenschaften. So wie es möglich ist, von Nichtbehinderung zu Behinderung zu gelangen – und durch medizinische und soziale Innovationen auch in die umgekehrte Richtung und wieder zurück –, ist es möglich (und tatsächlich sogar wahrscheinlicher), von Glück zu Unglück und wieder zurück zu gelangen, und das immer wieder im Laufe des Lebens.

Das dürfen wir nur nicht der Prinzessin erzählen. Was bleibt von ihr, wenn sie nicht ihren Prinzen heiraten kann?

In dem Grimm-Märchen ›Das Mädchen ohne Hände‹ besucht der Teufel in Gestalt eines alten Mannes einen Müller und verspricht ihm Reichtümer, wenn er ihm überlässt, was sich hinter seiner Mühle befindet. Der Müller denkt, der Teufel meine einen alten Apfelbaum, und willigt freudig in den Handel ein. Er geht nach Hause, wo seine Frau überglücklich ist über die Juwelen und das Geld, das plötzlich aus allen Schränken quillt, und erst da entdeckt er die Wahrheit: Als er den Handel mit dem Teufel schloss, stand auf der Rückseite der Mühle seine Tochter, wunderschön und fromm.

Nach drei Jahren kommt der Teufel zurück, um das Mädchen zu holen. Zuerst zieht sie einen Kreis um sich und reinigt sich mit Wasser, so dass er nicht zu ihr gelangen kann; als der Teufel darauf wütend den Vater anweist, das Wasser aus dem Haus zu schaffen, weint sie auf ihre Hände und reinigt sie mit ihren Tränen.

»Hack ihr die Hände ab!«, befiehlt der Teufel, und der verängstigte Vater tut, was er verlangt.

Doch das Mädchen weint auf ihre Stümpfe, so dass sie wieder rein sind und der Teufel sich geschlagen geben muss. Der Vater, nun ein reicher Mann, verspricht, sich für den Rest ihres Lebens um die Tochter zu kümmern, doch sie will nicht bleiben. Sie bittet den Vater, ihr ihre abgetrennten Hände auf den Rücken zu binden, und liefert sich der Gnade der Welt aus.

Als sie zu einem königlichen Garten gelangt, fällt sie hungrig auf die Knie und fleht laut zu Gott. Da erscheint ein Engel, der sie in den Garten lässt und ihr Früchte vom Baum bringt. Doch sie wird entdeckt und der Engel verschwindet. Die Wachen halten sie für eine Diebin und werfen sie in den Kerker.

Sie wird vom König gerettet, der sich in sie verliebt. Zur Hochzeit schenkt er ihr ein Paar silberne Hände, die sie statt ihrer echten Hände benutzen lernt. Doch der Teufel, immer noch wütend über seinen vereitelten Plan, ist noch nicht am Ende. Ein Jahr nach der Hochzeit zieht der König in den Krieg und das Mädchen, das nun eine Königin ist, gebiert einen Sohn. Der Teufel fängt den Boten ab, der die freudige Nachricht dem König überbringen soll, und gibt ihm eine falsche Botschaft mit, der zufolge die Königin einen Wechselbalg zur Welt gebracht hat. Als der König die falsche Nachricht liest, ist er verzweifelt, doch da er seine Frau immer noch liebt, schickt er den Boten mit der Nachricht zurück, dass seine Frau und sein Kind geschützt werden müssen.

Doch der Teufel schiebt dem Boten wieder einen gefälschten Erlass unter, der besagt, dass die Königin und das Kind getötet werden sollen. Die alte Mutter des Königs verhilft den beiden zur Flucht aus dem Schloss, und das Mädchen ohne Hände irrt erneut durch die Welt, diesmal mit ihrem Kind.

Sie gelangen zu einer Hütte im Wald, wo ein Engel erscheint und der Königin sagt, dass sie hier unbehelligt bleiben kann. Vierzehn Jahre leben sie dort, bis der König – der sieben Jahre im Krieg war und dann, nachdem er von der Tücke des Teufels erfuhr, weitere sieben Jahre die Wälder nach seiner Familie durchsuchte – sie endlich wiederfindet. Sie kehren zurück ins Schloss und leben glücklich bis ans Ende ihrer Tage.

Die Hände der Königin sind zwischenzeitlich nachgewachsen, so wie Hände im Märchen es eben tun, wenn man nur genug betet.

Wechselbalg ist an sich ein interessanter Begriff, der schon immer untrennbar mit Zauberei verbunden war. Im irischen Volksglauben hielt man Wechselbälger für Kinder von Feen, die mit gesunden Menschenkindern vertauscht worden waren. Feenkinder galten als kränklich und man ging davon aus, dass sie nicht lange leben würden. Familien setzten deshalb ihre »Wechselbälger« draußen in der Kälte zum Sterben aus, in der Überzeugung, sie hätten ihr eigentliches Kind für immer verloren.

Dem Glauben nach vertauschten die Feen die Kinder aus verschiedenen Gründen: damit sie ihnen Gesellschaft leisten oder sie bedienen, oder auch, um sich an den Menschen zu rächen. Gewöhnlich kam der Verdacht, dass ein Kind ein Wechselbalg ist, gleich nach der Geburt auf; in einigen Fällen aber auch erst Jahre später. 1827 ertränkte eine Irin einen ihr anvertrauten drei Jahre alten Jungen im Fluss Flesk, weil er weder sprechen noch laufen konnte und sie »ihm den Wechselbalg austreiben« wollte; 1895 wurde die Irin Bridget Cleary von ihrem Ehemann und anderen Verwandten nach einer kurzen Krankheit ermordet, wobei der Ehemann sich auf die später berüchtigte »Feen-Verteidigung« berief.

Bezeichnenderweise hing der Wechselbalg-Verdacht direkt damit zusammen, ob ein Kind bei der Geburt sichtbare Anzeichen von Behinderungen aufwies oder in seiner späteren Entwicklung ein Verhalten zeigte, das zu jener Zeit als befremdlich galt. So hielt man im 19. Jahrhundert autistische Kinder für Feenkinder: Die Vorstellung, dass Feen viel Zeit mit repetitiven Aufgaben verbringen – etwa dem Zählen von Goldmünzen –, verweist auf dokumentierte Aspekte autistischen Verhaltens. (Wenn es keine weltliche Erklärung gibt, muss es gewiss eine magische Erklärung geben.)

Stellen wir sie uns einen Augenblick vor: Ein Kind, das mit einer Glückshaube geboren wird (die in einigen Kulturen als böses Vorzeichen gilt), ein Junge mit einem Klumpfuß, ein Mädchen mit Spina Bifida, die man frierend und weinend draußen liegen lässt, bis sie nicht mehr sind. Ein Kind, das vor drei Jahrhunderten mit Zerebralparese geboren wird, auch wenn noch niemand weiß, was das ist, nur dass das Kind nicht essen, nicht sprechen und sich nicht umdrehen kann. Gramerfüllte Eltern, die die Feen verfluchen und das Kind in die Kälte legen, damit es verhungert oder erfriert. Kinder, die nicht magisch sind, sondern nur anders.

Wie viele Kinder wir wohl im Laufe der Jahrhunderte an die Kälte und den Schnee verloren haben – keine Kinder von Königinnen und Königen, sondern die einfacher Menschen, die von der Welt nur das wussten, was sie sich abends am Feuer erzählten? Wie viele Leben wurden erstickt oder verschwanden oder durften nie erblühen, wegen der Geschichten, die wir erzählen?

Ann Schmiesing stellt fest, dass ›Das Mädchen ohne Hände‹ einen krassen Gegensatz zu einem Märchen wie ›Hans mein Igel‹ bildet, weil das Mädchen demütig und unterwürfig ist, während Hans mein Igel ein lautstarker Verteidiger seines eigenen Lebens ist. Das Mädchen liefert sich der Welt aus und vertraut darauf, dass die Gesellschaft alle ihre Bedürfnisse befriedigt, während Hans mein Igel sich innerhalb der Beschränkungen des Systems beweisen will. Das Gottvertrauen des Mädchens steht im Kontrast zu Hans mein Igels Wut und Eifer und hat innerhalb der Erzählung ein ebenso starkes Gewicht wie ihre Amputation.

Es liegt nahe, beim ›Mädchen ohne Hände‹ zunächst an das soziale Modell von Behinderung zu denken, bei dem die Gesellschaft die Bedürfnisse behinderter Menschen wahrnimmt. Tatsächlich aber bewegt sich das Märchen im Bereich des Wohltätigkeitsmodells von Behinderung, das viele, wenn nicht alle behinderten Menschen heutzutage in der einen oder anderen Form kennen.

Das *Wohltätigkeitsmodell* ähnelt dem medizinischen Modell insofern, als die behinderte Person als defizitär angesehen wird – als jemand mit einem weniger perfekten, einem entstellten Körper, der*die durch diese Unterschiede von der Gesellschaft abgesondert ist. In beiden Fällen ist die behinderte Person von anderen abhängig: im medizinischen Modell von der medizinischen Expertise, die (Ab-)Hilfe verspricht; im Wohltätigkeitsmodell von medizinischen und sozialen Einrichtungen, die die bemitleidenswerte behinderte Person retten wollen. Die medizinische Welt heilt den Körper, während die soziale Welt das Leben der behinderten Person durch Wohltätigkeit und großherzige gute Taten verbessert.

Das Wohltätigkeitsmodell, stellt das Online-Portal *Disability World* fest, »sieht behinderte Menschen als Opfer ihrer Umstände, die Mitleid verdienen«. Das Modell entspringt der altehrwürdigen Tradition von ›Adel verpflichtet‹ (in der die Vermögenden die Pflicht haben, einen Teil ihres Reichtums zum Wohl der Gesellschaft zurückzugeben), doch anstelle der Reichen, die den Armen geben, lassen sich hier die Nichtbehinderten herab, den behinderten Menschen zu helfen. Wenngleich der Gedanke der Wohltätigkeit zunächst erstrebenswert scheint – schließlich ist ein*e Philanthrop*in unweigerlich eine moralisch akzeptablere Figur als Ebenezer Scrooge –, ist dennoch einzuwenden, dass Wohltätigkeit auch dem Erhalt bestehender sozialer Strukturen dient. Solange Einzelpersonen und Wohltätigkeitsorganisationen die Benachteiligten mit milden Gaben bedenken, besteht keine Notwendigkeit für einen umfassenden sozialen Wandel, der die Hierarchien ebenso wie die ökonomische und strukturelle Ungleichheit abschafft, die die Menschen überhaupt erst benachteiligt. Im Grunde trägt Wohltätigkeit, indem sie die Sorge für die Mitmenschen zu einer aktiven Entscheidung anstatt zu einer Verpflichtung macht, also dazu bei, Armut und Ungerechtigkeit aufrechtzuerhalten.

(Ich argumentiere hier natürlich nicht gegen die Existenz von Wohltätigkeitsorganisationen – bestimmt können sie wunderbare Dinge bewirken und tun es auch. Es ist richtig, dass die Menschen darüber nachdenken, wie sie der Welt, und insbesondere den *weniger Begünstigten*, etwas geben können. Es geht mir vielmehr darum, dass wir die Gründe für deren Benachteiligung nicht mehr in bestimmten Umständen – etwa einer Behinderung – suchen, sondern anerkennen sollten, dass sie das Ergebnis struktureller Ungerechtigkeit sind, die die »Begünstigten« aufrechterhalten, auch wenn sie noch so viel Geld spenden.)

In *Krankheit als Metapher* bemerkt Susan Sontag, dass Krankheit oft mit moralischem Fehlverhalten in Verbindung gebracht wird.

> Psychologische Krankheitstheorien sind machtvolle Instrumente, um die Schande auf die Kranken abzuwälzen. Patienten, die darüber belehrt werden, daß sie ihre Krankheit unwissentlich selbst verursacht haben, läßt man zugleich fühlen, daß sie sie verdienen. […] Nichts ist strafender, als einer Krankheit eine Bedeutung zu verleihen – da diese Bedeutung unausweichlich eine moralische ist.

In der Literatur gilt das Gleiche oft auch für Behinderung. So wie Betroffene einer Krankheit zum Sinnbild für die Leiden der Krankheit selbst werden (vgl. Tuberkulose, Krebs, Aids), werden behinderte Menschen zum Sinnbild von Verlust und Mühsal, dafür, dass die Welt nicht gnädig ist zu denen, die anders sind. In der gleichen Weise, in der Krankheit bei Sontag zur Metapher wird – etwas ist ein *Krebsgeschwür*, verbreitet sich *wie die Pest* –, dient Behinderung oft der Verkörperung uralter und dennoch aktueller, drängender Ängste: vor dem Verlust der Unabhängigkeit, vor sozialer Ausgrenzung, vor Einsamkeit in einer zunehmend vernetzten Welt.

Und so wie das medizinische Modell die Schuld an der Behinderung im Körper der behinderten Person sucht und Mediziner∗innen zu »Expert∗innen« erhebt, wie das Wohltätigkeitsmodell den großherzigen Philanthrop∗innen die Schuld an der Gesellschaft abnimmt und hierarchische Normen stärkt, nehmen psychologische Krankheitstheorien der Gesellschaft die Schuld und Verantwortung für die Krankheit ab und schieben sie den Betroffenen zu. Wenn sie nur dieses oder jenes unterlassen oder anderes getan hätten, wenn sie demütiger oder gläubiger gewesen wären, hätte die Krankheit vielleicht vermieden werden können. (Im neunzehnten und bis zur Mitte des zwanzigsten Jahrhunderts glaubte man in manchen Kreisen, dass melancholische Patient∗innen Krebs hätten vermeiden können, wenn sie nur glücklicher gewesen wären; im achtzehnten Jahrhundert dachte man von zarten, nervösen und leicht erregbaren Menschen, dass sie durch eine ruhigere, stillere Lebensführung von der Tuberkulose verschont geblieben wären.)

Dieses Denken mag uns heute lächerlich erscheinen – doch in Bezug auf Behinderung wirkt es oft weiter, wenn auch in subtilerer (und möglicherweise schädigenderer) Form. Noch immer werden behinderte Menschen zu Wunderheiler*innen gebracht, es wird ihnen geraten, mehr Wasser oder mehr grünen Tee zu trinken, *es mit Entgiftung oder Hypnose zu versuchen, um psychische Blockaden abzubauen* und ihre körperlichen Beeinträchtigungen zu überwinden. Man ermutigt sie, »durchzuhalten«, »sich zu bewegen«, und erinnert immer wieder daran, dass *die einzige Behinderung eine falsche Einstellung* ist.

Und wenn behinderte Menschen es schaffen, auf die Weise »durchzuhalten«, die die nichtbehinderte Gesellschaft für richtig hält, sind sie ein Vorbild für alle anderen, weil sie sich durch ihre körperlichen Einschränkungen nicht haben »fesseln« lassen, ganz so, wie man von Menschen als an den Rollstuhl »gefesselt« spricht.

Sieh nur, was du geschafft hast, sagt die Gesellschaft. *Du bist wirklich inspirierend.*

Inspirationsporno, so nannte es die verstorbene australische Behindertenaktivistin Stella Young, wenn behinderte Menschen wegen ihrer Behinderung als inspirierend dargestellt werden. Inspirationsporno geht einher mit der Vorstellung des behinderten Körpers als *geringerem*. Wenn ein behinderter Körper geringer ist, dann ist auch das, was er erreichen kann, geringer – und paradoxerweise zugleich mehr: schwieriger, edler, *besonderer*.

In einem Artikel für *Bustle* aus dem Jahr 2019 erinnert

sich Imani Barbarin an ihre Ballettstunden als Siebenjährige. »Ich wollte Kunst machen«, schreibt sie, »aber die Lehrer*innen wollten nur, dass ich gesehen werde. Ich wollte Herausforderungen, doch niemand fordert die heraus, die bereits mit ›Herausforderungen‹ geboren wurden.« So wird aus dem *Weniger* des behinderten Körpers in den Augen der nichtbehinderten Welt ein *Mehr*. Der behinderte Körper kann nicht die gleichen Anforderungen erfüllen wie der nichtbehinderte, also senkt man die Anforderung. Wenn die behinderte Person dann diese neue, geringere Anforderung erfüllt, wird sie bejubelt und beglückwünscht.

Du willst tanzen, aber du hast eine Zerebralparese und wirst nie eine Primaballerina sein. Anstatt dass du also einen Tanz erfinden darfst, der auf die Bedürfnisse deines eigenen Körpers abgestimmt ist, bekommst du einen symbolischen Auftritt und sollst dich freuen, dass du immerhin das geschafft hast.

Toll, wie du diese viel niedrigere Anforderung erfüllt hast. Toll, dass du versuchst, wie die nichtbehinderten Menschen zu sein. Das ist mehr als genug – das ist inspirierend.

Wie beim Wohltätigkeitsmodell von Behinderung verlagern psychologische Ansätze die Schuld von der Gesellschaft auf das Individuum: Behinderung ist somit keine gelebte, alltägliche Realität, sondern nur eine vorübergehende Komplikation, die mit genügend innerer und äußerer Stärke überwunden werden kann. (Diejenigen, die ihre Behinderungen nicht »überwinden« – oder sich über die sogenannten »Erfolge«, die sie dank der extra für sie gesenkten Anforderungen erbracht haben, nicht freuen wollen –, sind folglich einfach nicht stark genug oder haben sich nicht genügend angestrengt.)

Deine Behinderung verursacht dir Schmerzen? Versuch es mit Yoga. Du hast psychische Probleme? Meditieren hilft. Je mehr du dich konzentrierst, desto besser geht es dir, und desto weniger muss sich die Gesellschaft um besondere Tanzstunden oder Barrierefreiheit kümmern, um eigens ausgewiesene Parkplätze, ganz zu schweigen von Untertiteln, Gebärdenübersetzungen oder Rückzugsräumen.

Schließlich musste sich *das Königreich* für das Mädchen ohne Hände auch nicht ändern, oder? Sie bekam ihre Hände zurück, dank ihres Glaubens. (*Die einzige Behinderung ist eine falsche Einstellung.*)

Das hat *sie* ganz allein geschafft.

Ich bin sechs Jahre alt, als ich nach meinen beiden Operationen in die erste Klasse komme. Es gibt, wie bereits erwähnt, einen Rollstuhl, und ein Taxi fährt mich zur Schule. Ich sitze allein an einem halben Sechsecktisch, weil mein Rollstuhl nicht unter die normalen Tische passt. Meine Mitschüler*innen schieben mich, wie ebenfalls erwähnt, auf dem Schulhof herum, bis es ihnen irgendwann langweilig wird. Manchmal – meistens – ist es einfacher, drinnen zu bleiben und zu lesen, also mache ich das.

Der Gips an meinem Bein fängt nach einer Weile an zu riechen; Baden ist eine Tortur, weil er nicht nass werden darf. Meine Mutter muss mir helfen, weil mein rechtes Bein immer aus der Wanne hängen muss.

Nachdem der Gips ab ist, arbeite ich mit einem Physiotherapeuten namens Eric. Er hat dunkle Haare, einen Bart und eine Brille, und er erinnert mich an Robert Munsch (den Autor des beliebten kanadischen Kinderbuchs *Die Prinzessin in der Tüte*). Oder erinnert mich Robert Munsch an Eric, den Physiotherapeuten? Ich weiß es nicht mehr.

Ehrlich gesagt habe ich kaum Erinnerungen an diese Zeit. An die Operation und die zwei, drei Jahre danach.

Meine Erinnerungen setzen erst etwas später ein, als in der dritten Klasse meine Nemesis auftaucht.

Zerebralparese teilt sich traditionell in vier verschiedene Klassifizierungen. Die spastische Zerebralparese wird anhand von Muskelspannung und -tonus beziehungsweise deren Fehlens bestimmt. Die ataktische Zerebralparese ist charakterisiert durch zunehmende Schwierigkeiten in der Feinmotorik sowie der auditiven und visuellen Wahrnehmung. Die dyskinetische oder auch athetotische Zerebralparese ist gekennzeichnet von einem gemischten Muskeltonus mit unwillkürlichen Bewegungen. Der letzte Typ, Mischsymptome der Zerebralparese, beinhaltet verschiedene Merkmale aller vier Klassifizierungen.

Die Symptome variieren von geringfügig, kaum wahrnehmbar, bis zur vollständigen Muskellähmung. In siebzig Prozent der Fälle ist die Zerebralparese angeboren – aufgrund einer Verletzung oder anderer Einflüsse vor der Geburt. Die Zyste, die meine Zerebralparese verursachte, wuchs im Uterus meiner Mutter mit meinen Neuronen, meinem Schädel, meinen Fingern und Zehen heran. Bis zum Ende der Highschool trug ich ein MedicAlert-Armband, auf dem für Rettungssanitäter*innen im Notfall vermerkt war: *Spastische Zerebralparese, leicht. VP-Shunt abgeklemmt.*

Eine Zerebralparese kann auch während oder kurz nach der Geburt auftreten. Ein traumatischer Eintritt in den Geburtskanal, Sauerstoffmangel. Eine eng um den Hals gewickelte Nabelschnur. Zwanzig Prozent der Fälle entstehen auf diese Weise. Die übrigen zehn Prozent sind Folgen von bakterieller Meningitis, viraler Enzephalitis, von Unfällen oder Verletzungen vor dem dritten Lebensjahr.

Die Zerebralparese ist nicht progressiv, sofern sich die ihr zugrundeliegende Verletzung im Gehirn nicht verschlimmert. Eine Heilung gibt es nicht. Stattdessen gibt es Operationen, Physiotherapien, Stützkorsette, orthopädische Schuhe.

Eine Zyste, wie sie in meinem Kopf wuchs, entsteht durch eine Läsion im Gehirn, die sich wiederum durch irgendeine Art von Verletzung im Mutterleib bildet. Der Raum, den eine Hirnläsion hinterlässt, füllt sich mit Wasser und wird zu einer Zyste. Die Zyste übt Druck auf das Gehirn aus und schädigt die Motoneuronen, was die Motorik beeinträchtigt. Ein Kind geht mit nach innen gedrehtem Fuß. Nachdem das behoben ist, hinkt das Kind.

Aber das Kind, das glückliche, kann immerhin laufen. Es kann rennen, es kann sogar tanzen, wenn auch nicht sehr gut.

Warum ist es dann wichtig, dass dieses kleine Mädchen sich heimlich wünscht, sie könnte wie eine Prinzessin aussehen? Dass sie immer wieder an das Gefühl im Krankenhaus zurückdenkt, als sie das grüne Kleid trug? Und was hat das alles überhaupt mit irgendwas zu tun?

3
In alten Zeiten, als das Wünschen noch geholfen hat: Das Märchen in Frankreich und Deutschland

Die Konjunktur des Märchens im Europa des sechzehnten und siebzehnten Jahrhunderts nahm ihren Anfang in Italien mit den Sammlungen von Autoren wie Giovanni Francesco Straparola (*Ergötzliche Nächte*) und Giambattista Basile (*Pentameron*).

Straparola, über den wir nicht viel wissen, veröffentlichte *Ergötzliche Nächte* 1550 in Venedig. In ihrem Buch *Fairy Godfather: Straparola, Venice, and the Fairy Tale Tradition* bemerkt die Erzählforscherin Ruth Bottigheimer, dass der Name Straparola sich vermutlich von dem italienischen Verb *straparlare* ableitet, was so viel bedeutet wie »zu viel reden« oder »Unsinn reden«. Im sechzehnten und siebzehnten Jahrhundert war es nicht unüblich, dass Märchen aufgrund ihres teilweise satirischen Gehalts unter Pseudonym veröffentlicht wurden. Und tatsächlich wurde eines der Märchen aus *Ergötzliche Nächte*, ›Der Schneiderlehrling‹, einige Jahre nach der Erstveröffentlichung aufgrund kirchlicher Einflussnahme aus der Sammlung entfernt, zwischen 1580 und 1624 fand sich sogar die gesamte Sammlung auf verschiedenen Listen verbotener Bücher.

In einer Vorrede zu Beginn des zweiten Bands der *Er-*

götzlichen Nächte weist Straparola ausdrücklich darauf hin, dass die Märchen in der Sammlung nicht ursprünglich von ihm selbst stammen. Später stellte sich auch heraus, dass einige von ihnen einer früheren Arbeit des italienischen Juristen Girolamo Morlini entnommen wurden, der 1520 eine Sammlung mit dem Titel *Novellae, fabulae, comediae* veröffentlicht hatte. In jedem Fall gelten die *Ergötzlichen Nächte* zusammen mit Basiles *Pentameron* allgemein als Beispiele gesammelter, nicht selbst verfasster Märchenschöpfungen.

Giambattista Basile war Höfling, Dichter und Märchensammler. Er wurde, je nachdem, welcher Quelle man vertrauen will, entweder 1566 oder 1575 geboren und diente lange als Soldat und Höfling in Neapel. Sein bekanntestes Werk *Pentameron* enthält viele Märchen, die im oder um das Königreich Neapel spielen. Nach Basiles Tod 1632 veröffentlichte seine Schwester Adriana *Pentameron* 1634 und 1636 in zwei Bänden.

Pentameron enthält einige der ältesten bekannten Fassungen bedeutender westlicher Märchen, darunter ›Die kleine Sklavin‹ (ein Vorläufer von ›Schneewittchen‹), ›Cagliuso‹ (›Der gestiefelte Kater‹) und ›Sonne, Mond und Thalia‹ (›Dornröschen‹). Wie Straparola sammelte auch Basile Märchen aus der mündlichen Überlieferung. Er verfasste sie in neapolitanischem Dialekt und machte dabei, dem barocken Stil seiner Zeit entsprechend, reichlich Gebrauch von Metaphern. Drei Jahrhunderte später sollten die Brüder Grimm Basiles *Pentameron* als erste »nationale« Märchensammlung preisen.

In *When Dreams Came True: Classic Fairy Tales and Their Tradition* bemerkt Jack Zipes, dass Italien mit seinen Häfen, die viele Händler und Geschäftsleute bei ihren Reisen zwischen dem Osten und den übrigen Ländern

Europas passierten, ein idealer Nährboden für mündlich überlieferte Volksmärchen war – und mit dem Aufkommen gedruckter Literatur auch ein idealer Ort, um diese Geschichten zu sammeln und zu verbreiten.

Dennoch blieben die Geschichten von Straparola und Basile lange eine Ausnahmeerscheinung. In Frankreich, wo die nächste Blüte des Volksmärchens entstehen sollte, hatten Märchen bis weit ins siebzehnte Jahrhundert hinein einen schlechten Ruf, da sie zu jener Zeit überwiegend mündlich verbreitet wurden, oft von der ungebildeten bäuerlichen Klasse. Erst mit dem Aufkommen der Bibliothèque bleue (einer Reihe kleiner, hellblauer Volkshefte zu so vielfältigen Themen wie Theater, Etikette, Kochkunst, Astrologie, Mittelalterliche Dichtung und Volksmärchen, die 1602 erstmals erschienen und bald im gesamten Land verbreitet waren) fand das Volksmärchen ein neues, zunehmend gebildetes Publikum. Insbesondere die Damen der französischen Aristokratie – denen der Zugang zu den Universitäten verwehrt war – begannen, die Märchen in ihren literarischen Salons zu erzählen und weiterzuerzählen, »literarisch« geschliffen und poliert.

Den Durchbruch zur breiten Popularität brachte Ende des siebzehnten Jahrhunderts die »Querelle des Anciens et des Modernes« (Streit der Alten und Neuen), eine Debatte innerhalb der Aristokratie über den Einfluss der antiken griechischen und römischen auf die moderne französische Literatur. Nicolas Boileau – ein Schriftsteller am königlichen Hof, der in seinem didaktischen Werk *L'Art poétique* (1674) eine Poetik in der klassischen Tradition formulierte und damit zur Entzündung der Debatte beitrug – veröffentlichte 1694 als Reaktion auf die zunehmende Beliebtheit des modernen literarischen Stils in Frankreich die frauenfeindliche Satire ›Contre les femmes‹. Boileau gehörte zu denen, die die griechisch-römische Antike als Vorbild für die französische Literatur und Kunst verteidigten. Einer der Hauptgegner dieses Denkens war der französische Schriftsteller Charles Perrault, Mitglied der Académie française. »Perrault«, schreibt Zipes, »stellte sich auf die Seite der Moderne und meinte, Frankreich und das Christentum […] könnten nur vorankommen, indem sie unter Einbeziehung von heidnischem Glauben und Überlieferungen eine Kultur der Aufklärung entwickeln.«

Wenig überraschend waren viele der Frauen in den französischen Salons ebenfalls Befürworterinnen der Moderne – eine Tatsache, die durch den subversiven Charakter der von Perrault, Marie-Catherine Le Jumel de Barneville (der Baronesse d'Aulnoy) und anderen Schriftsteller*innen dieser Zeit verbreiteten Märchen noch unterstrichen wird. »Viele Märchen«, schreibt Zipes, »zeigen mit ihrem Entwurf heidnischer Welten, in denen eine Fee das Sagen hat, eine gewisse Widerständigkeit gegenüber rationalen männlichen Geboten und der patriarchalen Gesellschaft. […] Offenbar zogen die begabten französischen Autorinnen im späten siebzehnten Jahrhundert es vor, die Konflikte in ihren Märchen von einer Fee lösen zu lassen, statt von der Kirche mit ihrer männlich dominierten Hierarchie.« In der Tat wurde das literarische Märchen ein wichtiges Instrument für die Frauen am Hof, die die traditionellen patriarchalen Leitfiguren nicht nur durch magische Feen, sondern auch durch allwissende weise Frauen ersetzten. Ebenso bedienten sich viele ihrer Märchen der Liebe als Mittel der Subversion – indem diese gegen die Vorherrschaft arrangierter Ehen innerhalb der Aristokratie in Stellung gebracht wurde.

Der Aufstieg des französischen Literatursalons war auch eine Reaktion auf die zunehmend strikte Herrschaft

Ludwigs des XIV. Zum Ende des siebzehnten Jahrhunderts hatte der König ein System absolutistischer monarchischer Herrschaft geschaffen und damit große Teile des französischen Adels und der Aristokratie gegen sich aufgebracht. Die wandelbaren, scheinbar harmlosen Märchen wurden zu einer subversiven Form des Widerspruchs gegen die Regierung. Wie Zipes zeigt, »führten die französischen Märchenautor*innen die ›Modernisierung‹ eines mündlichen Genres fort, indem sie es in literarischer Form institutionalisierten und mit utopischen Visionen anreicherten, denen der Wunsch nach besseren gesellschaftlichen Verhältnissen zugrundelag«.

Hier begegnet uns wieder das Element des Märchens als utopische Vision – eine Vision, die, indem sie nach einer besseren Welt strebt, Erwartungen zu unterlaufen sucht und sich in subtiler, doch entscheidender Weise gegen Machtstrukturen auflehnt. Weit davon entfernt, banal und harmlos zu sein – *es ist doch schließlich nur eine Geschichte* –, fungierten Märchen oft als verschlüsselte Botschaften, die den Entrechteten Mut und Hoffnung spendeten und gleichzeitig scharfe Kritik an Autoritätsfiguren übten, und das alles in scheinbar unschuldiger Aufmachung. So bezieht sich etwa die Figur der guten Fee auf Perraults Auffassung, dass künstlerischer Erfolg von Mäzenatentum abhängig sei – eine subtile und dennoch vernichtende Aussage über die Realität von Künstler*innen in einer zunehmend kapitalistischen Welt.

Diese Tradition setzt sich bis in die heutige Zeit fort. So erkunden Autorinnen wie Angela Carter (deren Erzählung ›Blaubarts Zimmer‹ wir im achten Kapitel betrachten werden) und Kelly Link (Verfasserin u.a. der Kurzgeschichtenbände *Magic for Beginners* und *Get in Trouble*) in ihren Werken das subversive Potenzial von

Märchen. Viele populäre Märchenmotive – vom Bettelgewand zur Prinzessin (oder zum Prinzen), tierische Helfer, die gute Fee – haben sich bis heute erhalten, eben weil sie subvertiert und als Allegorien für größere soziale Belange gelesen werden können. In Robert Munschs Erzählung *Die Prinzessin in der Tüte* unterläuft die Titelheldin Prinzessin Elizabeth das übliche Klischee der Jungfrau in Nöten, nachdem ein Drache ihr Schloss niederbrennt und ihren Verlobten Prinz Ronald entführt. Anstatt zu warten, dass jemand zu ihrer Rettung herbeieilt, kleidet sie sich in eine Papiertüte (das Einzige, was sie aus den Ruinen ihres Schlosses retten konnte), macht den Drachen ausfindig und fordert ihn heraus, Wälder niederzubrennen und um die Welt zu fliegen. Als der Drache nach seiner zweiten Weltumrundung erschöpft einschläft, befreit Elizabeth Ronald als Retterin in der Not.

Doch der undankbare Ronald, wenig angetan von ihrer Aufmachung, schickt sie weg; sie soll wiederkommen, wenn sie prinzessinnenhafter aussieht. Anstatt sich zu fügen, bietet sie Ronald die Stirn: »Du siehst wie ein richtiger Prinz aus, aber du bist echt ein Blödmann«, und die beiden heiraten nicht – ein Schlachtruf für Feminist*innen weltweit.

Beachtenswert ist jedoch auch in diesen Märchen das auffällige Fehlen von Subversion, wenn es um Behinderung geht. Obwohl sie für sich in Anspruch nehmen, für eine bessere Welt einzutreten, wird der behinderte Körper darin wieder nur als beschädigt dargestellt und ist oft nur eines Happy Ends würdig, wenn die Behinderung beseitigt oder anderweitig »überwunden« ist. Was sagt es aus, wenn selbst die subversivsten Narrative, die wir kennen, weiterhin statische Vorstellungen über den behinderten Körper fortschreiben und aufrechterhalten?

1985, als ich drei Jahre alt bin, verkleide ich mich zu Halloween als Braut. Ich trage ein weißes Kleid und einen weißen Schleier und ein winziges Bouquet aus rosa und lila Stoffblumen. Meine Schwester ist anderthalb. Sie geht als Superheldin – eine nicht näher bestimmte Version aus der Zeit vor dem Marvel-Universum: roter Umhang, blaue Strumpfhose und eine Hantel aus Pappe, die meine Mutter mit Alufolie umwickelt hat –, aber eigentlich versteht sie noch gar nicht, was los ist.

Als mein Vater uns beide filmt, lächle ich geradewegs in die Kamera.

»Was bist du, Amanda?«

»Ich bin eine Braut, Papa«, sage ich. Ich weiß, dass ich schön bin – das ist mir anzusehen. Dass ich mein weißes Kleid liebe und wie es sich bauscht. Ich verstehe zwar noch nicht genau, was eine Braut ist, aber es ist ein tolles Gefühl. In dem Kleid fühle ich mich besonders, anders als sonst in meinen normalen Sachen. Wie das Kleid, das ich in nicht allzu ferner Zukunft bei der Entlassung aus dem Krankenhaus tragen werde, will ich es gar nicht mehr ausziehen.

Es ist ein Tor zu irgendetwas, auch wenn ich noch nicht genau weiß, wozu. Flüsternd kündet es von Hoffnung und Glück.

Jahre später, im Studium, sehe ich zum ersten Mal nach vielen Jahren wieder die Disney-Version der ›Kleinen Meerjungfrau‹ und denke über das letzte Bild nach, das ich von Arielle habe: wie sie auf dem Hochzeitsschiff glücklich ihren Prinzen küsst, das weiße Kleid als Symbol der Vollendung. Das ist ihr *Glücklich bis ans Ende ihrer Tage*, dieser eingefrorene Moment.

Als Meerjungfrau hatte sie mehr Bewegungsfreiheit, als Körper, der anders ist als andere Körper, die ich kenne. Dieser Körper prangt auf den Filmplakaten, auf dem DVD-Cover. Der Körper ohne Beine, der Körper, der nicht aussieht wie die anderen.

Als Kind spiele ich nicht stundenlang Arielle im Brautkleid. Ich spiele Meerjungfrau. Ich plansche im Pool und tue so, als hätte ich keine Beine.

In den alten französischen Märchen wimmelt es von Entstellung und Behinderung, auch wenn vieles davon heute vergessen ist. Besonders häufig finden sich Entstellung und Tod als *Strafe* – und umgekehrt die Verleihung von Schönheit als ultimative Belohnung.

Die Hauptfigur von ›Riquet mit dem Schopf‹, einem in Catherine Bernards Roman *Inès de Cordoue* (1696) eingebetteten Märchen, ist die Adlige Mama. Sie ist mit den äußerlichen Merkmalen der Schönheit gesegnet, doch intellektuell derart minderbemittelt, dass es »ihr Äußeres abstoßend macht«. Eines Tages trifft sie auf Riquet mit dem Schopf, einen hässlichen kleinen Zwergenkönig, der ihr einen Handel vorschlägt: Wenn sie einwilligt, ihn binnen eines Jahres zu heiraten, wird sie klug. Er sagt ihr einen Vers, den sie so oft wie möglich wiederholen soll, um dadurch das Denken zu erlernen. Mama kehrt in das Haus ihres Vaters zurück, wo sie sich bald von »adäquat« über »intelligent« zu »geistreich« wandelt und die Herzen aller Männer erobert. Doch sie liebt nur einen: einen Mann namens Arada.

Als das Jahr vergangen ist, taucht Riquet mit dem Schopf wieder auf, um sie zur Frau zu nehmen. Mama ist verzweifelt, doch Riquet stellt sie vor die Wahl: Entweder bleibt sie klug und heiratet ihn, den Zwergenkönig, oder sie wird wieder so geistig behindert, wie sie einst war.

Mama wählt die Intelligenz und heiratet den Zwerg – und ist nun clever genug, dass sie Mittel und Wege findet, Arada heimlich zu treffen, obwohl sie mit Riquet verheiratet ist. Als ihr Ehemann das herausfindet, verwandelt er sich und nimmt das Aussehen und Verhalten Aradas an, so dass Mama dazu verdammt ist, den Rest ihres Lebens mit den beiden Männern zu verbringen, ohne zu wissen, welcher von ihnen ihr Ehemann ist und welcher ihr Liebhaber.

In Charles Perraults Version des Märchens, die nur ein Jahr nach Bernards Roman erschien, ist das geistig behinderte Mädchen eine Prinzessin, und sie trifft Riquet mit dem Schopf in einem Wald. Riquet ist selbst ein Prinz, der, obzwar hässlich und missgebildet, von den Feen mit einer Gabe bedacht wurde: Er kann seine Klugheit der Frau übermachen, die er liebt. Riquet hatte sich, entzückt von dem schönen Bildnis der Prinzessin, das im ganzen Land kursiert, auf den Weg gemacht, um um ihre Hand anzuhalten. Im Gegenzug dafür, dass sie ihn – ebenfalls binnen eines Jahres – heiratet, verspricht er der Prinzessin ein kostbares Geschenk: »›Ich habe‹, sagte Riquet mit dem Schopf, ›die Macht, so viel Geist, als der Mensch nur vertragen kann, derjenigen Person zu übermachen, die ich zu lieben gezwungen bin. Und da Ihr diejenige Person seid, so hängt es nur von Euch ab, so viel Geist zu bekommen, als der Mensch menschenmöglicherweise überhaupt haben kann – allerdings unter der einzigen Bedingung, daß Ihr mich gütigst heiraten wollt.‹«

Die Prinzessin, die sich danach sehnt, ebenso klug wie ihre Mitmenschen zu sein, willigt ein. Fast augenblicklich wird sie extrem intelligent. Glücklich kehrt sie nach Hause zurück und begeistert den Hof; sie wird bei allen beliebt und ihr Vater berät sich mit ihr in Regierungs- und Staatsangelegenheiten.

Auch sie verliebt sich in einen Mann, der groß und gutaussehend ist, und als nach einem Jahr die Zeit gekommen ist, dass sie Riquet mit dem Schopf heiraten soll, sträubt sie sich. Warum sollte sie den missgestalteten Zwerg Riquet heiraten, wo sie doch bei Hof von einem gutaussehenden Mann umworben wird?

> »Von meiner Häßlichkeit abgesehen«, sagte der Zwerg, »mißfällt Euch etwas an mir? Genügen Euch nicht meine Herkunft, mein Geist, mein Charakter, meine Manieren?« »Oh«, rief die Prinzessin, »alles, was Ihr hier nennt, kann ich an Euch nur bewundern.«

Doch Riquet hat noch eine weitere Gabe. »›Erfahret hiermit, daß dieselbe Fee, die mir am Tage meiner Geburt die Kraft verlieh, die Person, die ich lieben werde, mit Geist und Verstand auszustatten, Euch, o meine Angebetete, die Fähigkeit bescherte, den, den Ihr auserwählen und dem Ihr eure Gunst gewähren wollt, mit Schönheit zu begaben.‹«

Also willigt die Prinzessin ein, und Riquet verwandelt sich in den schönsten Mann, den sie je gesehen hat. Es folgt eine Überlegung des Erzählers, dass Riquet sich in Wirklichkeit gar nicht verändert hat – sondern nur die Prinzessin der Liebe zu ihm verfallen ist und nun über seine Eigenschaften, die sie vorher abstoßend fand, »hinwegsehen« kann:

> Einige versichern, daß dies nicht so sehr die Wirkung des Feenzaubers war, sondern daß vielmehr die Liebe allein diese Verwandlung möglich machte. Sie behaupten, daß die Prinzessin über der Beharrlichkeit ihres Liebhabers, über seiner Bescheidenheit und allen guten Eigenschaften seiner Seele und seines Geistes die Ungestaltheit seines Körpers und die Häßlichkeit seines Gesichtes nicht mehr sah. Sein Buckel kam ihr vor wie das Achselzucken

> eines Mannes von Welt, und statt daß er sonst entsetzlich hinkte, so fand sie jetzt, daß er sich nur auf eine sehr liebenswürdige Art ein wenig nach der einen Seite neige. Auch seine schielenden Augen kamen ihr darum nur noch glänzender vor, und die kleine Unordnung, in die sie geraten waren, schien ihr ein Zeichen seiner heftigen Liebe zu sein, und seine große rote Nase endlich bekam in ihren Augen etwas Martialisches und Heroisches.

Es ist nicht überraschend, dass Perraults Version dieses Märchens überlebt hat, und Catherine Bernards Fassung – wie die Märchen anderer französischer Autor*innen – nicht. Perraults Märchen ist sanfter, freundlicher als sein Vorgänger, mehr der Schönheit hingegeben. Sein Happy End erinnert an die heiteren Disney-Märchen unserer Zeit. Vor allem aber bereitet Perraults ›Riquet mit dem Schopf‹, mit seinem unverhüllten Moralisieren und insbesondere mit der Gestaltung von Behinderung und Missbildung als einer Art moralischem Narrativ hin zum normgerechten Körper, den Weg für die Geschichten, die weltbekannt werden sollten: die gesammelten Märchen der Brüder Grimm.

Jacob und Wilhelm Grimm wurden 1785 bzw. 1786 in Hanau geboren. Drei ihrer neun Geschwister starben noch im Säuglingsalter. 1791 zog die Familie nach Steinau, wo der Vater Philipp als Amtmann arbeitete und ihnen ein Leben in relativem Wohlstand ermöglichen konnte. Als er 1796 an einer Lungenentzündung starb, ging die Verantwortung für das finanzielle Wohlergehen der Familie auf die beiden ältesten Söhne Jacob und Wilhelm über, obwohl diese selbst noch Kinder waren.

Die Brüder verließen 1798 ihr Elternhaus, um das Friedrichsgymnasium in Kassel zu besuchen. 1803 und

1804 machten sie ihren Abschluss, jeweils mit Auszeichnung, und gingen anschließend zum Studium nach Marburg, wo sie durch ihre niedrige soziale und ökonomische Herkunft ihren Status als Außenseiter deutlich zu spüren bekamen – ein Motiv, das in den Märchen, die sie später sammeln und veröffentlichen würden, immer wieder auftauchen sollte.

Obwohl sie ursprünglich in die Fußstapfen ihres Vaters treten und Juristen werden wollten, gelangten sie durch einen ihrer Rechtsprofessoren, Friedrich Karl von Savigny, auf Umwegen zur Volkskunde. Savigny machte sie mit dem Werk des Philosophen und Literaturkritikers Johann Gottfried Herder bekannt, der zu seinen Lebzeiten die *Naturpoesie* zur überlegenen und ursprünglichen deutschen Erzählkunst erhoben hatte.

Für Herder stand die Naturpoesie im Gegensatz zur *Kunstpoesie*, weil er in ihr das »robuste« bäuerliche Leben in Deutschland bewahrt sah – und damit alles, was im Allgemeinen als gesund und zuträglich galt: das frische Landleben im Gegensatz zur dumpfen, feuchtkalten Stadt und den moralischen, sozialen und ökonomischen Zerstörungen, die die Industrialisierung im ganzen Land anrichtete. (Das literarische Märchen mit seinen Allüren und Sprachfiguren, das zu Herders Lebzeiten am französischen Hof aufkam, galt ihm als Gefahr für die volkstümliche, »ursprüngliche« Erzählweise.)

1808 nahm Jacob Grimm eine Stelle als Hofbibliothekar beim König von Westfalen an, Wilhelm folgte ihm kurz darauf, nachdem er sich zuerst wegen seines schlechten Gesundheitszustands einer – von seinem Bruder bezahlten – Kur in der Nähe von Halle unterzogen hatte.

Es sei angemerkt, dass Wilhelm Grimm ein starkes und gesundes Kind war, bevor er im Alter von 16 Jahren an

Scharlach und Asthma erkrankte. Bis zu seiner Genesung musste er ein halbes Schuljahr zu Hause bleiben. 1808 brach die Krankheit erneut aus und verschlimmerte sich stetig, bis er 1809 zur Behandlung nach Halle fuhr. Wilhelm Grimms Gesundheitszustand blieb für den Rest seines Lebens prekär, obwohl er das relativ hohe Alter von 73 Jahren erreichen sollte. Johann Christian Reil, der Arzt, den er in Halle aufsuchte, diagnostizierte bei ihm eine »Atonie des Herzmuskels«. Ann Schmiesing zufolge geht man mittlerweile davon aus, dass es sich wohl um eine paroxysmale Tachykardie handelte, eine Erkrankung, bei der sich der Herzschlag episodisch auf das Zwei- bis Dreifache der normalen Frequenz erhöht. Die Episoden können zwischen einigen Minuten und mehreren Stunden anhalten und gehen mit Schwindel und Benommenheit einher. Durch diese Zustände war Wilhelms Fähigkeit, im Alltag zu funktionieren, stark beeinträchtigt.

In Halle verschrieb Reil ihm eine ganze Reihe von Behandlungen, darunter warme Bäder, Elektrotherapie, Magnettherapie und verschiedene Pillen. In Briefen an seinen Bruder zeigte sich Wilhelm ängstlich – von der Elektrotherapie bekam er einen Hautausschlag – und zugleich dankbar, weil er aufgrund der Behandlungen, ob sie nun wirkten oder nicht, nachts endlich wieder schlafen konnte. »Ich fürchte mich nur immer, daß es wiederkommt, wenn das nur Gott verhüten wollte«, schrieb er im August 1809, »und daß ich nicht vor dem Sterben ein solch angstvolles Leben führen muß, wie dankbar würde ich seyn.«

Im Anschluss an seine Kur zog Wilhelm zu seinem Bruder, und es ist wohl nicht verwunderlich, dass sich in vielen der nachfolgenden Ausgaben und Überarbeitungen der *KHM* immer öfter Erwähnungen von Behinderung finden. Nach der Veröffentlichung der beiden ersten Bände 1812 und 1815 übernahm Wilhelm mehr Verantwortung für die nachfolgenden Editionen, und unter seiner redaktionellen Hand nahm die Prävalenz von Behinderung in den Märchen zu – von denen zwischen 1819 und 1858 sechzehn weitere Ausgaben erschienen. Diese *narrative Prothese* – die Ergänzung und Hinzufügung von Charaktereigenschaften – findet sich in allen späteren Ausgaben der *KHM*.

Wilhelms Einfügungen behinderter Eigenschaften und Merkmale in die Märchen liegen wahrscheinlich weniger in seinem Wunsch begründet, die Welt so darzustellen, wie sie ist – auch wenn im achtzehnten und neunzehnten Jahrhundert Behinderung infolge schwerer und unheilbarer Krankheiten (wie Polio, Pocken, Scharlach, Cholera, um nur einige Beispiele zu nennen) sicherlich verbreiteter und *sichtbarer* war –, sondern vielmehr in seinem Bedürfnis, die Märchen zu verbessern und zu »vervollständigen«.

Diese »Vollständigkeit« hängt wiederum mit der vom Volksmärchenforscher Vladimir Propp so genannten Funktion »Mangel – Behebung des Mangels« in Märchen zusammen. Dabei geht es darum, dass ein Märchen zu Beginn ein Bedürfnis oder einen Mangel aufweist (der Wunsch nach etwas, das *fehlt*), der dann im Lauf der Erzählung durch die Erfüllung einer Aufgabe beseitigt wird. In seiner *Morphologie des Märchens*, die 1928 in Russland erschien, skizziert Propp, wie die Funktion »Mangel – Mangelbehebung« die Erzählung von der Ungewissheit ins Gleichgewicht – vom Kampf zum Triumph – und somit zu ihrer Vollendung führt. Oder, wie Schmiesing es ausdrückt: »[Die Funktion ›Mangel – Mangelbehebung‹] führt vom Ungleichgewicht zum Gleichgewicht, von der Entzauberung zur Verzauberung, von Behinderung zur Nichtbehinderung und körperlicher Perfektion.«

Die nachträglichen Einfügungen von Behinderung verlängerten die Erzählbögen der Grimm'schen Märchen: Indem die Protagonist*innen zu Beginn stärker benachteiligt waren, hatten sie durch den erfolgreichen Abschluss ihrer Aufgabe mehr zu gewinnen. Das Mädchen ohne Hände wird dadurch, dass ihre Hände am Ende des Märchens nachwachsen, doppelt belohnt. Ebenso ist Hans mein Igels Ausgrenzung aufgrund seiner nichtmenschlichen Entstellung ungleich schwerwiegender und grausamer. Am Ende wird er ganz buchstäblich vom Tier zum Menschen; wäre Hans als »normaler« Junge geboren worden, wären sein Weg und die bezwungenen Widrigkeiten nicht die gleichen, und das Märchen hätte nicht das naturpoetische Herz, das die Grimms unbedingt erhalten wollten.

Behinderung diente in den Grimm'schen Märchen auch dazu, die Figuren einzigartig und unvergesslich zu machen. In der ersten Fassung von ›Der alte Sultan‹, einem Märchen über einen Bauern und seinen treuen Hund, hat der Hund keine Behinderung. In den späteren Fassungen wird der Hund als »zahnlos« beschrieben und ist damit umso einprägsamer. Gesunde Hunde gibt es wie Sand am Meer, aber den zahnlosen Hund merkt man sich, ob man ihn nun abstoßend findet oder nicht.

In *Disability Aesthetics* bemerkt Tobin Siebers, dass erst die Abkehr von traditionellen, klassischen Formen und das Interesse für Behinderungen, für sogenannte »Makel« des menschlichen Körpers der modernen Kunst die Transzendierung von Zeit und Erinnern erlaubt. (In *Les Menottes de cuivre*, René Magrittes Bearbeitung der Venus von Milo, erinnert beispielsweise rote Farbe auf den Armstümpfen der Skulptur an eine frische, schmerzhafte Amputation.) »Oft ist es das Vorhandensein einer

Behinderung, die die Schönheit eines Kunstwerks die Zeit überdauern lässt«, schreibt Siebers.

Es stimmt: Einen langweiligen, schönen Körper vergisst man leicht. Es ist viel schwerer, den Körper zu vergessen, der von der Norm abweicht, der uns gefangen nimmt.

Den Mann mit dem Oberkörper eines Igels vergisst du nicht, ebenso wenig wie die Frau, die keine Hände hat. Und wahrscheinlich wirst du auch die Person, die dir diese Geschichte erzählt hat, für immer in Erinnerung behalten.

Ich fange an, Geschichten zu schreiben, als ich fünf Jahre alt bin. Wie das Kleid, das ich nach meiner ersten Operation zur Krankenhausentlassung trage, gibt mir das Schreiben das Gefühl, etwas Besonderes zu sein. Ich schreibe Geschichten über Tiere: über unseren Familienhund, über Vögel, über Dinosaurier. In der ersten Klasse schreibe ich eine Geschichte über einen Hasen und beklebe alle meine Hasenbilder mit Wattebäuschchen. Ich schreibe über meine Familie, über Eulen und über Liebe. Ich schreibe eine Geschichte über einen Jungen, in den ich verliebt bin – zum Schluss heiraten wir. (Ich weiß zwar immer noch nicht genau, was Heiraten ist, aber ich male mich selbst in einem weißen Kleid bei der Hochzeit.) Einmal zu Thanksgiving schreibe ich eine Geschichte auf besonderem Papier in Truthahnform.

Ich schreibe über Prinzessinnen. Wenn sie nicht bereits schön sind (sie sind es meistens), werden sie es immer am Ende der Geschichte. Sie haben *rabenschwarzes* oder *goldblondes* Haar, und ihre Augen haben nie eine andere Farbe als blau. Sie sind immer freundlich, sogar wenn die Menschen um sie herum es nicht verdienen.

Ich schreibe nie Geschichten über Prinzessinnen in Rollstühlen, über Prinzessinnen, die beim Baden ein Bein aus der Wanne hängen lassen müssen. Ich schreibe nicht über Mädchen mit Gehhilfen. Ich schreibe nicht über Mädchen, denen man sagt, dass sie hässlich sind, weil sie anders laufen als die anderen. Ich schreibe keine Geschichten ohne Happy End.

Ich bin fünf, dann sechs. Meine Mutter liest uns *Der schweizerische Robinson* und *Anne auf Green Gables* vor und Bücher über Clifford, den großen roten Hund. Niemand in diesen Geschichten ist behindert. Nicht, dass mir das damals aufgefallen wäre.

Als ich nach meiner zweiten Operation (die, nach der ich den Gips habe) aus dem Krankenhaus komme, lese ich die Reihe *Unsere kleine Farm* noch einmal von Anfang bis Ende. Mary Ingalls hat Scharlach und wird blind. Sie ist immer noch hübsch und blond und gut – wie eine Prinzessin, nur eben keine Märchenprinzessin. Bevor sie wegfährt, um auf die Blindenschule zu gehen, nähen Ma Ingalls und Laura ihr eine Ausstattung. Sie nähen ihr ein wunderschönes Kleid aus üppigem braunen Kaschmir. Mary ist blind, doch sie lässt sich von Laura durch die Welt führen, und als sie dann zur Schule geht, wird sie unabhängiger.

Als ich die Romane lese, sehe ich Mary nicht als behindert. Die einzigen behinderten Menschen, die ich kenne, nutzen Gehhilfen oder Rollstühle. Irgendwann habe ich beides nicht mehr, also sehe ich mich selbst auch nicht mehr als behindert. Ich kann laufen wie die Prinzessinnen in den Geschichten.

Nur ihre Schuhe kann ich nicht tragen. So sehr ich mich auch anstrenge.

Für die späteren Ausgaben ihrer Werke nahmen die Brüder Grimm mehr als nur einige editorische Anpassungen vor, da kritisiert worden war, dass die Geschichten nicht für Kinder geeignet seien. In Deutschland wie in anderen Ländern entstand eine aufstrebende, zunehmend gebildete Mittelschicht, deren Aufmerksamkeit sich durch die unaufhaltsame Verstädterung und die Abkehr von den bäuerlichen Arbeitszyklen verstärkt auf die Kindheit richtete, und damit auch auf die Frage, welche Themen für Kinder »geeignet« waren und welche nicht.

Die Grimms waren calvinistisch erzogen worden, und ihr strenges Festhalten an ihrem Glauben findet sich in vielen Aspekten ihrer Märchen wieder, insbesondere in Bezug auf Geschlechterrollen. Daher überrascht es nicht, dass selbst ihre behinderten Protagonist*innen sich gemäß den damaligen religiösen Vorstellungen jeweils geschlechterkonform verhalten mussten. Hans mein Igel *darf*, anders als das Mädchen ohne Hände, offen und laut mit seiner Behinderung umgehen. Er stellt Forderungen an seinen Vater und an sein Dorf, während das Mädchen die Hilfe ihres Vaters ablehnt und sich der Welt ausliefert. Ihre Hände wachsen am Ende dank ihrer Sanftmut und ihrer Duldsamkeit gegenüber der Macht (Gott) nach, Hans mein Igel erlangt seine menschliche Form durch seine eigene List. Die darin enthaltenen Lektionen können selbst die kleinsten Kinder lernen.

Es sei daran erinnert, dass zur Zeit der Erstveröffentlichung der *KHM* die Napoleonischen Kriege im vollen Gange waren und Teile Deutschlands französisch besetzt waren. Bei den Überarbeitungen für spätere Ausgaben wurden Erwähnungen von Frankreich und an Frankreich Erinnerndes teilweise entfernt; außerdem wurden weitere Änderungen im Sinne der Stärkung des deutschen Nationalgefühls vorgenommen. (Beispielsweise wurden in vielen Märchen die guten Feen durch Gott oder andere patriarchale, dem deutschen Geschmack der Zeit entsprechende Figuren ersetzt.) So eigneten sich die für Kinder abgemilderten Geschichten, um der Bevölkerung auf subtile Weise nahezubringen, wie gute Deutsche, gute Jungen und gute Mädchen zu sein haben. Die Prinzessin im ›Froschkönig‹ wird von ihrem Vater gescholten, weil sie unhöflich zu dem Frosch ist, der ihre Kugel aus dem Brunnen geholt hat. (»Du musst dein Versprechen halten, was auch immer es war.«) Sie ekelt sich vor dem Frosch, schleimig und anders wie er ist, doch weil sie eine gehorsame Tochter ist, tut sie wie geheißen. Und was bekommt sie dafür? Einen schönen Prinzen und eine Liebesgeschichte für die Ewigkeit.

Aber diese Gutenachtgeschichten glaubt doch niemand, sagt ihr. *Die sind doch bloß für Kinder. Wir wissen ja, dass sie nicht wahr sind.*

Wie wir heute wissen, interessierten sich auch die Nationalsozialisten für die deutsche Naturpoesie. Sie glaubten an die verbindende Macht von Geschichten für das deutsche Volk und, ebenso wie die Brüder Grimm, an die Frische, die Kraft und die *Reinheit* des ländlichen Deutschlands – im Gegensatz zu den Städten, wo sich Ungeziefer und allerlei widerliche Gestalten – und »Rassen« – herumtrieben und vermischten. Vom Märchen als Medium des Nationalismus bei den Grimms ist es nicht weit zu Nazideutschland und der Darstellung des behinderten, *ge-otherten* Körpers als etwas, das es auszulöschen gilt.

In Nazideutschland gab es keine guten Feen, keine wohlmeinenden Fremden, die einen verstümmelten Körper segnen, auf dass seine Hände nachwachsen. Es gab nur das Ideal des menschlichen Normkörpers – den von der NS-Propagandakunst so vergötterten muskulösen deutschen Mann, die Frau mit üppigem Busen und gebärfreudigem Becken. Es gab die Geschichten von behinderten Menschen als Anderen, die so viele glaubten und immer wieder erzählten – vor dem Zubettgehen, am abendlichen Feuer. Rumpelstilzchen, der böse Zwerg. Aschenputtels Stiefschwestern, die sich bereitwillig die Zehen und Fersen abhackten, damit sie für den Prinzen in den Schuh passen. Der missgebildete Körper als Symbol für das missgebildete Herz – in den Geschichten, zuerst für Erwachsene, dann für Kinder, dann neu verpackt und umfunktioniert und für Erwachsene neu erzählt, auf Plakaten und in Filmen im ganzen Land.

Märchen sind nicht echt, nein. Aber sie sind auch niemals *nur Geschichten.*

Die meiste Zeit meiner neun Jahre in der Grundschule und Mittelstufe bin ich in einen Jungen verliebt, den wir hier John nennen wollen. John ist sportlich, ich bin es nicht. Er ist beliebt, ich nicht. In unserer gesamten gemeinsamen Schulzeit sagt er vielleicht fünfzehn Wörter zu mir. Ich beobachte ihn jeden Tag auf dem Schulhof; im Unterricht werfe ich ihm verstohlene Blicke zu. Er ist nicht gemein zu mir, das nicht, aber es ist offensichtlich, dass ihn meine Existenz nicht im Geringsten interessiert.

In der vierten Klasse – als wir neun Jahre alt sind – fängt er an, mit dem neuen Mädchen in der Klasse zu gehen. Sie heißt Grace (auch das ist nicht ihr richtiger Name, aber welcher Name würde besser zu ihr passen als der einer echten Prinzessin?). Sie ist klein und blond und zierlich. Auch sie ist nicht gemein zu mir, aber ich gehöre nun mal nicht zu den beliebten Kreisen, und sie passt genau hinein. Ich laufe komisch, ich bekomme früher als alle anderen Brüste und meine Periode. Ich habe halb krisseliges, halb zottiges dünnes Haar, mit dem nichts anzufangen ist. Meine Augenbrauen sind zwei riesige Raupen. Wenn ich mich auf Fotos sehe, weiß ich, dass ich nicht die Sorte Mädchen bin, die irgendjemand lieben könnte.

Dass ich mich täusche, merke ich erst, als ich Jahre später die Fotos aus meiner Schulzeit betrachte. Die Bilder zeigen ein schüchternes Mädchen mit einem verhaltenen Lächeln und braunen Augen, die aufleuchten, wenn man sie bittet, eine Geschichte zu erzählen. Auf fast allen Bildern ist mein Kopf ganz leicht nach links geneigt. Heute fällt mir das immer auf – damals nur beim Haareschneiden, weil die Friseurin ständig meinen Kopf im Spiegel geraderückte, und manchmal in der Schule, wenn die anderen Kinder die Köpfe zur Seite neigten und ich nie wusste, ob sie mich nachäffen.

Als Kind träume ich von Ballettschuhen, von Gymnastikanzügen, von der Theaterbühne. Mit zwölf Jahren melde ich mich beim Eiskunstlauf an und erfinde eine Nummer zum Soundtrack von *König der Löwen*. Hinter verschlossener Tür wirble ich in meinem Zimmer stundenlang auf dem Teppich herum.

Doch die Realität in den Tanzstunden und beim Eiskunstlaufunterricht ist eine andere. Meine Füße sind steif, meine Hüfte ist schief, mein rechtes Bein fünf Zentimeter kürzer als mein linkes. Meine Wirbelsäule ist gekrümmt durch den Hauch einer Skoliose – einer der Nebeneffekte der Zerebralparese, zu denen unter anderem eine erhöhte Wahrscheinlichkeit für Folgendes gehört: Arthritis im frühen Erwachsenenalter, Sehnenentzündungen, übermäßige Müdigkeit mit zunehmendem Alter und chronische Schmerzen. Hände und Füße, die zwar wissen, was sie tun sollen, aber nicht immer gehorchen. Oberschenkel, die zittern. Knie, die krampfen. Eine Fantasie, die überallhin geht. Ein Körper, der nicht immer folgt.

Dort, wo ich aufwachse, gibt es keine Nazi-Plakate oder offene Behindertenfeindlichkeit. (Über den behinderten Körper als solchen wird in der Schule oder in der Welt nicht wirklich gesprochen.) Stattdessen gibt es farbenfrohe VHS-Kassetten mit abgerundeten Ecken. Eine Meerjungfrauen-Prinzessin mit rotem Haar und einem lila BH aus Muscheln, eine braunäugige, brünette Französin, die gerne liest und wie Tarzan zwischen den Schiebeleitern ihrer Bibliothek umherschwingt. Eine schwarzhaarige arabische Prinzessin, die sich in einen Straßenjungen verliebt und mit ihm auf einem verzauberten Teppich reist; eine indigene Prinzessin, groß und statuenhaft, die barfuß durch den Wald rennt, ohne auch nur den geringsten Gedanken ans Stolpern zu verschwenden. Eine blonde, blauäugige Prinzessin, die durch eine Täuschung verführt eine Spindel berührt und in einen tiefen Schlaf fällt, doch von ihrem Liebsten gerettet wird und am Ende ihres Märchens mit ihm tanzt, wobei die Farbe ihres Prinzessinnenkleids von Rosa nach Blau und wieder zurück wechselt. Eine Schwarze Prinzessin, die einen Frosch küsst und ihr Leben ändert. Prinzessin trifft Prinz und verliebt sich, immer und immer und immer wieder.

Und dann ist da noch Quasimodo, der, missgestaltet und gutherzig, am Ende seiner Geschichte Freundschaft findet und damit glücklich ist, denn das ist das einzige Glück, auf das er hoffen darf.

4
Eines Tages wird mein Prinz kommen: Disney und die Welt ohne Schatten

Im Laufe des neunzehnten und frühen zwanzigsten Jahrhunderts wurden Märchen in Europa immer beliebter. In Dänemark schrieb Hans Christian Andersen ›Die kleine Meerjungfrau‹, ›Das hässliche junge Entlein‹ und ›Des Kaisers neue Kleider‹; in England erschienen ›Hans und die Bohnenranke‹, ›Goldlöckchen und die drei Bären‹ und ›Die drei kleinen Schweinchen‹. Mit Anbruch des zwanzigsten Jahrhunderts und dem allmählichen literarischen Aufstieg der Vereinigten Staaten kam L. Frank Baums *Der Zauberer von Oz* – eine Geschichte über einen Trupp bunter, möglicherweise behinderter Figuren (kein Hirn, kein Herz, kein Mut), die sich zusammentun und auf der Suche nach Ganzheit ein fremdes, neues Land erkunden. In Kalifornien gründete ein Mann namens Walt Disney 1923 ein Trickfilmstudio, das Disney Brothers Cartoon Studio. Zusammen mit seinem Bruder und Geschäftspartner Roy Disney baute er ein Trickfilmimperium auf, das die Welt verändern sollte.

Bevor er sich in Kalifornien niederließ, hatte Walt Disney als Angestellter einer Werbeagentur in Kansas City eine Reihe von Kurzfilmen namens Laugh-O-Grams entwickelt. Einer von ihnen erzählt eine moderne Variante von Aschenputtel, in der wir unsere Heldin in der Küche beim Abwasch sehen, zusammen mit ihrer einzigen

Freundin, einer Katze. (In dieser Schwarzweißversion gibt es keinen Kürbis und keine Mäuse – die gute Fee zaubert stattdessen aus der Luft einen Ford Model T herbei und putzt Aschenputtel mit einem Zwanziger-Jahre-Kleid und Perlen heraus. Die Stiefschwestern sind am Ende nicht verstümmelt, sondern nur einsam und unglücklich.) In Kansas produzierte Disney auch seinen ersten Film, bei dem sowohl Zeichentrick- als auch Schauspieltechniken zum Einsatz kamen: einen Kurzfilm nach *Alice im Wunderland* mit der damals vierjährigen Virginia Davis.

(Disney wurde, so viel sei hier angemerkt, vom Werk des Comiczeichners Paul Terry beeinflusst, der mit seiner Firma Fables Studios die Zeichentrick-Kurzfilmreihe *Fabeln des Äsop* erfand und produzierte. Die Reihe begann 1921 mit *Die Gans, die goldene Eier gelegt* und wurde unter den Titeln der jeweiligen Fabeln weitergeführt, bis Terry die Firma 1929 verließ. Danach wurde die Serie noch bis 1936 von den Van Beuren Studios fortgesetzt.)

In Kalifornien schuf Disney die Figur von Oswald dem lustigen Hasen, einem abenteuerlustigen Hasen, der bereits die körperlichen Ideale der späteren Disney-Filme vertrat. (Disney wünschte sich den Hasen »schwungvoll, aufgeweckt, flott und abenteuerlustig, dabei aber auch ordentlich und gepflegt«.) Ein Streit über die Urheberrechte an Oswald führte dazu, dass die Figur aufgegeben und stattdessen 1928 die ikonische Mickey Mouse geschaffen wurde – die so schnell populär wurde, dass Disney für seine Schöpfung 1932 einen Ehren-Oscar erhielt.

Doch Disney hatte noch größere Träume. Er stellte sich vor, dass Langfilme mehr Möglichkeiten bei der Trickfilm-Animation bieten würden, und so machte er sich mit seiner Märchen-Erfahrung im Gepäck daran, die Welt neu zu gestalten.

In gewisser Weise fängt dieses Buch hier an, weil auch ich hier anfange. Ich fange an mit Disney im Kino – mein sieben Jahre altes Ich eingeklemmt in den riesigen Plüschsesseln. Weil ich noch zu klein bin, um die Sitzfläche unten zu halten, sitze ich immer in einer leichten V-Form da.

Ich fange an mit Disney auf VHS – die klobige, glatte Kassette, das Flimmern auf dem Bildschirm, wenn wir das Band immer wieder zu unseren Lieblingsstellen zurückspulen.

Ich fange an mit *101 Dalmatiner* an einem Ostermorgen, als ich zehn Jahre alt bin. Bis heute muss ich, wenn ich den Film sehe, immer an Schokolade denken.

Ich fange an mit *Die Schöne und das Biest*, mit *Bernhard und Bianca, die Mäusepolizei*, die dem Waisenmädchen Penny bei der Flucht aus der Diamantenmine helfen.

Ich fange an mit Jasmin und Aladdin, mit Simba, dem König der Löwen, mit der schönen Aurora und ihrem Zauberkleid, das die Farbe wechseln kann. Ich fange immer und immer wieder an mit Arielle, der kleinen Meerjungfrau, die unten auf dem Meeresboden singt.

Ich fange an mit Disney.

Die »Disneyfizierung« bekannter Märchen – bei der die Happy Ends noch glücklicher waren und die düsteren Bestandteile zugunsten weniger kontroverser Handlungsstränge ausgelassen wurden – wurde ab 1937 zum Markenzeichen des zwanzigsten Jahrhunderts, als Disneys erster abendfüllender Zeichentrickfilm *Schneewittchen und die sieben Zwerge* in die Kinos kam. Walt Disney kannte das ursprüngliche Grimm-Märchen und ahnte, dass der Stoff das Potenzial besaß, einen Zeichentrickfilm in Spielfilmlänge auszufüllen. Insbesondere war er der Meinung, dass die Zwerge, die im Original keine Namen trugen, sich für befreiende Komik anböten und dem Studio reichlich Möglichkeiten geben würden, die Geschichte bei einem modernen Publikum beliebt zu machen.

Und so entstanden Happy, Hatschi, Brummbär, Pimpel, Schlafmütze, Seppl und Chef. Sieben Zwerge, über die man lachen kann, sieben Zwerge als Gegengewicht zur Prinzessin, dem Prinzen und der hinterlistigen bösen Königin. Sieben lustige Gesichter, die die Dunkelheit vertreiben. Sieben Körper, die anders sind und uns von dem ablenken, was in den gesunden lauert.

Die Strategie ging auf. Die Produktion von *Schneewittchen und die sieben Zwerge* kostete fast 1,5 Millionen US-Dollar und lag damit weit über dem ursprünglichen Budget von 250.000 Dollar. In seiner ersten Laufzeit spielte der Film weltweit fast acht Millionen Dollar ein. Von den Einnahmen ließ Walt Disney im kalifornischen Burbank neue Studios bauen, und ein Jahr nach der Premiere waren schon die nächsten beiden Zeichentrick-Langfilme in Planung: *Fantasia* und *Pinocchio*, denen bald weitere bekannte Erzählungen – *Peter Pan*, *Dumbo*, *Alice im Wunderland* – folgen sollten. 1950 kam *Cinderella* heraus, 1959 *Dornröschen.* Bearbeitungen weiterer europäischer Märchen und Volkssagen gab es mit Filmen wie *Robin Hood* (1973) und *Arielle, die Meerjungfrau* (1989). Mit *Aladdin* (1992), *Der König der Löwen* (1994) und *Mulan* (1998) wurden auch Erzählungen von anderen Kontinenten aufgegriffen.

Als Vorlagen für die Filme dienten Stoffe aus der ganzen Welt, die in die immer gleiche, bewährte Formel gezwängt wurden: ein*e mutige*r Held*in, eine Aufgabe, eine loyale Nebenfigur, die immer für einen Lacher gut ist. Oft gab es eine irgendwie kaputte Familie – mindestens einen toten Elternteil (*Schneewittchen*; *Bambi*; *Aladdin*;

Arielle, die Meerjungfrau; *Bernhard und Bianca*; *Cinderella*; *Die Schöne und das Biest*…) und irgendeine Form von Ausgrenzung, die die Hauptfigur ohne eigenes Verschulden erleiden muss. (Belle in *Die Schöne und das Biest* hält man für exzentrisch, weil sie gerne liest; Arielle hebt sich von den anderen Meerjungfrauen durch ihr Interesse an der Welt jenseits des Meeres ab; Jasmin in *Aladdin* ist eine Außenseiterin, weil sie keine arrangierte Ehe mit einem Prinzen eingehen will; Aladdin selbst steht als verwaister Straßenjunge im sozialen Abseits – und selbst Dschinni könnte man als Ausgestoßenen bezeichnen, da er in seiner Lampe gefangen und somit von der Welt ausgeschlossen ist.)

Oft waren schon in den Vorlagen Elemente von Behinderung angelegt, die in den Filmen zur Erzielung komischer oder tragischer Effekte ausgespielt wurden: Schneewittchen hat ihre Zwerge, Pinocchio seine Nase, sogar Dornröschen hat eine durch Magie auferlegte Einschränkung, die sie von der Welt fernhält. Arielle kann in der ersten Hälfte ihres Films nicht laufen, sich allerdings auf andere Weise fortbewegen. Quasimodo, der liebenswerte Glöckner von Notre Dame, ist in seinen Glockenturm verbannt. Scar, der Bösewicht im *König der Löwen*, ist so sehr eins mit seiner Behinderung und Entstellung, dass er nicht einmal einen eigenen Namen hat.

Als Kind bemerkte ich von alldem nichts – oder zumindest nicht direkt. Ich nahm es hin, wie Kinder Dinge eben hinnehmen – treu ergeben, widerspruchslos und bereit, die Welt draußen von der Welt im Fernsehen formen zu lassen, selbst wenn mir das zu dieser Zeit nicht bewusst war.

Ich entwuchs dem Disney-Alter, kurz bevor der Konzern sein Marketing in mehreren entscheidenden Aspekten ausbaute. Als der Disney-Store im Einkaufszentrum meiner Stadt eröffnete, war ich dreizehn. Disneyland oder Disneyworld habe ich nie besucht. Da meine Welt nicht voller Disney-Produkte und -Reisen war, blieben die Märchen auf dem Bildschirm für mich vor allem dies: Geschichten. Geschichten, die meine Geschwister und ich zwar in unserem Garten nachspielten, aber trotz allem Geschichten. Die Welt des Disney-Merchandise – und womöglich auch die Disney-Welt, die wir heute kennen –, gab es in dieser Form noch nicht.

Doch die Lektionen, die gab es schon. Du siehst nicht hunderte Male *Arielle, die Meerjungfrau*, ohne einige entscheidende Dinge zu lernen: wie wichtig Laufen ist, welche verzweifelten Maßnahmen jemand ergreift, um mit der geliebten Person zusammen zu sein. Was in einer höflichen Gesellschaft zulässig ist und was nicht. Arielle geht schließlich auf Beinen in ihr Glück. Pinocchio bekommt sein Happy End mit einer »normalen« Nase. Quasimodo findet zum Schluss seines Märchens Freundschaft, aber keine romantische Liebe. Wie denn auch? Würde Quasimodo in eine Prinzenkollektion von Disney-Merchandise passen, wenn es sie gäbe? Wie würde das wohl aussehen, Quasimodo zwischen all den blassen, langweiligen Prinzen?

Und Scar, der Schurke, der die Entstellung an Körper und Seele verkörpert? Er stirbt am Ende – ausgemerzt, wie es mit allem Bösen geschehen sollte.

Nur dass er eigentlich gar nicht böse ist. Als Zweiter in der Thronfolge ist Scar zu einem Leben im größeren, mächtigeren Schatten seines älteren Bruders verdammt. (Sein Name war ursprünglich Taka, was auf Suaheli »Schmutz« oder »Dreck« bedeutet. Der Legende zufolge nahm er den Namen Scar an, um sich immer daran zu erinnern, dass Neid und Hass ihn fast ein Auge gekostet hätten – nur dass »Neid« als Name wohl nicht so effektvoll gewesen wäre, oder?)

Wer sagt denn, dass das Biest in *Die Schöne und das Biest* nicht erst durch die Reaktion der Welt auf seine Entstellung so schrecklich wurde? Es ist die Ausgrenzung, die das Problem zu großen Teilen mitverursacht: die gesellschaftlichen Missstände, gegen die Hans mein Igel so entschlossen ankämpft, der soziale Druck, wegen dem Prinzessin Mama sich selbst als minderwertig ansieht und daher die Intelligenz um jeden Preis wählt. Die Welt macht das mit ihnen.

Die Welt macht das mit *uns*.

Aber was ist schon dabei?, heißt es dann wieder. *Wir wissen doch alle, dass Disney-Filme nicht echt sind.*

Es ist doch nur ein Film.

Werd endlich erwachsen.

Komm damit klar.

»Wenn wir dem Körper die Unvollkommenheit nehmen«, schreibt Tobin Siebers, »erhalten wir etwas, das es im menschlichen Universum eigentlich nicht gibt.«

Dieses Paradox ist sowohl der menschlichen Natur als auch dem Märchen eigen. Wer nach einer besseren Gesellschaft strebt, muss erst eingesehen haben, dass die bestehende Gesellschaft unvollkommen ist. Wenn in einer idealisierten Geschichte über einen Vater, der sich ein Kind wünscht, über eine Prinzessin, die gerne klug wäre, oder über einen Sohn, der in die Welt hinausziehen will, um sein Glück zu machen, die Erfüllung der Wünsche jeweils Perfektion bedeutet, muss das Hier und Jetzt der

Figuren irgendwie das Defizit zeigen, aus dem ihr jeweiliges Bestreben entstanden ist.

Und was wäre da besser, schneller, einfacher, als das sogenannte Defizit mithilfe der Metapher von Behinderung zu verdeutlichen – einer Vorstellung, die die Gesellschaft zutiefst als defizitär verinnerlicht hat?

Ich höre immer wieder Geschichten von behinderten Frauen und Männern, die früher behinderte Mädchen und Jungen waren. Sie sind alle auf die gleiche Weise verletzend.

Ich kam in den Märchen nie vor. Ich habe mich darin nie wiedergefunden.

*Ich habe mich darin wiedergefunden, aber immer nur als der*die Böse. Wenn du anders aussiehst, bist du nie die Prinzessin.*

Da ist die Geschichte von Irené Colthurst, die wie ich eine Zerebralparese hat. Als kleines Mädchen sah sie *Cinderella*, und wie diese den gläsernen Schuh anzieht. Irené bekam ihre Schuhe immer von Nordstrom, dem einzigen Laden, in dem man Schuhpaare aus unterschiedlichen Größen zusammenstellen durfte. »Einige meiner unangenehmsten Erinnerungen«, erzählt sie mir, »habe ich an Schuhkäufe. […] Die Schuhe rieben mir die Füße wund, manchmal sogar, bis es blutete.«

Aber Cinderella, bemerkt Irené, hatte keine derartigen Probleme. »Niemand passt in diesen zierlichen Schuh, und sie schlüpft einfach so hinein? *Voilà, glücklich bis ans Ende ihrer Tage?*«

Die Geschichte von Dominick Evans, einem behinderten, trans Filmemacher, der sich als Kind nie in den Geschichten wiederfand. »Ich war nie ein hübsches kleines Mädchen«, erinnert er sich. »Aber in den Geschichten ging es immer nur um hübsche Mädchen – und von trans oder behinderten Figuren will ich gar nicht reden!«

Die Geschichte von Sarah Jama, einer somalisch-kanadischen Behindertenaktivistin und Mitbegründerin des Disability Justice Network of Ontario, die sich lieber mit den Helden der Märchen identifizierte, weil sie sich nicht traute, die Prinzessin oder die Jungfrau in Nöten zu sein. »Als behinderte Migrantin darfst du nicht schwach sein. Wenn du schwach bist, heißt das, du fällst dem System zur Last.«

Welche Botschaften verinnerlichen wir als behinderte Kinder, wenn die Welt auf dem Bildschirm so einfach aussieht, während wir im echten Leben so mit ihr zu kämpfen haben?

»Wenn sieben kleinwüchsige Menschen zusammen in einem Auto oder einem Fahrstuhl sind«, erzählt mir Rebecca Cokley, »kannst du darauf wetten, dass wir darüber Witze machen. Aber das ist etwas völlig anderes, als wenn eine nicht kleinwüchsige Person die gleichen Witze macht.«

Rebecca Cokley ist Senior Fellow für Disability Politics am Center for American Progress. Wir unterhalten uns Mitte Februar 2019, einige Wochen nach Donald Trumps Rede zur Lage der Nation.

»Er hat in seiner Rede die Behinderten erwähnt«, bemerkt sie und lächelt müde ob der Ironie. »Ich habe fast zehn Jahre für Obama gearbeitet, aber wir haben es nie geschafft, behinderte Menschen in der ›Lage der Nation‹ unterzubringen. Das ist also immerhin etwas, schätze ich.«

Rebecca hat Achondroplasie, eine häufige Ursache für Kleinwuchs. Sie ist in zweiter Generation kleinwüchsig – ihre Eltern hatten sich in den 1970er Jahren bei einem Kongress der Little People of America kennengelernt. Da sie als kleinwüchsiges Kind in einer ebensolchen Familie aufwuchs, war ihr sehr bewusst, wie kleinwüchsige Menschen in der Märchenkultur dargestellt werden – von Rumpelstilzchen über die sieben Zwerge und Däumelinchen bis zu Tinker Bell – und dass sie selbst nicht in dieses Bild passte. »Durchschnittlich große Eltern geben sich oft große Mühe, ihre kleinwüchsigen Kinder vor alldem zu beschützen«, erklärt sie. »Wenn aber Eltern und Kinder kleinwüchsig sind, verstehen wir einfach, dass wir keine Zauberwesen sind.« Dennoch erkennt Rebecca, wie Behinderung als Narrativ sich durch die meisten Märchen zieht – und von dort aus in die politischen, fantastischen und sonstigen Geschichten unserer Gegenwart wandert. Schließlich ist es eine einfache Möglichkeit zu zeigen, dass jemand anders ist.

Erinnert ihr euch an die Hexe in ›Hänsel und Gretel‹, die mit einem Krückstock geht und dann die Kinder kocht und aufisst? Rebecca erinnert sich sehr gut. »Wenn wir uns diese Geschichten anschauen«, sagt sie, »wie sie geschrieben wurden, und was man in der damaligen Zeit über Behinderung dachte – diese Geschichten sind so mächtig, weil sie uns schon als Kinder prägen.«

Die Zeiten mögen sich geändert haben, doch in den Disney-Filmen ist vieles noch beim Alten: die unverkennbar böse Zauberin, die Stiefmutter, Jafars scharfe Gesichtszüge in *Aladdin*. Die Narbe in Scars Gesicht.

Die Prinzessinnen, schön und treu. Rothaarig, schwarzhaarig, blond und braun. Lustig und unabhängig und immer auf den ersten Blick verliebt. Manche sind erst *sechzehn Jahre alt*, als sie sich verlieben und ihre Prinzen gewinnen.

Es dauerte zweiundsiebzig Jahre bis zum ersten Disney-Film mit einer Schwarzen Prinzessin in der Hauptrolle. Fünfundfünfzig bis zu einer arabischen Prinzessin. Achtundfünfzig Jahre bis zu einer indigenen Prinzessin. Einundsechzig Jahre bis zu einer Prinzessin aus China.

Eine behinderte Prinzessin ist bis jetzt noch nicht in Sicht.

An dieser Stelle sollten wir kurz innehalten und etwas Wichtiges zur Kenntnis nehmen. Märchen existieren weltweit in unterschiedlichster Form. Doch bei all ihren Unterschieden wurden zwischen Märchen aus verschiedensten Kulturen verblüffende Gemeinsamkeiten gefunden. Daher entwickelte der finnische Märchenforscher Antti Aarne 1910 eine Methode zur Klassifizierung von Märchen aus aller Welt, die 1928 vom amerikanischen Folkloristen Stith Thompson und 2004 vom deutschen Erzählforscher Hans-Jörg Uther weiterentwickelt wurde. Im Aarne-Thompson-Uther-Index (ATU) sind alle bekannten Märchenmotive katalogisiert: die Stiefmutter, der Junge oder das Mädchen, die sich in die Welt aufmachen, der*die wohlmeinende Fremde, der tierische Helfer, die »Regel der Drei« (›Goldlöckchen und die drei Bären‹, ›Die drei kleinen Schweinchen‹). Immer wieder findet man beim Durchforsten des ATU ähnliche Motive in Märchen von entgegengesetzten Seiten der Welt.

Tja, sagt ihr jetzt, *das ist wohl kaum überraschend, oder? Geschichten sind schließlich universell.*

Aber das sind sie eben nicht, zumindest nicht ganz. Geschichten, wie wir sie kennen, sind untrennbar mit den sozialen und gesellschaftlichen Erwartungen ihrer Entstehungskulturen verbunden – sie entstehen *aus einer Kultur heraus*, nicht trotz ihr. Das mutige Mädchen oder der mutige Junge, die sich ihren Eltern widersetzen und sich aufmachen, um ihr Glück zu suchen, stehen für eine universelle Erfahrung: nicht weil der Wunsch, in die Welt zu ziehen, universell ist, sondern weil die *Gesellschaften*, die diese jungen Menschen zurückhalten – sei es durch das Patriarchat, durch Einkommensungleichheit, Barrieren für behinderte Menschen oder mit anderen Mitteln –, die übergreifenden Universalien sind, die uns alle zusammenhalten.

Die böse Stiefmutter ist fester Bestandteil europäischer Märchen, weil die Stiefmutter fester Bestandteil früherer europäischer Gesellschaften war: Die Müttersterblichkeit war sehr hoch, und so war es nicht unüblich, dass ein Vater plötzlich alleine mit mehreren hungrigen Kindern dastand. Also heiratete er wieder und brachte eine neue Frau ins Haus, mit der er irgendwann weitere Kinder bekam, wodurch sich die Erbschafts- und Machtverhältnisse innerhalb der Familie verschoben. All dies hat jedoch weniger mit dem angeborenen, archetypischen Bösen zu tun als vielmehr mit sozialen Erwartungen und Druck: Was tut eine Frau, die in eine Familie einheiratet und fortan den Kindern ihres Mannes ebenso eine Mutter sein soll wie ihren eigenen, und das zu einer Zeit, als Wohlstand für die meisten nur ein ferner Traum blieb? Zieht sie in Betracht, die früheren Kinder ihres Mannes um des Erbes und Erfolgs ihrer eigenen Kinder willen zu töten? Überredet sie, wie die Stiefmutter in ›Hänsel und Gretel‹, ihren Mann, dass die Kinder das Haus verlassen müssen, damit die Eheleute überleben können? Vielleicht. Vielleicht auch nicht. Doch die *Angst*, dass Stiefmütter (oder -väter) so etwas tun könnten, war durchaus real, und diese Angst – genährt durch den sozioökonomischen Druck, der auf der wachsenden städtischen Bevölkerung lastete – hielt solche Geschichten am Leben.

Ähnliches findet sich auch in den Geschichten, die in

Frankreich kursierten: Feen, die zur Rettung herbeieilen, wo Frauen machtlos sind; romantische Erzählungen über junge Mädchen, die Biester heiraten, als Balsam für die Seelen der jungen Damen, denen arrangierte Ehen mit älteren, unterkühlten Adligen bevorstehen. Es findet sich bei den deutschen Märchen, die die Feen zugunsten der Religion abschafften. Kurz gesagt: Märchen entstehen nicht im luftleeren Raum. Wie alle Geschichten wandeln sie sich mit der und als Reaktion auf die Kultur. Und Walt Disney wusste das.

»Es liegt eine echte Verbundenheit und Versiertheit in Disneys Art, Geschichten zu erzählen«, erklärt mir die Autorin und Wissenschaftlerin Sarah Henstra. Wir unterhalten uns an einem hellen Märztag in Toronto, als der Wind gerade die letzten Spuren des Winters verweht. Sarah gibt an der Ryerson University einen Kurs mit dem Titel »Märchen und Fantasien«. Darin führt sie die Studierenden in die Archetypen ein, die nicht nur die meisten in der westlichen Welt bekannten Märchen durchdringen – sondern auch deren zahllose Nach-, Weiter- und Neuerzählungen, die sich in den westlichen Mainstream-Medien finden.

»Disney ist nicht mit einem schändlichen Plan angetreten, alles zuckersüß und leicht verdaulich zu machen, sondern er wollte einfach die Leute ins Kino holen«, sagt Sarah. »Märchen sind immer Ausdruck der Befindlichkeit ihrer jeweiligen Zeit. So spricht Schneewittchen beispielsweise im Film immer wieder davon, dass man seine Einstellung ändern muss. Das Publikum in den 1930er Jahren brauchte mehr als ›Mit etwas Mumm und positivem Denken kannst du es schaffen‹, es brauchte etwas, das anders verpackt war, denn zu dieser Zeit funktionierte sonst nichts.«

Mit anderen Worten: Es ist kein Zufall, dass Schneewittchen – eine magische Prinzessin, dargestellt in einer neuen Technologie, die das Publikum sofort begeisterte – die Zwerge ermahnt, bei der Arbeit zu pfeifen, dass sie ihre ruppigen und ärmlichen neuen Freunde ermutigt, möglichst viel Freude in ihrem beschwerlichen Leben zu finden. Es ist eine Sache, wenn die Regierung oder andere Machtinstanzen das fordern – und eine andere, wenn es über ein neuartiges, romantisches Kinoerlebnis ins Denken gelangt. 1937 war die Weltwirtschaftskrise kaum überwunden und die nächste Rezession schon im Gange, und das Bedürfnis nach Flucht und Aufmunterung war groß. Was konnte da die Welt besser verzaubern als eine Geschichte, die auf nie zuvor gesehene Weise erzählt wird? Was konnte die Menschen besser zu Frohsinn und Optimismus ermutigen als eine schöne Prinzessin, die trotz der Dunkelheit in ihrem Leben lächelt und tanzt?

(Auch die Fetischisierung der Zwerge als erdverbundenes, »einfaches« Völkchen ist keineswegs willkürlich: Ihre Unbeschwertheit und ihre Bereitschaft, eine Fremde aufzunehmen und das Wenige, das sie haben, mit ihr zu teilen, erinnert einerseits an das Wohltätigkeitsmodell – *Sei hilfsbereit, tue Gutes, gib den anderen* – und an die darin schlummernde Überheblichkeit – *Seht nur diese fröhlichen Zwerge, die mit so wenig zufrieden sind!* Andererseits weckt es auch Assoziationen zu den kommunistischen Bestrebungen der Zeit. War es Zufall, dass ausgerechnet diese *ge-otherten* Individuen mit Bescheidenheit und dem Einsatz für das Wohl des Kollektivs in Verbindung gebracht wurden – Werte, die bald auf eigene Weise dämonisiert und mit einer negativen Schlichtheit und *Otherness* assoziiert werden sollten? Vielleicht geschah es nicht bewusst, doch die Verbindungen waren deutlich. Schneewittchen ist anders als die Zwerge – sie kann von ihnen lernen und umgekehrt, doch letztendlich sind sie verschieden. Die Zwerge haben ihre bescheidene Hütte, und Schneewittchen zieht ins Schloss.)

»In Märchen und Mythen finden wir oft ein bestimmtes Muster«, bemerkt Sarah. »Wir haben eine Welt voller Hindernisse, eine auserkorene oder unfreiwillige Heldenfigur – die den Ruf erst nicht annimmt und ihm dann doch folgt. Oft gibt es eine magische Helferinstanz, die dafür sorgt, dass die*der Held*in in die Welt zieht, in den Raum des Abenteuers. Wenn es sich um eine Protagonistin handelt, gibt es tendenziell ein Moment des Ungehorsams oder der Störung, das zu einem unvorteilhaften Handel führt, weswegen die Protagonistin bestimmte Hindernisse überwinden muss, um schließlich zu obsiegen.«

Das Mädchen ohne Hände ist das Ergebnis eines unvorteilhaften Handels, weil der Vater im Glauben, er verhandle über einen Apfelbaum, unwissentlich seine Tochter dem Teufel verschreibt. Disneys Arielle geht einen unvorteilhaften Handel mit der Meerhexe Ursula ein, in Disneys *Dornröschen* gibt es den eher unvorteilhaften Handel zwischen den Eltern und den Feen, damit diese sie vor dem Unglück beschützen, der Handel mit der guten Fee in Disneys *Cinderella* ist vielleicht nicht ganz so unvorteilhaft wie andere, führt aber doch zu Problemen, als es Mitternacht schlägt. Die junge tahitianische Prinzessin Vaiana muss auf schmerzhafte Weise lernen, was es heißt, zur Bewältigung der märchenhaften Aufgabe die heimatliche Geborgenheit zu verlassen. Und doch schaffen es all diese weiblichen Figuren, am Ende zu triumphieren. Langsam und subtil hat Disney es über die Jahre geschafft, die Tugenden Unabhängigkeit und

Stärke – sowie Güte und Schönheit – auf eine Weise herauszustellen, die vielleicht nicht so offensichtlich politisch ist wie Schneewittchens Frohsinn, doch ebenso machtvoll.

Doch was hat es zu bedeuten, dass diese Unabhängigkeit immer auf eine ganz bestimmte Art aussieht, spricht und *geht*? Was bedeutet es, dass Disney kreativ auf kulturellen Druck und Wandel reagieren kann und doch unbeweglich bleibt, wenn es um die Darstellung des behinderten Körpers geht? Was bedeutet es für ein Mädchen mit einem Rollstuhl, mit Krücken, mit einer Gehbehinderung, wenn sie sieht, wie eine Prinzessin ihren Fuß in einen Glasschuh steckt, und dabei begreift, dass dieser Schuh die Erfüllung all ihrer Wünsche verspricht?

Wie ist das, wenn du weißt, dass dein eigener Fuß niemals in so einen Schuh passen wird und schon gar nicht zum Tanzen geeignet ist?

Die Marke Disney-Prinzessinnen, wie die meisten Kinder und Familien sie heute kennen, gibt es seit dem Jahr 2000. Damals bemerkte der Disney-Vorstand Andy Mooney beim Besuch einer Vorstellung von Disney on Ice, dass einige Mädchen auf der Veranstaltung selbstgenähte Prinzessinnenkostüme trugen. Mooney erkannte darin eine Expansionschance, und so entstand die Merch-Reihe um die bekanntesten Prinzessinnen der Disney-Filme.

Die Reihe brachte im ersten Jahr 300 Millionen US-Dollar ein, im Jahr 2012 lag der jährliche Umsatz schon bei drei Milliarden. Die ersten Prinzessinnen in der Kollektion waren Schneewittchen, Cinderella, Aurora, Arielle, Belle, Jasmin, Pocahontas, Mulan und Tinker Bell (die jedoch bald in die neue Reihe Disney Fairies überwechselte). Tiana, die afroamerikanische Hauptfigur aus *Küss den Frosch* nahm 2010 Tinker Bells Platz ein, 2011 kam Rapunzel dazu, 2013 wurde die schottische Prinzessin Merida aus dem gleichnamigen Film das elfte Mitglied der Lizenz-Kollektion.

Es ist eine Kollektion von Prinzessinnen, die alle verschieden und dabei doch genau gleich sind. Sie sind allesamt jung und schön. Überwiegend weiß. Vier Women of Colour. Sie haben ein offenes Lächeln und ein heiteres, argloses Wesen. Alle finden die Liebe – mit Ausnahme von Merida, die aber auch nicht auf der Suche danach ist, weshalb Liebe in dem Fall keine Rolle spielt.

Zusammen singen sie das immer gleiche Lied, immer und immer wieder: Sei gut, sei mutig, sei aufrichtig. Pfeife bei der Arbeit und vertraue auf deine Träume, und »eines Tages kommt dein Regenbogen«, wie Cinderella einst sang. Such das Abenteuer, such die Liebe. Glaub an dich und deine Geschichte, dann bekommst auch du dein Happy End.

Das ist auch eine politische Botschaft, so positiv und rein sie auch scheinen mag. Sie setzt einiges voraus, das unausgesprochen bleibt: Schönheit, eine weitgehend heteronormative Vorstellung von Romantik, Privilegien wie Mut und Ressourcen. (Nicht alle sind in der Lage, sich aus einer ärmlichen Herkunft hochzuarbeiten, auch haben die wenigsten das Glück, von der Zuneigung einer guten Fee zu profitieren.) Aus feministischer Sicht stehen die Disney-Prinzessinnen für weibliche Emanzipation, wobei jedoch stets sorgsam darauf geachtet wird, die Grenzen männlicher Macht und Privilegien nicht zu übertreten. Selbst die bogenschießende, bärenbezwingende, einzigartige Merida beweist ihren Wert unter anderem dadurch, dass sie *genauso gut ist wie die Jungs*.

Vor allem aber setzt diese Botschaft absolute und unrealistische Körperideale voraus. Keine der Prinzessinnen trägt eine Brille. Es gibt keine Gehhilfen, keine Rollstühle. Zwischen den Mädchen gibt es – abgesehen von der Haar- und Augenfarbe – keine sichtbaren Unterschiede. Alle haben perfekte, symmetrische Gesichter. Die sportlichen unter ihnen – insbesondere Mulan und Merida – sind mit einer derart unrealistischen Kraft und Körperbeherrschung ausgestattet, wie sie selbst nichtbehinderte Menschen kaum erreichen. Die Botschaft lautet: Es gibt kein Held*innentum ohne körperliche »Perfektion«, zumal für Mädchen.

(Diese Sehnsucht nach Perfektion in Form körperlicher Leistungsfähigkeit ist so perfide, dass sie sogar unser Denken über Behinderung durchdringt: Behinderte Menschen, die ein gewisses Maß an körperlicher Teilhabe im Sport erzielen, werden in der körperlichen Hierarchie unweigerlich höher eingestuft als diejenigen, die das nicht können. Dabei geht es in Wirklichkeit nicht darum, dass einige behinderte Menschen leistungsfähiger sind als andere und somit im Bereich des Sports mehr Beachtung verdienen, sondern darum, dass Sport nicht auf breiterer Ebene angepasst und allen behinderten Menschen zugänglich gemacht wird.

Insbesondere bei Mulan wirft die Tatsache, dass die Titelfigur wegen ihres »minderwertigen« weiblichen Körpers marginalisiert wird, eine interessante Frage auf. Behinderung dient Siebers zufolge »der Rechtfertigung von Unterdrückung, indem sie die zugeschriebene Minderwertigkeit von Minderheitsidentitäten noch verstärkt«. Die Wissenschaftlerin Talila A. Lewis führt dies auf ihrer Website mit ihrer Arbeitsdefinition von Ableismus aus, die, wie sie bemerkt, in Zusammenarbeit und aus Gesprächen mit der Community entstand:

> Ableismus ist ein System, das die körperlichen und geistigen Fähigkeiten von Menschen anhand von gesellschaftlich konstruierten Vorstellungen von Normalität, Intelligenz und Exzellenz bewertet. Diese konstruierten Vorstellungen wiederum sind tief verwurzelt in Rassismus, Eugenik und im Kapitalismus.
>
> Diese Form der systemischen Unterdrückung führt dazu, dass Menschen und die Gesellschaft den Wert eines Individuums anhand von Äußerlichkeiten und/oder dessen Produktivität, Exzellenz und »Benehmen« bestimmen.

Mit dieser Definition von Ableismus kann Mulan, die wegen ihres weiblichen Körpers als minderwertig angesehen wird, als von Ableismus betroffen gelten. Im Film überwindet sie die Vorurteile gegen sie, indem sie beweist, dass sie ebenso gut, wenn nicht sogar besser ist als jeder Mann, der mit ihr zusammen in der Armee ist. Anstatt also andere zu überzeugen, dass ihr eigener, anderer Körper genauso wertvoll ist wie alle anderen, passt sie sich einer konstruierten Vorstellung dessen an, was in der Gesellschaft als produktiv und wertvoll gilt. Sie ist erst wertvoll, wenn sie so ist wie alle anderen.)

Nur die Bösen scheinen dem Fluch der Gleichheit zu entkommen. Abweichungen finden wir bei Disney nicht bei den Prinzessinnen, sondern nur bei ihren Antagonist*innen: bei der Zauberin, der bösen Hexe, der Stiefmutter. Eine Hakennase, grüne Haut und Hörner, und wir wissen sofort, auf wessen Seite wir stehen sollen.

Als Rebecca Cokley jung war, gefielen ihr die Bösewichte in den Märchen ganz besonders. Am besten fand sie Malefiz aus dem Disney-Zeichentrickfilm *Dornröschen* – sie war markant, anders als die anderen. Die grüne Haut, die

Hörner, das spitze Kinn, die Flügel. »Sie hielt sich«, erinnert sie sich, »so kraftvoll und selbstbewusst.«

Errol Kerr, der im britischen Newcastle lebt, berichtet mir Ähnliches. Mit sechs Jahren diagnostizierte man bei ihm Autismus, mit fünfzehn das Hypermobilitätssyndrom. Wie Rebecca wuchs er mit Geschichten auf – in seinem Fall mit einem Vater, der ihm alle möglichen Fantasy- und Märchengeschichten vorlas, von *Herr der Ringe* über *Der Wüstenplanet* bis zu den Brüdern Grimm. Als Kind der neunziger Jahre kam er um Disney nicht herum, und weil ihm die Erzählungen vertraut waren, fand er in ihnen Geborgenheit und Trost. Diese Vertrautheit und Geborgenheit sieht er heute zwar kritisch, doch die Nostalgie ist geblieben.

»Der Film von 2014 war für mich eine überraschend mutige Interpretation des Dornröschen-Stoffs«, sagt er über *Maleficent – Die dunkle Fee* mit Angelina Jolie. »Ich hätte nicht gedacht, dass sie sich das trauen – vor allem in Hinblick auf den Raub der ureigenen Mobilität als Äquivalent zur Vergewaltigung. Das ist für mich auf jeden Fall etwas, das weiter diskutiert werden sollte.«

(In dem Film wird Maleficent von ihrem alten Freund Stefan unter Drogen gesetzt und ihrer Feenflügel beraubt. Wie wir im siebten Kapitel noch sehen werden, ist das Thema Vergewaltigung tatsächlich ein sehr alter Bestandteil der Geschichte.)

Errol studierte an der Newcastle University und sitzt im Exekutivausschuss von Autistic UK. Wie ich, wie Rebecca, ist auch er ein Disney-Fan von der Sorte »Es ist kompliziert«. So hat er beispielsweise seine Zweifel, ob das geplante Realfilm-Remake des *Glöckners von Notre Dame* eine Bereicherung sein wird.

»Abgesehen von *Maleficent* scheinen alle Filme, die

Disney derzeit produziert, mit ihren animierten Versionen identisch zu sein«, sagt er. »Und die Disney-Version des *Glöckners von Notre Dame*, das war sehr familienfreundlicher, mitleidsvoller Inspirationsporno.« In Hinblick auf Behinderung erhofft er sich von diesen Nacherzählungen nicht besonders viel Entwicklung und Inklusion, obwohl wir beide uns einig sind: Wenn Märchen auf dem Weg ins einundzwanzigste Jahrhundert ihre Wirkungskraft erhalten wollen, sind Entwicklung und Veränderung unerlässlich.

Sie sind unerlässlich, weil die Nostalgie, die uns immer wieder zu den strahlenden Disney-Filmen und Ähnlichem zurückzieht, ihre Schattenseiten hat. Wie die Nostalgie der Grimms für das verlorene Paradies des ländlichen Lebens in Deutschland (ein Paradies, das es niemals gab, schließlich muss man kein*e Historiker*in sein, um zu ahnen, wie schwer das Leben für die bäuerliche Schicht schon immer war), sehnt sich auch Disneys Nostalgie nach einer Zeit, *die es so nie gegeben hat*. Es gab nie eine Zeit, in der das Wünschen noch geholfen hat; in der der mutige Hans eine Bohnenranke heraufklettern, den Riesen besiegen und die soziale Ordnung stürzen konnte. Auch in dem Märchen ›Hans und die Bohnenranke‹ ist der Sieg schließlich begrenzt: Nur Hans und seine Mutter haben am Ende genug zu essen. Wie wir gesehen haben, ändert sich die Gesellschaft im Märchen nicht. Die Veränderung ist nie systemisch, sondern immer nur individuell.

So ist es auch bei Disney. Veränderung mag ja schön und gut sein, doch wenn sich nur das Individuum ändert, was heißt das dann für die Gesellschaft insgesamt? Was heißt es für ein behindertes Mädchen, das vielleicht davon träumt, eine Prinzessin zu sein, wenn sie weiß, dass der Rest der Welt nicht an eine Prinzessin glaubt, die vielleicht einen Rollstuhl nutzt – aber durchaus bereit ist, an eine Hexe mit Krückstock zu glauben oder an eine böse Königin, die sich in ein hässliches altes Weib verwandelt?

»Märchen sind prägend für Kinder«, sagt Errol. »In meinem Fall haben sie insbesondere meine Perspektive auf Menschen mit sichtbaren Auffälligkeiten geprägt – und zwar auf eine Weise, die mir nicht gefällt. Ich habe das bei mir inzwischen korrigiert, aber wenn du als Kind siehst, wie die böse Königin [in *Schneewittchen*] Hässlichkeit nutzt, um sich zu verstellen und Mitleid bei jemandem zu erregen, die unschuldig und vertrauensselig ist, während wir als Zuschauer*innen von der Täuschung wissen – dann lehrt dich das viel, auch wenn dir das in diesem Moment nicht bewusst ist.«

Was es Kinder zum Beispiel lehrt, ist eine pauschale – und unzutreffende – Vorstellung über das Wesen von Gut und Böse. Wie viele traditionelle Märchen spielen auch die Disney-Märchen in einer Welt, in der Gut und Böse klar definiert sind: Die Helden und Heldinnen sind gut und sehen gut aus, sind lieb und freundlich oder zumindest *liebenswert*, und die Bösen sind durch ihre Andersartigkeit buchstäblich als solche gezeichnet. Die Bösen bei Disney sind scharfkantig und schiefgesichtig. Maleficent hat Flügel und grüne Haut. Jafar bei *Aladdin* ist groß und dürr (im Gegensatz zum pummeligen und freundlichen Sultan), und die Meerhexe Ursula ist dick, mit grauer Haut und Stachelfrisur, im Gegensatz zur schlanken Figur von Arielle und den anderen Meerjungfrauen. Scar ist kleiner als sein Rivale Mufasa, der König der Löwen, und auch in einem blasseren Farbton gezeichnet; Dr. Facilier in *Küss den Frosch* ist groß und dürr wie Jafar, verschlagen sowohl vom Wesen als auch vom Äußeren her. Wer sie sieht, weiß: Sie führen Böses im Schilde. Die Dunkelheit ihrer Herzen manifestiert sich in ihrer Erscheinung.

Doch so läuft es in der Welt nicht. Auch wenn wir das vielleicht oberflächlich wissen (*natürlich ist das nicht die echte Welt, sondern NUR EIN FILM!*), verinnerlichen wir die Märchen überwiegend unbewusst. Wenn du immer nur Happy Ends und offensichtliche Schurken serviert bekommst, wird es manchmal schwer, die eigene Welterfahrung mit diesen Geschichten in Einklang zu bringen. Wenn dir als Kind der abweichende Körper immer wieder als *anderer* gezeigt wird, wird es schwer, den eigenen abweichenden Körper als dazugehörig zu betrachten.

Das gilt für alle Körper und alle Kinder. Für mich als behindertes Kind war es nur besonders nachhaltig. Manchmal kommt es mir so vor, als wären die leuchtenden Farben und spontanen Gesangseinlagen bei Disney so köstlich und trügerisch wie das Lebkuchenhaus der Hexe, das tief im Wald verborgen liegt.

Du kannst davon essen, doch satt machen wird es dich nie.

Rebecca hat mittlerweile drei Kinder, deren Umgang mit Disney und Märchen ein ganz anderer ist als ihre eigenen Erfahrungen als Kind. Dennoch ist vieles auch gleich geblieben. Zwei ihrer Kinder sind kleinwüchsig. Alle Kinder sind Schwarz, was zu vielen interessanten Gesprächen über die Disney-Filme führt, die sie so lieben: »Mein Sohn bemerkte einmal, dass die Figuren entweder Schwarz sind oder eine Behinderung haben, aber fast nie beides gleichzeitig.«

Rebecca, die weiß ist, spricht oft mit ihren Kindern darüber, wie es ist, mehrfachmarginalisiert durch die Welt zu gehen. Obwohl sie noch klein sind, begreifen die Kinder schon allmählich, wie kompliziert die Welt, die bei Disney so schöngefärbt wird, in Wirklichkeit ist – einfach indem sie einen Raum besetzen, der in den Filmen nicht oft vorkommt. »Einmal fragte ich sie, ob sie meinen, dass Elsa eine Behinderung hat, und mein Sohn sagte, er dachte immer, sie hätte eine Superkraft.«

(Für alle Nicht-Eingeweihten: Elsa ist – zusammen mit ihrer Schwester Anna – eine der beiden Heldinnen aus *Die Eiskönigin*, Disneys überaus erfolgreichem Film von 2013 über ein Mädchen [Elsa], die die zunächst unkontrollierbare Fähigkeit hat, Eis und Schnee zu beherrschen, und ihre Schwester, die sie rettet. Der Film basiert lose auf Hans Christian Andersens Märchen ›Die Schneekönigin‹.)

Wir können nur hoffen, dass die Gleichung Elsa = Superheldin aufgeht. Bei den Disney-Schurk*innen und überhaupt Schurk*innen in den Mainstream-Medien sieht Rebecca Ansätze eines kulturellen Wandels, vor allem in Superheld*innen-Comics und -Actionfilmen der letzten zehn Jahre. »Die Schurk*innen von heute haben altmodische Ansichten, oder sie verstehen etwas nicht. Sie sind nicht intrinsisch böse.« Der Wandel in der Gesellschaft – begünstigt durch Bewegungen und Debatten in den Sozialen Medien – hin zu einem Bewusstsein für und Anerkennung von körperlichen Unterschieden schlägt sich, wenn auch langsam, in den Geschichten nieder, die wir erzählen. Vielleicht zeigt es sich zuerst in Comicbüchern, weil es dort immer schon ein stärkeres Bemühen um diverse Autor*innen und Zeichner*innen gab. Neuinterpretationen wie *Maleficent* sind Vorboten eines Wandels, der sich auch in der Welt der Märchen vollzieht, doch noch ist dieser Wandel ein schmales Rinnsal.

»Es wäre toll, wenn wir irgendwann dahin kämen, dass

Behinderung nichts Exotisches mehr ist«, sagt Rebecca. Das ist für uns beide ein Traum, der fast so weit entfernt scheint wie der, eine Prinzessin zu werden. Stellt euch vor: Ihr schaltet einen Disney-Film an, und die Protagonistin holt ihren Rollstuhl hervor und begibt sich in ihr Abenteuer. Eine Prinzessin setzt ihre Brille auf, ein Prinz steht da mit seiner Gehhilfe und ruft seinen treuen Gefährten, den Blindenhund, herbei. Es klingt revolutionär – so revolutionär wie die guten Feen, die mit Zauberei ein Leben verändern.

Nur dass die Geschichten, die wir heute kennen, voller guter Feen sind. Sie gehören zu den ältesten Märchenklischees. Seht ihr also, wie leicht das Magische alltäglich wird?

Wenn doch Behinderung nur eines Tages für uns alle genauso gewöhnlich wäre wie eine gute Fee.

Als ich Anfang zwanzig bin, gegen Mitte der 2000er Jahre, betritt eine echte Prinzessin die Weltbühne. Sie beginnt ihr Leben als Kate Middleton.

Dies sind die Geschichten, an denen ich festhalte, ob sie nun wahr sind oder nicht:

Einmal war sie in der Nähe ihres Elternhauses im englischen Bucklebury einkaufen, und ein Verkäufer fragte sie, wie er sie nennen solle. *Nun, ich heiße Kate*, sagte sie lächelnd, *das sollte also genügen.*

Als sie und Prinz William im walisischen Anglesey lebten, erledigte sie immer die Lebensmitteleinkäufe. Einmal stand ich in der Schlange im Supermarkt, da sah ich auf dem Titel einer Boulevardzeitung ein Foto, wie sie einen Einkaufswagen in den Tesco schiebt, und dachte, *ich werde nie so hübsch angezogen sein wie diese Frau, wenn sie Hühnchen einkauft.*

Eines Abends, als die beiden noch nicht zusammen waren, rettete sie William vor den unerwünschten Avancen einer anderen Frau, indem sie den Arm um ihn legte und erklärte, er sei ihr Freund.

Bevor sie in die königliche Familie einheiratete, trug sie oft Schuhe mit Keilabsätzen, und nun trägt sie sie fast gar nicht mehr. Offenbar hält die Queen nichts davon.

Am Kopf hat sie eine Narbe von einer Operation in ihrer Kindheit, die man manchmal auf Nahaufnahmen sieht, wenn ihre Haare nach hinten gebunden sind. Niemand aus der Familie hat je öffentlich darüber gesprochen oder gesagt, was es für eine Operation war.

Nicht dass es eine Rolle spielt – ich bin nur neugierig. Etwa ein Jahr nach meiner eigenen Operation mit fünf musste ein anderes Mädchen aus meiner Klasse wegen einer Infektion operiert werden und bekam den Kopf rasiert. Ich weiß auch darüber nichts Genaueres, was ich bedauere. Wie oft passiert so etwas bei Kindern? Wie viele dieser Erfahrungen haben wir gemeinsam?

Sonst weiß ich nicht viel mehr über Kate. Sie ist mit dem zukünftigen König von England verheiratet. Die beiden haben drei Kinder und mindestens einen Hund. Sie leben im Kensington Palace und haben außerdem ein Haus auf dem Land. Kate ist eine Amateurfotografin und hält sich gerne in der Natur auf. Die Möbel in den Zimmern der Kinder sind offenbar alle von IKEA.

»Sie weiß, […] dass man als Royal eine Sehnsucht verkörpert. Und mit dieser Sehnsucht muss man umgehen können«, schreibt Brian Phillips in seinem Essay »The Once and Future Queen«. »[Die Leute] projizieren ihre Fantasien auf dich und wünschen sich nichts mehr, als dass sie sich bestätigen. Wenn du ihnen diese Fantasien zurückspiegelst, werden sie dich lieben.«

Sie muss, stelle ich mir vor, eine beeindruckende Schuhsammlung besitzen. Abgesehen von ihren Keilabsatzschuhen habe ich sie nie etwas anderes tragen sehen als Zehnzentimeterabsätze. Sie kann mit ihnen stundenlang stehen, und tut es auch.

Meine eigenen Füße haben noch nie in solche hübschen und hochhackigen Schuhe gepasst, und werden es auch nie.

»Die Menschen suchen in [Kates] Jugend nach Erklärungen«, schreibt Phillips, »weil ihr Leben von außen betrachtet magisch erscheint, und Dinge, die magisch erscheinen, sind umso leichter zu erklären, je magischer sie erscheinen.«

Natürlich sieht ein Leben immer nur von außen betrachtet magisch aus – Magie ist nicht echt, und was wie ein Märchen aussieht, ist oft nur eine gesteigerte Version einer ganz gewöhnlichen, glücklichen Geschichte. Mädchen aus wohlhabender Familie der oberen Mittelschicht trifft Jungen und verliebt sich, und der Junge ist zufälligerweise der Zweite in der Thronfolge. Sie sind zusammen zur Schule gegangen, sind durch die gleichen Straßen in St. Andrews gelaufen wie ich als Studentin einige Jahre nach ihnen.

Doch es ist schwer, nicht wahr, all dem nicht zu verfallen. Die Kleider, der Palast, die Reisen in die ganze Welt. Eines Tages wird sie die Königsgemahlin von England sein, jetzt ist sie eine Prinzessin. Sie ist schön und freundlich und warmherzig vor der Kamera, so präsent und authentisch.

Hallo, sagt sie zu einem kleinen Jungen bei einer Wohltätigkeitsveranstaltung. Die Kinder haben gerade gesungen. Sie geht auf ihren Stöckelschuhen in die Knie und gibt dem Jungen die Hand. *Hast du da gerade gesungen? Du klingst genau wie mein Georgie.* Sie ist eine Frau, die weiß, wie man mit Kindern spricht. Wohin sie kommt, bringt sie Warmherzigkeit und Klasse mit, eine vornehme Anmut, die zugleich aufrichtig und klug ist, kalkuliert und frisch.

Ich gebe zu, ich schwärme für sie. Mehr noch: Lange Zeit wollte ich unbedingt ihr Leben haben. Ihre schönen Kleider und ihr schönes Haar, ihre lächelnden, wunderbaren Kinder. Alles an ihr, wie sie sich durch die Welt bewegt, wirkt geheiligt, verzaubert, außergewöhnlich.

Wir haben gelernt, dass *außergewöhnlich* auch auf eine bestimmte Art aussieht, geht und spricht. 2018, als Meghan Markle Prinz Harry heiratet, verfolge ich die königliche Hochzeit in den frühen Morgenstunden auf meinem Laptop und verspüre den bekannten sehnsüchtigen Schmerz in meinen Gliedern. Dieses wunderschöne Kleid. Die wunderbaren Schuhe, die sie zur Trauung trägt. Diese Geschichte, wie verzaubert.

Ich wünschte, ich hätte ein solches Leben. Ich wünschte, ich hätte einen Körper, der wie durch Zauberei in ein solches Leben zu passen scheint.

Und natürlich weiß ich, dass es nicht nur darum geht. Natürlich sind es nur Schuhe – Schuhe, ein Kleid und ein Körper, der auf eine bestimmte Art aussieht, sich auf eine bestimmte Art verhält. Ein Körper, der in ein Märchen treten kann, im Gegensatz zu einem Körper, der nicht in ein Märchen gehört, oder zumindest nicht ins Happy End.

Prinzessin.

Es liegt etwas Heimtückisches in unserer Konzeptualisierung von Schönheit – wie wir geschlechtsspezifische Vorstellungen von Reinheit und Tugend mit allem assoziieren, das zierlich, gefällig und klein ist. Von dort aus ist es nicht weit bis zur Missbilligung all dessen, das größer oder ungewöhnlich ist oder nicht zum Status quo passt. Es ist, mit anderen Worten, von der Konzeptualisierung von Schönheit und Tugend im Märchen nicht weit bis zur Wirkung unserer eigenen Vorstellungen von Schönheit und Tugend in der echten Welt.

Vielleicht ist es keine Zauberei, aber für uns, denen diese Schuhe niemals passen werden, und wenn wir uns noch so bemühen, könnte es ebenso gut Zauberei sein.

5
Der kleine stumme Findling: Hans Christian Andersens Hässliches Entlein

Mein Lieblingsmärchen als Kind war ›Die kleine Meerjungfrau‹. Zuerst kannte ich nur die Disney-Version. Die rebellische Arielle und ihr flotter Prinz Eric. Die Seemöwe Scuttle, die Krabbe Sebastian. Ursula, der wallende Oktopus. Triton, der mächtige Unterwasserkönig. Dreißig Jahre später kann ich die meisten Songs aus dem Film immer noch auswendig.

Meine kleine Meerjungfrau hatte rotes Haar und lila Muscheln, einen flotten blauäugigen Prinzen und eine intrigante Hexe mit Fangarmen. Meine Schwester und ich hatten unsere VHS-Kassette so schnell kaputtgespielt, dass unsere Mutter eine neue kaufen musste. Ganze lange Sommertage spielten wir Meerjungfrauen und warfen irgendwelche Gegenstände ins tiefe Ende unseres Pools, um danach zu tauchen. Wir summten einander unter Wasser zu und nannten es *sprechen*; wir stemmten uns am Beckenrand hoch und plantschten mit den Beinen, so dass das Wasser um uns herum aufspritzte, wie bei Arielle, als sie »Part of your World« [»Ein Mensch zu sein«] singt. Wenn wir schliefen, träumten wir vom Meer.

Was ich damals nicht begriff – sondern erst viele Jahre später –, war, dass ich längst eine Meerjungfrau war. War nicht Arielles Sehnsucht nach Beinen auch mein eigener Traum gewesen, als ich im Rollstuhl herumfuhr?

Als ich auf Gehhilfen umstieg und wegen meines Hinkens Physiotherapie bekam, hatte ich da nicht auch vom *Springen* und *Tanzen* geträumt, von dem Arielle singt, unten in ihrer Meereshöhle mit Fabius und Sebastian? Hatte ich mir nicht auch das märchenhafte Ende gewünscht, das Arielle mit ihrem Prinzen findet – jemanden, der sie liebt und der bereit ist, für sie zu kämpfen?

Das alles wollte ich – und wenn ich wirklich ehrlich bin, will ich es immer noch. Vollgesogen mit der Disneyfizierung des Stoffs wie ich war, dachte ich auch, dass ich es bekommen könnte. Waren Happy Ends nicht für alle da? Arielle war so wunderschön, wie sie in ihrem weißen Brautkleid auf dem Schiff steht, womöglich noch schöner als früher als Meerjungfrau – durfte ich da nicht auch irgendwann in meinem eigenen Brautkleid so wunderschön vor dem Altar stehen? Meine Vorstellungen von Liebe und Romantik beinhalteten immer ein weißes Brautkleid und einen hübschen Prinzen, und immer Stehen. Es kamen natürlich keine Meerjungfrauen darin vor, aber auch keine Rollstühle. Keine Gehhilfen. Kein Hinken beim Gang zum Altar.

Arielle hatte ihre Beine durch Zauberei erhalten. Ich erhielt meine durch eine deutlich weniger romantische orthopädische Operation, von der ein Hinken zurückblieb, das ich nicht loswurde. Anders als bei Arielle war der Erwerb meiner Beine keine Bilderbuchgeschichte. Und so sehr ich auch daran glauben wollte, war mein imaginiertes medizinisches Happy End durch Operationen und Physiotherapie doch nicht die Sorte Happy End, um die es in den Geschichten auf der Leinwand ging.

In England wurde die Märchen-Begeisterung des achtzehnten und neunzehnten Jahrhunderts verstärkt durch religiöse Verwirrung und das, was die Literaturwissenschaftlerin Marina Warner *Enlightenment Insatiability* nennt, die Unersättlichkeit der Aufklärung. Diese Kräfte »veranlassten Geistliche und Gelehrte, herauszufinden, was das einfache Volk glaubte«. Angesichts überwältigender technischer und gesellschaftlicher Innovationen und Fortschritte wuchs das Bedürfnis, die nationale Vergangenheit zu erkunden und »schlichteren« Zeiten nachzuspüren, ähnlich wie die Grimms zu Beginn des neunzehnten Jahrhunderts deutsche Geschichte und Volksmärchen erkundet und sich dabei von nationalistischer Nostalgie hatten leiten lassen. So kommen wir zu Geschichten wie ›Hans und die Bohnenranke‹, in der ein mutiger und entschlossener junger Mann aus armen Verhältnissen den weitaus größeren und stärkeren Riesen überlistet, der wortwörtlich auf einer anderen Ebene abseits der übrigen Gesellschaft lebt, umgeben von Gold. Andere Manifestationen von Hans/Jack sind Jack Frost (eine jüngere Version von Old Man Winter, die wahlweise als Held oder Betrüger gezeichnet ist) und Jack der Riesentöter (von dem es heißt, er habe zu Zeiten von König Artus mehrere Riesen besiegt). Die Jack/Hans-Märchen finden später ihren Weg nach Nordamerika, wo sie eine wichtige Rolle in den appalachischen Volkserzählungen spielen. Die Hauptfigur in diesen Geschichten trägt meist den Namen Jack (in einigen englischen Varianten auch John) und wird oft als zunächst faul und unzuverlässig dargestellt. Im Gegensatz zum typischen Märchenhelden, der gutaussehend und reinen Herzens ist, würde man Jack/Hans auf den ersten Blick nicht für einen Helden halten. Er gewinnt meist durch Witz und Schläue und wird so zu einer Art »Jedermannsheld« der Unterdrückten und Entrechteten, wodurch in den Jack/Hans-Geschichten ein subversiver politischer Unterton mitschwingt. Auch du kannst den Riesen besiegen – du musst nur schlau genug sein.

Wie die Erzähler*innen der Jack/Hans-Geschichten war auch Hans Christian Andersen von Narrativen eingenommen, die die gesellschaftliche Hierarchie thematisierten. Andersen, der 1805 im dänischen Odense in eine sehr arme Familie hineingeboren wurde, lebte den größten Teil seiner Kindheit und seines jungen Erwachsenenlebens in Armut. Als seine Eltern ihn als Siebenjährigen mit ins Theater nahmen, fühlte Andersen, wie seine Fantasie vor Staunen förmlich barst, und er entschied sich für das Lesen und Schreiben als Weg aus der Armut. Mit vierzehn Jahren verließ er seine Mutter in Odense (der Vater war 1816 gestorben, zwei Jahre nach seiner Rückkehr aus den Napoleonischen Kriegen) und zog nach Kopenhagen, um ein neues Leben anzufangen.

Andersen, der groß und linkisch war und dessen Stücke von den Theatern immer wieder abgelehnt wurden, hatte es nicht leicht. Er stolperte durch die überaus klassenbewusste dänische Gesellschaft seiner Zeit, bis Jonas Collin, ein einflussreicher Beamter und Förderer der Künste, sich mit ihm anfreundete und ihm den Besuch einer Internatsschule bezahlte. Hier lernte Andersen innerhalb von fünf Jahren, wie er als höfliches Mitglied der Gesellschaft zu gehen, zu sprechen und zu funktionieren hatte.

Seine Lehrer rieten ihm wiederholt, seine Hoffnungen auf ein Schriftstellerdasein aufzugeben – ein Rat, den er bei seiner Rückkehr nach Kopenhagen 1827 umgehend ignorierte. 1828 bestand er die Zulassungsprüfung zur Universität von Kopenhagen, entschloss sich dann aber zu einer Karriere als freier Schriftsteller. Als solcher seinen

Lebensunterhalt zu verdienen war zu dieser Zeit außerordentlich schwer (kommt einem irgendwie bekannt vor), also half Collin Andersen erneut, indem er ihm ein königliches Kunststipendium verschaffte.

In den frühen 1830er Jahren errang Andersen bescheidenen Erfolg – der nicht nur auf sein schriftstellerisches Talent zurückzuführen war, sondern auch auf seine Fähigkeit, das eigene Leben zu einem Märchen zu verklären. 1835 erschien sein autobiografischer Roman *Der Improvisator* und seine ersten Märchen, darunter ›Das Feuerzeug‹, ›Die Prinzessin auf der Erbse‹ und ›Däumelinchen‹. 1837 folgten ›Die kleine Meerjungfrau‹ und ›Des Kaisers neue Kleider‹. Ab dem folgenden Jahr erhielt Andersen eine jährliche Zuwendung vom dänischen König, die es ihm erlaubte, den Rest seines Lebens als freier Schriftsteller zu leben.

Andersens – wenn auch nicht gerade meteoritenhafter – gesellschaftlicher Aufstieg spiegelt sich in vielen seiner Märchen wider: Der Soldat in ›Das Feuerzeug‹ kämpft sich aus der Armut empor, um schließlich die Prinzessin zu heiraten und König zu werden; die Prinzessin in ›Die Prinzessin auf der Erbse‹ ist trotz ihrer zunächst zerlumpten Erscheinung im Inneren so royal, dass sie die Erbse durch zwanzig Matratzen spürt. Die kleine Heldin in ›Däumelinchen‹ heiratet am Ende den Feenprinzen und erhält einen neuen Namen – Maja –, dessen sie nun, als Königin, *würdig* ist.

In seinen Autobiografien und Romanen, Reiseberichten und Theaterstücken schuf Andersen ein ähnliches Narrativ über seine eigene Person. Immer wieder inszeniert er sich, wie Jack Zipes bemerkt, »als standhafter Soldat, der das Zeug zum König hat, oder als unterdrückter und unbeholfener Vogel, aus dem ein eleganter Schwan werden soll«. Zum Schriftsteller der höheren Gesellschaft sah er sich in einer Weise berufen, die an eine bekannte Märchen-Trope erinnert: Jemand zieht hinaus in die feindliche Welt, bereit, alles zu überwinden und umzustürzen. Wie die Figuren in seinen Märchen strebte Andersen nach *persönlicher* Erfüllung, bevor er die Gesellschaft, in der er lebte, zu verändern suchte. Er wusste, dass er zur Erreichung seiner Ziele – Ruhm, Status, die Fähigkeit, große Kunst zu schaffen – das Spiel mitspielen musste, anstatt das System zu verändern, und genau das tat er auch.

Tragischerweise blieb Andersen dabei jedoch unglücklich. Von Migräne, Paranoia und Hypochondrie geplagt, gelang es ihm nie, eine Ehefrau zu finden, obwohl er einige Frauen umwarb. (Es ist außerdem dokumentiert, dass er starke Gefühle für eine Reihe von Männern hatte, darunter Edvard Collin, den Sohn seines Gönners.) Andersen gelang es also, die Spitze der Gesellschaft zu erklimmen, ohne dass er jemals das Gefühl hatte, es wirklich geschafft zu haben – ein neureicher Märchenprinz, erfolgreich und doch immer von den Räumen ausgeschlossen, in denen er so gerne mitspielen wollte.

Andersen schrieb die erste bekannte Fassung von ›Die kleine Meerjungfrau‹ (deutsch zunächst als ›Die kleine Seejungfer‹), doch der Stoff basiert zu einem nicht geringen Teil auf Friedrich de la Motte Fouqués Kunstmärchen *Undine*, in dem ein Wassergeist einen Ritter heiratet, um eine Seele zu erlangen. In Andersens Märchen wird der Meerjungfrau, die einen menschlichen Prinzen aus einem Schiffsunglück rettet und sich in ihn verliebt, als Preis für die Menschwerdung von einer Meerhexe die Zunge herausgeschnitten. Um für immer ein Mensch zu bleiben, muss der Prinz sie heiraten; heiratet er eine andere, wird sie sich in Meerschaum verwandeln. Doch obwohl sie den

Prinzen findet und ihn mit ihren Augen, ihrer Schönheit und ihrem Tanz – »wie noch keine getanzt hatte« – bezaubert, kann sie ihm nicht sagen, dass sie es war, die ihn aus dem Meer gerettet hat. Weil sie keine Stimme hat, kann sie nicht seine Retterin sein. Im weiteren Verlauf des Märchens ist wiederholt die Rede davon, dass der Prinz die Meerjungfrau liebgewinnt. Er nennt sie »mein stummes Findelkind«, wie ein Kind oder eine geliebte Schwester, die sein Leben bereichert. Infantilisiert und asexuell, ist sie eine bloße Nebenfigur in seinem sich entfaltenden Leben. Sie erhält die Erlaubnis, auf einem kleinen Samtkissen an seiner Türschwelle zu schlafen. Jedes Mal, wenn sie tanzt oder einen Schritt macht, ist es, »als trete sie auf spitze Nadeln und scharfe Messer«:

> Sie kletterte mit dem Prinzen auf die hohen Berge hinauf, und obgleich ihre zarten Füße bluteten, sodaß die andern es sehen konnten, lachte sie doch darüber und folgte ihm, bis sie die Wolken unter sich segeln sahen, als wäre es ein Schwarm Vögel, die nach fremden Ländern zögen.

Am Ende muss die kleine Meerjungfrau mit ansehen, wie der Prinz die Prinzessin eines benachbarten Königreichs heiratet, die er für seine Retterin hält. Bei der Hochzeit trägt die kleine Meerjungfrau, in Seide und Gold gekleidet, die Schleppe der Braut. In jener Nacht wendet sie sich in ihrer Verzweiflung an ihre Schwestern, die mit der Meerhexe für sie eine letzte Chance zum Leben ausgehandelt haben. Sie geben ihr ein Messer, mit dem sie den Prinzen im Schlaf ermorden soll; nur so kann sie ihren Meerjungfrauenschwanz wiederbekommen und ins Meer zurückkehren.

Doch die Meerjungfrau bringt das nicht übers Herz. Stattdessen wirft sie das Messer ins Meer und stürzt sich vom Hochzeitsschiff in den Tod – ein Detail, das in der Disney-Version natürlich fehlt.

In Andersens Fassung stirbt die Meerjungfrau nicht endgültig – sie wird ein Geist, eine »Tochter der Luft«, eines von Hunderten durchsichtigen, herrlichen Geschöpfen, die nach Seuchen Kühlung herbeifächeln und Dürren beenden, die bis an die Enden der Erde fliegen und Blumendüfte verbreiten, um den Menschen Heilung zu bringen. Wenn sie sich dabei bewährt, verdient sich die Meerjungfrau nach dreihundert Jahren endlich eine menschliche Seele.

> »Nach dreihundert Jahren schweben wir so in das Reich Gottes hinein!«, sagte sie. »Auch können wir noch früher dahin gelangen!«, flüsterte eine Tochter der Luft. »Unsichtbar schweben wir in die Häuser der Menschen hinein, wo Kinder sind, und für jeden Tag, an dem wir ein gutes Kind finden, welches seinen Eltern Freude bereitet und deren Liebe verdient, verkürzt Gott unsere Prüfungszeit. Das Kind weiß nicht, wann wir durch die Stube fliegen, und müssen wir aus Freude über dasselbe lächeln, so wird ein Jahr von den dreihundert abgerechnet; sehen wir aber ein unartiges und böses Kind, so müssen wir Tränen der Trauer vergießen, und jede Träne legt unserer Prüfungszeit einen Tag zu!«

Hier finden wir den Nachhall der religiösen Dogmen, mit denen die Grimm'schen Kinder- und Hausmärchen durchsetzt sind – und den darin enthaltenen festen Glauben, dass das Streben nach Aufwärtsmobilität angesichts undurchlässiger gesellschaftlicher Hierarchien zwecklos ist. Dabei nimmt Andersen in der Frage, wer zu Lebzeiten irdischen Lohn erhalten soll und wer nicht, eine überraschend wertende Haltung ein. Insbesondere gegenüber seinen weiblichen Figuren ist er ausgesprochen harsch und lässt ihnen wiederholt Schmerzen und jenseitige Strafen angedeihen, wie sie die kleine Meerjungfrau erleiden muss.

Andersens vielleicht pointierteste Gesellschaftskritik ist ›Des Kaisers neue Kleider‹, worin zwei Schneider einem Herrscher eine neue Garderobe verkaufen. Die Kleider, machen sie ihm weis, sind unsichtbar für alle, die ihres Amtes nicht würdig sind, weshalb der Kaiser meint, nun herausfinden zu können, welche seiner Untertanen loyal sind und welche nicht. Ein Kind weist schließlich darauf hin, dass der Kaiser überhaupt keine Kleider anhat und nackt herumstolziert. Nur durch die kindliche Unschuld sind wir in der Lage, über die Dummheiten der Erwachsenenwelt mit ihren Konventionen und dem sozialen Emporkommen hinauszusehen. (In Wirklichkeit kann niemand den Stoff sehen, aus dem die Schneider die neuen Kleider für den Kaiser nähen; da aber alle befürchten, als ihres Amtes unwürdig entlarvt zu werden, machen sie bei der Lüge mit und versichern dem Kaiser immer wieder, wie schön seine neuen Kleider sind.)

Wie die Brüder Grimm glaubte auch Andersen, dass bestimmte Dinge von Gott festgelegt und befohlen sind. Weil er dachte, er sei dazu bestimmt, ein großartiges Leben als überaus wichtiger Schriftsteller und Denker zu führen, war Andersen entschlossen, sich seinen Weg durch die Gesellschaft zu erkämpfen, von der er dachte, sie halte ihn von dem fern, was ihm zusteht. Doch auch wenn seine Märchen sowohl metaphorisch als auch direkt die Trennung von gesellschaftlichen Schichten kritisieren – fast schon parodistisch der wörtliche »Aufstieg« der kleinen Meerjungfrau aus dem Meer in ihr neues Leben, und der Kaiser, der in der Sänfte über den Köpfen seiner Untertanen herumgetragen wird –, bergen sie doch im Inneren eine anderslautende Wahrheit: Einige Menschen sind zum Aufstieg *nicht bestimmt* und werden vielleicht sogar für entsprechende Versuche bestraft. Die kleine Meerjungfrau ist nicht dazu bestimmt, an Land zu leben, auch wenn sie ihren Handel aus Liebe schloss – die Schmerzen, die sie durch ihre Verwandlung erleidet, scheinen das zu beweisen. Gesellschaftlicher Umsturz und Kritik mag denen zustehen, die sich erfolgreich nach oben gekämpft haben, doch für die anderen ist dies nur im Jenseits erreichbar, und vielleicht nicht einmal dann.

Im Gegenzug erhalten manche, die in Andersens Märchen Erfolg haben, ihren irdischen – und körperlichen – Lohn schon im Diesseits. In einem seiner letzten Märchen, ›Der Krüppel‹, sind ein wohlhabender Gutsbesitzer und seine Frau wohltätig zu einer benachbarten Familie mit fünf Kindern, deren ältestes ein Junge namens Hans ist. Hans ist zum Zeitpunkt der Handlung schon seit fünf Jahren »schlaff in den Beinen« und muss im Bett liegen. »Er war ein sehr aufgeweckter Knabe, der gern las, aber er benutzte auch seine Zeit zur Arbeit, soweit er, der immer zu Bett liegen musste, Nutzen schaffen konnte.« Hans ist so selbstlos und fröhlich, dass er, als der Gutsherr und seine Frau von seiner Entwicklung und Reife erfahren und ihm etwas Geld geben, darauf besteht, dass seine Eltern es bekommen. (Dieser wunderbare Krüppel – so nutzlos und dabei so engelsgleich.)

Zu Beginn der Erzählung schenken die Herrschaften Hans ein Buch mit Geschichten; er liest es und reist auf diese Weise ins Märchenland. Er unterhält auch seine Eltern, indem er ihnen daraus vorliest. Eines Tages kommt der Schulmeister des Ortes herein, weil er von der Straße her Hans' Vater laut lachen hörte, und freundet sich mit

Hans an. Der Schulmeister bringt Hans später das Geld vom Gutsbesitzer und seiner Frau, worauf die Eltern sagen: »Der Krüppel-Hans ist doch zum Nutzen und Segen!«

Kurz darauf kommt die Gutsherrin zu Besuch und bringt Hans einen Singvogel im Käfig; einige Tage später springt eine Katze aus der Nachbarschaft zu Hans ins Zimmer, um den Vogel zu jagen. Hans, überwältigt von Liebe zu dem Vogel, gewinnt auf wundersame Weise den Gebrauch seiner Beine wieder, springt aus dem Bett und rettet den Vogel. Begeistert von dem Wunder schicken der Gutsherr und seine Frau Hans in die Stadt zur Schule, und seine Eltern behalten die alten Märchenbücher als Erinnerung an ihren Jungen in der Ferne.

(Interessanterweise stirbt der Vogel bei der Begegnung mit der Katze vor Schreck.)

»Er hatte seine Beweglichkeit wiederbekommen«, heißt es bei Andersen, »so etwas kann geschehen, und bei ihm geschah es.«

Natürlich wissen wir, wenn wir aus unserer Zukunft auf diese hundertfünfzig Jahre alten Geschichten zurückblicken, dass so etwas nicht oft geschieht. Und doch überdauern der Geist und die Motive dieser Märchen. Durch ein bedeutendes, wundersames Ereignis »überwindet« die behinderte Figur ihre Behinderung – oder sie überwindet, wie im Fall der kleinen Meerjungfrau, eine ganze Reihe von Behinderungen, um sich durch schwere Opfer und gute Taten ihren wahren Herzenswunsch zu erfüllen.

Bete. Trink mehr Wasser, trink grünen Tee, mach eine Entgiftung. Halte durch. Bewege dich ausreichend.

Die einzige Behinderung ist eine falsche Einstellung.

Das Ziel ist schließlich immer das gleiche: Zum Happy End gehört ein Körper, der zu jeder Zeit genau das tut, was er soll. Und wenn du es nicht schaffst, einen solchen Körper zu bekommen, dann ist es ganz allein deine eigene Schuld. Die Gesellschaft hat damit nichts zu tun.

»Ich war so besessen von Arielle«, erzählt mir Grace Lapointe, »dass in einem Befundbericht von 1991 – da war ich zwei Jahre alt – unter meinen intellektuellen Fähigkeiten aufgeführt war: ›Lieferte eine Zusammenfassung von *Arielle, die Meerjungfrau*‹.«

Grace hat wie ich eine Zerebralparese. Sie ist auch Schriftstellerin. Sie wurde in dem Jahr geboren, als *Arielle* in die Kinos kam, weshalb sie den Film nie auf der großen Leinwand gesehen hat. Doch den Film immer wieder auf ihrem Videorekorder anzusehen, war ein prägender Teil ihrer Kindheit. Interessanterweise war Arielles Wunsch nach einem Körper, mit dem sie laufen kann, ein Aspekt der Figur, den Grace schon als Kind störend fand. In einem Essay für das Online-Magazin *Monstering* formuliert sie es so: »Obwohl ich nie dachte, dass mit mir irgendetwas ›nicht stimmt‹, blieb immer das unergründliche Gefühl, dass mit Arielle etwas nicht stimmt.«

Auch ich hatte als Kind nie das Gefühl, dass mit mir etwas nicht stimmte – zumindest nicht offensichtlich. Ich hatte meine Operationen hinter mir, und nach der Physiotherapie konnte ich wieder laufen *wie alle anderen* – nur dass ich eben nicht lief wie alle anderen und jahrelang mit aller Kraft versucht habe, das zu ignorieren.

»Warum läufst du so komisch?«, fragte mich einmal ein Junge auf dem Schulhof.

»Ich habe eine Zerebralparese«, sagte ich. Ich merkte, dass er das nicht verstand. Obwohl es schon fast solange ich denken konnte Teil meiner Geschichte war, verstand ich es mit meinen acht Jahren selbst nicht richtig.

»Ich war im Krankenhaus und musste operiert werden«, versuchte ich es noch einmal. »Ich musste eine Weile einen Rollstuhl nutzen.«

»Ah«, sagte er. Jetzt hatte er es begriffen. »Aber jetzt brauchst du keinen Rollstuhl mehr.«

»Nein«, sagte ich. »Jetzt nicht mehr.«

Hör auf zu reden, wollte ich eigentlich sagen, aber ich sagte es nicht. *Ich kann genauso gut laufen wie du.*

Nur dass ich es eben nicht konnte. Ich konnte zwar laufen und rennen, aber in den ersten Jahren nach meiner Operation hieß es immer, ich solle es langsam angehen. Ich durfte keinen Kontaktsport machen – was mir nur recht war, denn das mochte ich sowieso nicht –, doch ich war auch nicht besonders koordiniert in den Sportarten, bei denen ich mitmachen durfte, und hasste den Sportunterricht. (In der vierten Klasse sollten wir einmal jeweils zu zweit um die Wette Körbe werfen; ich hatte eine schlechte Augen-Hand-Koordination und traf fast nie. Ich hasste das Spiel so sehr, dass ich anfing, Verletzungen vorzutäuschen, nur um nicht mitmachen zu müssen. Einmal fälschte ich eine Sportbefreiung von meiner Mutter. Ich saß also während des Spiels auf der Bank, und als ich aufsah, stand zu meinem Entsetzen meine Mutter an der Turnhallentür und fragte meine Lehrerin, warum ich nicht mitspiele. Sie war wegen eines Elterngesprächs in die Schule gekommen.)

Als ich aufwuchs, taten mir fast immer die Beine weh. Im rechten Bein waren die Schmerzen schlimmer als im linken. Manchmal war es ein stechender Schmerz, oft ein dumpfes Pochen, das vom Morgen bis zum Abend anhielt. (*Jedesmal, wenn ihr Fuß die Erde berührte, war es, als trete sie auf spitze Nadeln und scharfe Messer.*) Mein Hinken war stärker, wenn meine

Beine wehtaten, also versuchte ich so zu tun, als hätte ich keine Schmerzen.

Ich versuchte immer so zu tun, als würde ich überhaupt nicht hinken. Es war meine Überlebensstrategie, auch wenn ich es damals nicht als solche erkannte.

Arielle, die Meerjungfrau war auch Sarah Jamas Lieblings-Disneyfilm als Kind. Ihr waren die Parallelen zwischen Arielles Leben und ihrem eigenen nur zu deutlich.

»Ich konnte damit viel anfangen«, berichtet sie mir an einem sonnigen Tag im Frühling 2019. »Arielle wollte in eine Welt passen, zu der sie nicht gehörte. Doch sogar als sie hinüberwechselte, passte sie nicht hinein. [Für mich, als Schwarze behinderte Frau gilt:] Du kannst in keiner Welt niemals ganz du selbst sein. Du bist entweder Schwarz in der einen Community oder behindert in der anderen. Arielle hat immer versucht, woanders hinzugehören. Dafür musste sie ein physisches Opfer bringen und in Kauf nehmen, von ihrer Familie nicht vollständig gesehen zu werden. Es war, als ob sie buchstäblich zwei verschiedenen Welten angehört.«

Sarah hat ebenfalls eine Zerebralparese und nutzt einen Rollstuhl. 2016 folgte sie einer Einladung der liberalen Regierung zu einem Gipfel von hundert Jugendleiter*innen zum Thema Behinderung. Als sie sich umsah, stellte sie fest, dass sie die einzige Schwarze Person im Raum war.

»Politischer Aktivismus ist schwer, wenn darüber nicht gesprochen wird«, sagt sie heute. »Wie können wir Politik gestalten, wenn wir Gefahr laufen, ganze demographische Gruppen auszublenden? Als Organisator*in musst du schon fast über-aufmerksam sein, wie du dich in Räumen bewegst und verhältst. Ich bin mit dem Gefühl aufgewachsen, als hätte ich eine gespaltene Persönlichkeit. Wie schaffst du es, dich in beiden Räumen gleichzeitig zu bewegen und dabei dieselbe Person zu bleiben?«

Wie Hans Christian Andersen sieht auch Sarah, dass die Gesellschaft auf die Bedürfnisse der Privilegierten – in diesem Fall der nichtbehinderten Menschen – ausgerichtet ist. Doch anders als er hat sie nicht vor, das Spiel mitzuspielen. »Solange es keine finanziellen Anreize für die Inklusion behinderter Menschen in die Gesellschaft gibt, werden wir weiterhin auf die immer gleiche, überkommene Weise repräsentiert sein.« Die Hexe mit dem Krückstock. Der blinde Seher. Der traurige, aber engelsgleiche Junge, der bewegungsunfähig im Bett liegt.

»Das Hauptproblem für die Behindertenrechtsbewegung ist das *Kapital*«, sagt sie. »Es ist unmöglich, innerhalb der bestehenden Strukturen eine Welt oder eine Gesellschaft zu schaffen, in der es Gerechtigkeit für Menschen mit Behinderungen gibt. […] Ich sehe im Internet immer wieder Versuche, diese Dinge bruchstückhaft zu korrigieren, ohne dass dieser kritische Punkt angesprochen wird: Wir müssen die Gesellschaft fundamental umgestalten.«

Und wie wir alle wissen, ist der Fortschritt zäh. Die kleine Meerjungfrau mag ihre Beine bekommen und der behinderte Junge aus dem Bett springen, um den Vogel zu retten, doch was ist mit den anderen behinderten Jungen und Mädchen, die nicht in die andere Welt überwechseln können? Wie ermöglichen wir eine Welt, die für sie alle besser ist?

Als ich in der dritten Klasse bin, kommt ein neues Mädchen an die Schule. Sie ist schlank und cool und stylish.

Ich bin nichts von alldem. Meine Haare sind in den letzten Jahren nur langsam nachgewachsen, und das auch noch ungleichmäßig – zum Teil glatt, zum Teil kraus, ein einziges Durcheinander. Manchmal kämme ich mir in diesem Jahr wochenlang nicht die Haare – ich binde sie einfach zu einem Pferdeschwanz hoch und denke nicht mehr darüber nach. Meine Augenbrauen sind zwei buschige braune Raupen. Mein einer Schuh ist größer als der andere, was eigentlich keine so große Sache ist, mir aber so vorkommt. Ich habe das Gefühl, dass es alle sehen.

(Niemand sieht es.)

Sie ist sehr gut in Sport, das neue Mädchen, so gut wie ich schlecht bin. Sie ist nicht so gut in der Schule wie ich, aber das interessiert niemanden. Alle interessieren sich für ihre Klamotten – für die Trainingsjacke, die sie als erste hatte, für ihre stylishen Jeans, ihre Frisur. Sogar diejenigen, die sie nicht sofort anhimmeln – und davon gibt es einige –, beobachten, wie sie sich in der Klasse bewegt. Sie weiß, was es heißt, *cool* zu sein – und sie weiß auch instinktiv, was es heißt, *uncool* zu sein. Und weil niemand uncool sein will, folgen ihr alle fast von dem Moment an, als sie den Schulhof betritt.

Ich habe einfach keine Chance. Ich bin so offensichtlich anders, und zwar auf die ganz falsche Art.

In den meisten Märchen gibt es eine Hauptfigur; oft gibt es auch eine Gegenfigur, die dem Glück der Hauptfigur im Weg steht oder ihre Reise sabotiert.

Die Gegenfigur kann ein magisches Wesen sein – eine böse Hexe, eine Fee, ein Zauberer. In vielen Märchen der Brüder Grimm ist der Teufel der Gegenspieler, der der Hauptfigur einen Teil ihrer Seele abhandeln will. Manchmal, wie bei Äsop und einigen anderen Grimm-Märchen, spielt ein schnelleres, listigeres Tier die Rolle – der Fuchs ist oft böse, ebenso wie der Wolf oder die Katze. In vielen von Andersens Märchen nimmt die Gesellschaft diese Stelle ein, personifiziert als Individuum oder als Mob.

Oft ist die Gegenfigur aber auch ein ganz gewöhnlicher Mensch. Es gibt schwache Väter, die zulassen, dass ihre Kinder fort in den Wald geführt werden; eifersüchtige Brüder (oder Schwestern), die versuchen, sich den Erfolg des bevorzugten (meist jüngsten) Geschwisters anzueignen. (In den meisten Fassungen von ›Aschenputtel‹ ist die Stiefmutter nicht der Zauberei mächtig, sondern nur reich und grausam.)

In der ursprünglichen Fassung von ›Schneewittchen‹, die 1812 erstmals von den Brüdern Grimm veröffentlicht wurde, wird die Motivation der bösen Königin nicht weiter beleuchtet – es wird uns zu verstehen gegeben, dass sie einzig und allein deshalb böse ist, weil sie die Schönste im ganzen Land sein will. Mit einem solch düsteren Gegenpart ist es für uns viel einfacher, auf der Seite ihrer Stieftochter, der Prinzessin zu sein. *Seht doch nur, wie freundlich sie ist*, denken wir. *Wie lieb. Und seht nur, wie gemein die Stiefmutter ist – sie will Schneewittchen umbringen, nur weil sie hübsch ist!*

Die eifersüchtige Königin schickt ihre schöne Stieftochter mit einem Jäger in den Wald, wo er Schneewittchen die Pläne der Königin verrät, und sie, als sie ihn anfleht, ihr Leben zu schonen, zurücklässt. Sie gelangt zu der Hütte der sieben Zwerge und lebt fortan bei ihnen, doch die Königin, die durch ihren unermüdlichen Zauberspiegel erfahren hat, dass Schneewittchen noch am Leben ist, verkleidet sich und versucht drei Mal, Schneewittchen zu töten.

Beim ersten Mal sucht die Königin, als die Zwerge fort

sind, Schneewittchen als Krämerin verkleidet auf und bietet ihr einen Schnürriemen zum Geschenk; sie schnürt diesen so eng, dass das Mädchen ohnmächtig wird und erst wieder erwacht, als die Zwerge die Bänder lösen.

Beim nächsten Mal kommt die Königin als altes Weib und gibt Schneewittchen einen vergifteten Kamm; das Mädchen fällt ohnmächtig zu Boden und erwacht erst wieder, als die Zwerge kommen und den Kamm aus ihrem Haar ziehen.

Schließlich verkleidet sich die Königin als Bauersfrau, die Äpfel verkauft. Einen der Äpfel hat sie verzaubert, so dass eine Hälfte davon giftig ist. Schneewittchen wurde von den Zwergen ermahnt, nicht mit Fremden zu reden (durchaus vernünftig angesichts der jüngsten Vorfälle), doch verführt von der Schönheit des Apfels und sich in Sicherheit wiegend, als die Frau in die ungiftige Hälfte beißt, nimmt sie den Apfel an. Als Schneewittchen ihn isst, fällt sie tot um.

Die Zwerge kehren zurück und können sie nicht wiederbeleben; trauernd bauen sie einen gläsernen Sarg und errichten daraus einen Schrein im Wald. Eines Tages kommt ein Prinz dahergeritten und erblickt das wunderschöne Mädchen in ihrem Sarg. Er ist von ihrer Schönheit so angetan, dass er die Zwerge überredet, den Sarg mit in sein Schloss nehmen zu dürfen. Der Sarg wird in sein Zimmer gestellt, wo der Prinz den ganzen Tag damit zubringt, ihn anzusehen; jedes Mal, wenn er das Zimmer verlässt und ihn nicht mehr sehen kann, wird er traurig, also müssen seine Diener den Sarg von Zimmer zu Zimmer hinter ihm hertragen.

Eines Tages öffnet ein frustrierter Diener den Sarg und holt Schneewittchen heraus.

»Um so eines todten Mädchens willen, werden wir den

ganzen Tag geplagt!«, ruft er und gibt ihr einen Stoß, wobei sich das vergiftete Apfelstück in ihrem Hals löst und Schneewittchen erwacht.

Als der Prinz das Zimmer betritt und Schneewittchen lebend vorfindet, ist er überglücklich. Sie setzen sich zum Essen und beschließen dann, zu heiraten. Die böse Königin wird zur Hochzeit eingeladen, und wieder hat ihr der Spiegel verraten, dass Schneewittchen am Leben und die Schönste im ganzen Land ist. Als die Königin zur Hochzeit kommt, »da waren eiserne Pantoffeln im Feuer glühend gemacht, die mußte sie anziehen und darin tanzen, und ihre Füße wurden jämmerlich verbrannt, und sie durfte nicht aufhören bis sie sich zu todt getanzt hatte«.

Und so ist durch Strafe und Tod das Gleichgewicht im Universum wiederhergestellt. Die strenge Märchenwelt ist wieder in Ordnung. In einer solchen Welt gibt es keinen Raum, um eine böse Königin zu betrauern, um ihre Motivation zu hinterfragen. Wir sollen auf Schneewittchens Seite stehen, und das tun wir auch, bis wir praktisch jubeln, als ihre böse Gegenspielerin bezwungen ist. In glühendheißen Eisenschuhen zu tanzen, bis das Herz versagt, erscheint mir als eine ziemlich grausame Art zu sterben – einmal abgesehen von den Hochzeitsgästen, die vermutlich alles mit ansehen müssen –, aber das ist nun mal das Märchenland.

Das Land, so könnte man sagen, der gerechten Wüsten. Es mag Hindernisse geben, und die Welt mag hart sein, aber es herrscht eine gewisse Ordnung.

Nemesis: aus dem Griechischen *nemein*, »zuteilen« (des Gebührenden). Nemesis war die griechische Göttin der Rache, die Gerechtigkeit ebenso unerbittlich wie feinsinnig ausmaß. Insbesondere bestand ihre Aufgabe darin, die zur Rechenschaft zu ziehen, die sich der *Hybris* oder Anmaßung gegenüber den Göttern schuldig gemacht hatten. Ödipus, dessen Klumpfuß, wie wir gesehen haben, von Forscher*innen oft als Symbol für seine Weigerung gelesen wurde, sich den Göttern zu beugen, soll sich der Hybris schuldig gemacht haben.

Lange bezeichnete *Nemesis* nur das Konzept der ausgleichenden Gerechtigkeit. Die personale Bedeutung im Sinne einer bedrohlichen, antagonistischen Person oder Instanz ist eine Erfindung des zwanzigsten Jahrhunderts.

Ein anderer Name für Nemesis ist Adrasteia, *die Unentrinnbare*.

Von Anfang der dritten bis zu meinem Wechsel auf eine weiterführende Schule am Ende der achten Klasse habe ich fast alle meine Unterrichtsstunden mit dem neuen Mädchen. Bald ist sie nicht mehr neu, sondern gehört zu meinem Leben in der Schule wie die Disneyfilme und die Märchenbücher in meinem Bücherregal zu Hause. Sie hat rote Haare, wie meine geliebte Arielle, aber damit enden die Gemeinsamkeiten auch schon. In der dritten Klasse nennt sie mich *Pickle*; in der vierten verbringen sie und ein anderes Mädchen eine komplette Hofpause damit, mir über den Schulhof hinterherzulaufen, und brüllen: *Beinhaare! Beinhaare! Amanda hat BEINHAARE!*

Ich versuche sie zu ignorieren; versuche so zu tun, als wären sie nicht da.

(Ich bin neun Jahre alt. Kurz darauf fange ich an, mir die Beine zu rasieren.)

Eines Tages in der Mittagspause skandieren die Jungen, die hinter mir sitzen, immer wieder *Aman-DAH! Aman-DAH!* Alle lachen. Ich ignoriere sie, versuche so zu tun, als wären sie nicht da. Erst als ich aufstehe, um auf die Toilette zu gehen, merke ich, dass sie die ganze Zeit Sonnenblumenkerne in mein ungleichmäßiges Haar gespuckt haben.

In der fünften Klasse bekomme ich vor allen anderen Brüste – das nicht mehr neue Mädchen lacht mich deshalb aus, und die anderen Mädchen machen mit.

Hurra, Amanda, endlich trägst du mal etwas Modernes!, sagt eine von ihnen kurz vor Beginn der Sommerferien. Ich trage Capri-Hosen und ein langes T-Shirt. Ein anderes Mädchen, das zu ihr gehört, mustert mich und höhnt: *Das nennst du modern?*

Du läufst, als hättest du eine saure Gurke im Arsch stecken.

Ich versuche sie zu ignorieren, versuche so zu tun, als wären sie nicht da. Aber hier gibt es keine Ordnung, keine Gerechtigkeit. Es gibt keine Ordnung, wenn du zehn Jahre alt bist und sichtbar hinkst; wenn du widerspenstiges Haar hast, das ein Geflecht von Narben und den Höcker eines längst aufgegebenen ventrikuloperitonealen Shunts verdeckt; wenn du anders bist und unbekannt auf eine Weise, die du selbst nicht verstehst, während du versuchst, auf dem Schulhof zu überleben.

Es ist nicht alles schlimm; auch darin gibt es keine Ordnung. Als ich während der Kindergartenzeit im Krankenhaus bin, lässt die Lehrerin jedes Kind aus der Klasse ein Bild malen. Die Bilder laminiert sie anschließend und bindet sie zu einem Buch. *Amanda, wir vermissen dich*, steht auf dem Titelblatt, dazu ein Schwarzweißfoto von mir mit langen Haaren, vor der Operation. Als ich aus dem Krankenhaus komme, sehe ich nicht mehr so aus.

In der zweiten Klasse, als das neue Mädchen noch nicht da ist, erzähle ich vor der Klasse von meiner Zeit im Krankenhaus. *Hat sie noch mehr Gehirn bekommen?*, fragt jemand. *Amanda ist nämlich echt schlau.*

Möglicherweise hat es ihr geholfen, so intelligent zu werden, sagt die Lehrerin. Vielleicht meint sie es ernst, vielleicht spielt sie auch einfach nur mit. *Aber niemand kann einfach so mehr Gehirn bekommen.*

(Es war nicht so, dass ich keine Freund*innen hatte. Ich erinnere mich an Übernachtungen und Geburtstagspartys, an lange Nachmittage mit der Zeitschrift *Teen Beat*. Meine Freundinnen und ich mögen Jonathan Brandis und Jonathan Taylor Thomas. *Die Jonathans*.

Aber nach der achten Klasse gehe ich auf eine öffentliche Highschool, und alle anderen auf die katholische Schule. Wir sehen und sprechen uns nie wieder.)

In der fünften Klasse arbeiten das rothaarige Mädchen und ich gemeinsam an einem Naturkundeprojekt. Wir bauen einen Vulkan aus Backpulver und roter Farbe, und ich bin ein paar Mal zum Abendessen bei ihr zu Hause, wo ihre Mutter mich mit einer herzlichen Umarmung begrüßt und mir Hühnchen und Brokkoli vorsetzt. Das Mädchen zeigt mir, wie ich meinen Pony zu einer Welle lege, was zu der Zeit der letzte Schrei ist. Ich stehe in ihrem Bad, betrachte uns beide im Spiegel und denke kurz, dass wir vielleicht einen Wendepunkt erreicht haben. Ich habe einiges über sie erfahren – habe ihr Zimmer gesehen, ihr Bücherregal, weiß, welche Serien sie mag. Vielleicht kann es von nun an anders sein zwischen uns.

Wir bekommen für das Vulkan-Projekt eine sehr gute Note. Ich bin eine sehr gute Schülerin. Dann sind Sommerferien. Als wir uns im Herbst wiedersehen, spricht sie nicht mehr mit mir, außer um mich auszulachen und sich wieder über meine Klamotten lustig zu machen, über meine Schultern, meinen Gang.

Jahre nach dem Disneyfilm lese ich Hans Christian Andersens Fassung von ›Die kleine Meerjungfrau‹. Heute, so viele weitere Jahre später, habe ich immer noch dieses Bild vor Augen: die Meerjungfrau, die stumm und mit gebrochenem Herzen mit einem langen Sprung ins Meer hinabtaucht. Sie wurde gleich mehrfach verstümmelt: Durch die Machenschaften der Hexe wurde sie nicht nur ihres Schwanzes und ihrer Zunge beraubt, sondern auch der Möglichkeit, mit anderen zu kommunizieren. In dieser Geschichte hat sie keine Hoffnung, den Prinzen zu überzeugen, der geblendet ist von der Schönheit und Anmut seiner Braut. Durch ihre Behinderung ist sie *geringer* als das, was er sich wünscht.

Was sollen wir heute damit anfangen? Vielleicht ist es in Anbetracht der Epoche, aus der sie stammt, unrealistisch zu glauben, dass die Geschichte ein anderes Ende hätte nehmen können. (Die rudimentären Anfänge einer europäischen Gebärdensprache steckten zu Andersens Zeit noch in den Kinderschuhen.)

Dennoch. Die kleine Meerjungfrau und ihr Prinz hätten doch eine Art Zeichensprache lernen oder sich durch Gesten verständigen können? Ist denn niemand im Palast auf die Idee gekommen, dem »stummen Findelkind« das Lesen und Schreiben beizubringen? In der Disney-Version unterschreibt Arielle einen Vertrag, in dem sie Ursula ihre Stimme überlässt. *Hätte sie Prinz Eric nicht eine Nachricht schreiben können?*

Doch im Märchen geht es traditionell immer auch um Moralvorstellungen – und diese befassen sich traditionell auf ganz bestimmte Weise mit Behinderung. Wie wir gesehen haben, gehört Hans Christian Andersens kleine Meerjungfrau zu denen, die den sozialen Aufstieg nie schaffen werden, auch wenn sie sich noch so anstrengen.

(Der Hoffnungsschimmer am Ende der Geschichte scheint mir so schwach, dass er eigentlich gar keiner mehr ist.) Disneys Arielle hingegen bekommt nicht nur ihre Stimme wieder; sondern das Happy End tilgt auch ihre andere Behinderung – die Mobilitätseinschränkung, die ein Meerjungfrauenschwanz an Land mit sich brächte. Arielle hat am Ende des Films Beine, ihre Stimme und ihren Prinzen. Die ursprüngliche Meerjungfrau hingegen stirbt mit nichts von alledem.

Wir haben also plötzlich zwei Versionen des Märchens: eine, in der die Behinderung verschwindet und der nichtbehinderte Körper uneingeschränkt herrscht, und eine andere, in der die Behinderung dauerhaft ist und zu Leid und Tod führt. Wo ist in einem solchen Szenario der Raum für Behinderung einfach als Lebensrealität? Wenn Arielle sich keine Hoffnungen auf ihren Prinzen machen durfte, solange sie ohne Beine und/oder ohne Stimme war, welche Hoffnungen auf ein Leben ohne Qualen und Schikanen durfte sich da ein behindertes Mädchen wie ich machen, solange sie nicht humpelfrei und voll funktionsfähig war?

In einer von der Feinberg School of Medicine an der Northwestern University in Chicago durchgeführten Studie wurden 44 Kinder mit Zerebralparese und sieben Kinder mit anderen motorischen Störungen (wie Muskeldystrophie oder den Nachwirkungen eines Schlaganfalls) über Mobbing in der Schule befragt. 55 Prozent von ihnen berichteten, schon einmal in irgendeiner Form wegen ihres Aussehens gemobbt worden zu sein. Ausgrenzung und/oder Sticheleien und Beschimpfungen gehörten zu den am meisten genannten Formen von Mobbing. 68 Prozent der Befragten gaben an, dass diese Sticheleien und Beschimpfungen ihren Schulalltag bestimmen.

Die Autor*innen der Studie erwarteten zu Beginn ihrer Untersuchung, dass die Kinder mit den stärksten Formen körperlicher Behinderung am ehesten Opfer von Mobbing werden würden. Stattdessen stellten sie fest, »dass Kinder mit leichten bis mittelschweren motorischen Beeinträchtigungen einem größeren Risiko ausgesetzt sind, Opfer von Schikanen durch Einzelne oder Gruppen von Mitschüler*innen zu werden, als Kinder mit schwereren körperlichen Beeinträchtigungen.«

Im November 2018 wurde ein vierzehn Jahre alter Junge mit Zerebralparese aus Nova Scotia gezwungen, sich mit dem Gesicht nach unten in einen Bach zu legen, während andere Gleichaltrige ihn als Brücke benutzten und über ihn liefen. Der Vorfall wurde gefilmt und bei Facebook hochgeladen. Nach einer Empörungswelle wurden einige der beteiligten Schüler*innen zeitweise vom Unterricht suspendiert; sie entschuldigten sich später bei dem Jungen; doch ihm fiel es schwer, wieder in die Schule zu gehen, weil er sich nicht sicher fühlte.

Sie sind gemein, weil sie es nicht besser wissen, trösteten mich meine Eltern immer und immer wieder. Eines Tages nahm mich mein Vater in den Arm, als ich weinend an unserer Auffahrt stand und auf den Bus wartete. »Ignorier' sie, das ist das Beste, was du machen kannst. Sie sind unwichtig. Bald wird das alles keine Rolle mehr spielen – alles, was sie zu dir sagen oder dir antun.«

(Er hatte recht. Das Mobbing, die Mobber*innen – irgendwann war es alles nicht mehr wichtig. Doch ich erinnere mich an all ihre Namen. Ich werde sie nie vergessen.)

Ich will nicht so sein. Ich weiß noch, wie ich das dieses ganze schreckliche fünfte Schuljahr über dachte. *Warum muss ich so sein? Warum kann ich nicht normal sein, warum kann ich nicht wie alle anderen laufen? Warum sind alle so gemein?*

Wenn ich heute, fast dreißig Jahre später, auf diese Zeit zurückblicke, sehe ich mehrere Dinge gleichzeitig im Namen dieses Mädchens, das jeden Morgen Angst davor hatte, in den Schulbus zu steigen. Die Kinder, mit denen ich zur Schule ging, waren nicht böse – nicht einmal meine Nemesis, die hartnäckige Antagonistin meines Lebens. Es waren Kinder, die auf das reagierten, was ihnen über das Anderssein in der Gesellschaft beigebracht worden war. Wie in der hierarchischen Gesellschaft in Andersens Kopenhagen bezogen sich ihre Vorstellungen vom Anderssein auf gesellschaftliche Erwartungen und Erfolg. Der Schulhof ist grausam, so wie die Welt grausam ist – nicht nur wegen der Handlungen Einzelner, sondern vor allem, weil wir alle dazugehören und akzeptiert werden wollen, und dafür lieber die meiden, die nicht dazupassen, als den eigenen Platz in der Hierarchie zu riskieren.

»Die Ideologie der idealen Körpernormen«, schreibt Tobin Siebers, »ist im einfachsten Fall die Bevorzugung von Nichtbehinderung. In ihrer radikalsten Form definiert sie die Trennlinie, die über das Menschsein bestimmt, und setzt Maßstäbe für Körper und Geist, die dem Individuum menschlichen Status zu- oder aberkennen.«

Warum kann ich nicht wie alle anderen sein?, fragt der Holzfäller, der sich ein Kind wünscht.

Warum kann ich nicht wie alle anderen sein?, fragt die einsame Königin, die sich das Gleiche wünscht.

Warum kann ich nicht wie alle anderen sein?, fragt das Mädchen ohne Hände, fragt die kleine Meerjungfrau.

Warum kann ich nicht wie alle anderen sein?, fragt Hans mein Igel.

Doch sie alle stellen nicht die richtige Frage. Im Märchen ist das bekanntermaßen auch nicht nötig, weil Erlösung und Glück – oder auch nur *eine Art* Glück – für die meisten von ihnen auch so kommt. Die Gesellschaft verändert sich zwar nicht, doch irgendwie schaffen es unsere Held*innen trotzdem.

Letztendlich, so scheint es, treffen alle Märchenfiguren auf eines von zwei möglichen Schicksalen: Entweder bekommen sie, was sie sich wünschen – sie werden wie die anderen –; oder sie bekommen es nicht und sterben bettelarm und einsam, ein abschreckendes Beispiel für andere, die vielleicht ebenfalls nach dem Unerreichbaren streben.

Doch was wäre, wenn wir eine andere Frage stellen? Was, wenn die Prinzessin oder der Kinderlose oder der halbmenschliche Junge fragten: *Warum* sollte *ich wie alle anderen sein?*

Was für Geschichten könnten wir dann erzählen?

Der Schädel, schreibt Dr. Humphreys in meinen medizinischen Aufzeichnungen von 1987, *ist von gefälliger Form und Symmetrie und liegt mit einem Umfang von 52 cm ungefähr in der 75. Perzentile. Die Augenbewegungen sind in alle Richtungen voll ausgeprägt, mit Ausnahme des linken lateralen Blicks, bei dem das linke Auge sich ab- und auswärts stellt. Die Fundi (*Augenhintergründe*) sind nicht getrübt. Es liegen keine Anzeichen für eine bulbäre Einschränkung vor.*

Was genau meint er damit, dass ein Schädel eine »gefällige Form« hat? Dass er, im Gegensatz zu anderen Schädeln, schön anzusehen ist? Was macht einen Schädel schön anzusehen?

»Ästhetik«, schreibt Siebers, »bildet die Empfindung ab, die einige Körper in der Gegenwart anderer Körper haben. [...] Der menschliche Körper ist Objekt und zugleich Subjekt ästhetischer Produktion: Der Körper erschafft andere Körper, die er für ihre Fähigkeit, seine Gefühle zu verändern, schätzt.« Im Wesentlichen geht es bei Ästhetik – was wir als schön und angenehm empfinden und was als das Gegenteil davon – darum, wie wir als menschliche Körper uns zu anderen Körpern verhalten. Ob etwas schön ist oder nicht, wissen und entscheiden wir, indem wir es ins Verhältnis zu anderen Dingen in der Umgebung setzen.

Das Wort *Ästhetik* stammt aus dem griechischen *aisthetikos*, »sinnlich wahrgenommen«. Im antiken Griechenland hing der Begriff von Schönheit eng mit einer Vorstellung von Ausgewogenheit zusammen; Aristoteles zufolge dienen Kunst und künstlerischer Ausdruck der Belebung dessen, was Objekten wesentlich ist, der Vereinigung ihres Inneren und Äußeren. In seiner Theorie der *Mimesis* nennt er die Perfektion der Natur als Vorbild für das Wahre und Gute. Wir streben nach Ausgewogenheit und Symmetrie, weil sie sowohl die *innere* Perfektion als auch das äußerliche Erscheinungsbild eines Objekts wiedergeben, während uns das Ungleichgewicht, das auf einen Fehler oder anderweitigen Makel in einem perfekten Plan hinweist, abstößt. Obwohl die Natur sich unaufhörlich wandelt, besteht die aristotelische Vorstellung von Kunst und künstlerischem Ausdruck darin, die uns umgebende Welt zu imitieren und mithilfe von Mathematik und Symmetrie die dem unveränderlichen *Idealzustand* der Natur innewohnende Perfektion nachzubilden.

Schönheit ist somit ein Ausdruck von Ausgewogenheit, während das ästhetisch Anstößige oder Abstoßende auf ein Ungleichgewicht hinweist, das ins Gleichgewicht gesetzt werden will. Bezeichnenderweise dachten die alten Griechen außerdem, dass etwas, um schön zu sein, auch nützlich sein musste. Das Schöne und zugleich Nützliche stellte das höchste Gut und den größten Nutzen für die Gesellschaft dar. Wenn etwas – oder jemand – nicht mehr nützlich ist, kann es nicht wirklich schön sein; daher gilt es bei der Behandlung des betreffenden Gegenstands oder Individuums, das Gleichgewicht wiederherzustellen, so dass die Nützlichkeit wieder gewährleistet ist.

Wenn etwas nicht schön ist, ist es für die Gesellschaft nicht mehr von Nutzen, oder es wird zumindest nicht mit dem gleichen Wohlwollen betrachtet wie das, was eine positive ästhetische Reaktion bei uns hervorruft.

Der Schädel ist von gefälliger Form und Symmetrie.

Wie hätte sich mein Fall weiterentwickelt, frage ich mich, wenn der Arzt entschieden hätte, dass er das nicht sei?

6
»Ein nichtmenschliches Wesen«: Das Schöne und das Bestialische

Die erste Fassung von ›Die Schöne und das Biest‹, ›La Belle et la Bête‹, schrieb die Französin Gabrielle-Suzanne Barbot de Villeneuve und veröffentlichte sie 1740 in ihrer Sammlung *La Jeune Américaine, et les contes marins*. In de Villeneuves Märchen verliert ein wohlhabender, verwitweter Kaufmann alle seine Schiffe auf dem Meer und muss fortan mit seinen zwölf Kindern in einem Haus im Wald leben. Seine jüngste Tochter, Belle, die Schöne genannt, ist die hübscheste und auch die gutmütigste: Im Gegensatz zu ihren eitlen und grausamen Schwestern, die sich mit ihrem neuen Leben in Armut nicht abfinden wollen, ist Belle entschlossen, das Beste aus der misslichen Lage zu machen. Einige Jahre nach dem Unglück erfährt der Kaufmann, dass eines seiner Schiffe doch nicht verloren ist. Bevor er sich aufmacht, seine Waren zurückzuholen, fragt er seine Töchter, was er ihnen für Geschenke mitbringen soll. Die älteren Schwestern wünschen sich Juwelen und schöne Kleider, die jüngste, die sich nur wünscht, dass er sicher wieder nach Hause kommt, bittet ihn um eine Rose.

Der Vater macht sich also auf den Weg. Am Ziel angekommen stellt er fest, dass sein Schiff mitsamt den Waren zur Begleichung seiner Schulden beschlagnahmt wurde, so dass er nun doch wieder mittellos dasteht. Mutlos macht er sich auf den Heimweg, wobei er sich in einem Sturm verirrt und vor den Toren eines Palasts wiederfindet. Als er eintritt, findet er das Schloss unbewohnt, obwohl die Kerzen entzündet und die lange Tafel im Speisesaal mit Essen eingedeckt ist. Da niemand Einspruch erheben kann, isst er sich satt und legt sich dann in einem der Schlafzimmer zur Ruhe.

Als er am Morgen weiterziehen will, bemerkt er im Garten des Schlosses einen Rosenstrauch. Er erinnert sich an den Wunsch der Schönen und bricht eine Rose ab, worauf ihm endlich ein »Tier« gegenübertritt, das sich als Besitzer des Schlosses entpuppt. Erbost darüber, dass der Kaufmann seine Gastfreundschaft missbraucht hat, um eine Rose zu stehlen, droht das Tier, ihn zu töten.

In der Fassung von de Villeneuve hat das Biest den Rüssel eines Elefanten und die Schuppen eines Fisches. »Ein fürchterliches Getöse, verursacht durch das enorme Gewicht seines Körpers, das grässliche Klirren seiner Schuppen und ein grausiges Gebrüll« künden im Palast von seiner Anwesenheit. Als der Kaufmann verängstigt erklärt, warum er die Rose wollte, zeigt sich das Tier ein wenig besänftigt und erlaubt dem Vater, seiner Wege zu ziehen – wenn eine seiner Töchter an seiner Statt freiwillig ins Schloss kommt.

Verzagt kehrt der Kaufmann nach Hause zurück (beladen mit Truhen voller Juwelen und schöner Kleider für seine Kinder – ein Abschiedsgeschenk des Tiers, das ihn an seine Schuld erinnern soll) und berichtet seinen Töchtern, was geschehen ist. Belle, die sich schuldig fühlt, weil sie ihren Vater um die Rose gebeten hatte, bietet sich an, ins Schloss zu gehen, und ihre Schwestern, die sie für die Umstände verantwortlich machen, sind froh, sie los zu sein.

Also zieht Belle zu dem Tier ins Schloss, und auch

wenn sein Äußeres ihr Angst macht, begreift sie bald, dass es ihr nichts Böses will. Nachts wird sie in ihren Träumen von einem hübschen jungen Mann heimgesucht, der sie beschwört, nicht nach Äußerlichkeiten zu urteilen. »Befrage nicht die Augen«, sagt er, »und vor allem, verlass mich nicht, sondern befreie mich von der entsetzlichen Qual, welche ich erdulde.« Die Schöne, die den Traum nicht versteht, kommt zu dem Schluss, dass der junge Mann von dem Tier irgendwo im Schloss gefangen gehalten wird. Sie verliebt sich in ihn, doch weil sie weiß, dass sie ihn nur in ihren Träumen sehen kann, verzehrt sie sich im Stillen nach ihm.

Das Tier fängt langsam an, sie zu umwerben. Jeden Abend fragt es sie beim Essen, »ob sie willens sei, mit ihm zu schlafen«; doch sie, die sehnsüchtig an den jungen Mann aus ihren Träumen denkt, weist ihn jedes Mal höflich ab. Mit der Zeit entwickelt sich eine Freundschaft zwischen den beiden, doch Belle bleibt angespannt. »Sie würde sich daran gewöhnen«, schreibt de Villeneuve, »aber es [war] verliebt in sie, und diese Liebe [ließ] sie eine Gewalttätigkeit befürchten.«

(Ich kann nicht anders, aber das fasziniert mich. *Diese Liebe ließ sie eine Gewalttätigkeit befürchten.* Die Angst einer Frau vor dem, was ein zurückgewiesener Verehrer ihr antun könnte, scheint vollkommen nachvollziehbar und bedrohlich, eben weil die Geschichte mitsamt diesem darin enthaltenen Gefühl im Laufe der Jahrhunderte immer wieder erzählt wurde.)

In einigen Nächten wird Belle in ihren Träumen von einer geheimnisvollen älteren Frau besucht, die sie ermahnt, die Freundschaft mit dem Tier zu pflegen – und es vielleicht sogar irgendwann zu heiraten. »Nur Mut, Belle, mögest du das Musterbild hochherziger Frauen sein. Zeige dich so klug wie bezaubernd, schwanke nicht, deine Liebe deiner Pflicht zu opfern.« Wer die Frau ist, bleibt jedoch ein Geheimnis.

Obwohl die Freundschaft mit dem Tier sich vertieft, bekommt Belle irgendwann Heimweh und bittet, ihre Familie besuchen zu dürfen. Das Biest erlaubt es, warnt sie jedoch, dass sie innerhalb von zwei Monaten zurückkehren müsse, ansonsten würde es sterben, vermutlich an gebrochenem Herzen. Belle, die es nicht erwarten kann, ihre Familie wiederzusehen, willigt ein.

Beladen mit Reichtümern kehrt sie nach Hause zurück und verabschiedet sich tränenreich von dem unbekannten Prinzen aus ihren Träumen. Ihre Familie, die nicht damit gerechnet hatte, sie jemals wiederzusehen, ist überglücklich (obwohl ihre Schwestern »sie jedoch im Grunde ihres Herzens nur mit Sorge [sahen]. Ihre Missgunst war nicht geschwunden«). Der Vater und die Brüder beschwören sie, nicht zurückzukehren, doch als Belle von den wiederholten Anträgen des Tiers berichtet, wird der Vater nachdenklich.

> »Wenn dich also das Tier fragt, ob du einwilligst, dass es mit dir schläft, so rate ich dir, dich nicht zu weigern. Du gestehst mir, zärtlich von ihm geliebt zu werden. Triff also entsprechende Anstalten, auf daß dein Bund ewig währe. Es ist vorteilhafter, ein Ehegespons von liebenswertem Wesen zu bekommen, als einen, welcher als einzigen Vorteil nur ein gutes Aussehen besitzt. Wie viele Mädchen lässt man reiche Untiere heiraten, tierischer als das Tier, welches nur von Gestalt so ist, nicht in seinen Gefühlen und Handlungen?«

Doch er kann die Schöne nicht überzeugen. Sie liebt den hübschen Prinzen aus ihren Träumen und kann sich nicht vorstellen, das Tier zu heiraten. Erst als sie nach Ablauf der verabredeten zwei Monate von einem schrecklichen Traum heimgesucht wird, in dem das Tier gestorben ist, wird ihr klar, dass sie zurück muss. Ihr Vater und ihre Brüder versuchen weiterhin, sie davon abzubringen. (Nur die Schwestern, die in der Zwischenzeit ihre eigenen Verehrer an die offensichtlichen Reize der Schönen verloren haben, drängen sie zum Gehen.) Mit Hilfe eines Zauberrings, den ihr das Tier gegeben hat, kehrt Belle zum Schloss zurück.

Sie verbringt einen Tag damit, lustlos in dem leeren Palast umherzuschweifen und auf ihr Abendessen mit dem Tier zu warten. Als es Abend wird und das Tier nicht auftaucht, macht sie sich auf die Suche und findet es sterbend im Garten; besorgt eilt sie, um Wasser zu holen, und schafft es, es wiederzubeleben. Sie kehren gemeinsam ins Schloss zurück, und Belle zieht sich zur Nacht in ihre Gemächer zurück, wo sie erneut darüber nachdenkt, wie freundlich das Tier zu ihr war und wie sehr es sie offensichtlich vermisst hat, während sie fort war. Am nächsten Abend fragt es sie beim Essen erneut, ob sie ihn heiraten will, und diesmal sagt die Schöne Ja.

Von draußen ertönt Kanonendonner, den die Schöne als Fanfaren und Feuerwerk erkennt. Es folgt ein magisches Feuerwerk, das drei Stunden dauert, danach begeben sich die Schöne und das Tier zum Schlafen in ihre jeweiligen Gemächer.

In der Nacht wird Belle wieder von der alten Frau im Traum besucht, die sie zu ihrer Liebe zum Tier beglückwünscht. Als Belle am Morgen erwacht, liegt der unbekannte Prinz in ihrem Zimmer schlafend auf dem Sofa – der endgültige Beweis dafür, dass der hübsche junge Mann aus ihren Träumen immer schon das Tier war. Bald darauf werden Belle und der (immer noch schlafende) Prinz von der alten Frau in echter Gestalt besucht. Belle lässt den Prinzen alleine, um die alte Frau zu empfangen. Sie hat eine Begleiterin bei sich, und es stellt sich heraus, dass sie selbst die Königin und Mutter des Prinzen ist; ihre Begleiterin ist eine Fee, die sowohl die Verfluchung des Prinzen als auch dessen Erlösung durch Belle inszeniert hat.

Als die Königin von der verhältnismäßig niederen Herkunft der Schönen erfährt (»Wie? Ihr seid nur die Tochter eines Kaufmanns?«), ist sie plötzlich unzufrieden und eröffnet ihr, dass sie den Prinzen doch nicht heiraten kann. Belle ihrerseits ist plötzlich einverstanden.

»Als ich sein Wort empfing«, sagt sie, »glaubte ich, ein nichtmenschliches Wesen zu begnadigen. Ich habe mich nur zu dem Zwecke mit ihm verbunden, ihm eine ganz besondere Gunst zu erweisen.« (Der Prinz, von der Fee vorübergehend zum Schweigen gebracht, sagt dazu nichts.) Die Fee, die ebenfalls unzufrieden ist, enthüllt eine weitere unerwartete Wendung: Belle ist in Wahrheit die Nichte der Königin.

Derart besänftigt durch das Wissen um die wahre königliche Abstammung der Schönen – und ungeachtet des dadurch entstehenden Inzests – gibt die Königin der Vermählung ihren Segen, und Belle und der Prinz (der durch den Lärm, den die Königin und die Fee veranstaltet haben, erwacht ist) heiraten. Der ganze Hof ist geblendet von der Schönheit und Güte der Braut. Die Königin zeichnet die Geschichte ihrer Brautwerbung auf und sendet, wie es im Märchen heißt, »Berichte darüber in alle Welt, auf daß dort ohne Ende von den erstaunlichen Begebenheiten Belles und des Tiers gesprochen werde«.

Erstaunliche Begebenheiten, sagt de Villeneuve. Glücklich bis ans Ende ihrer Tage. Ende.

Als ich sein Wort empfing, sagt Belle, *glaubte ich, ein nichtmenschliches Wesen zu begnadigen.*

Penny Loker, eine kanadische Künstlerin und Sprecherin für Menschen mit auffälligen Gesichtern, fühlt sich gleich in mehrfacher Hinsicht von dem Märchen ›Die Schöne und das Biest‹ angesprochen. Penny hat eine hemifaziale Mikrosomie sowie das Goldenhar-Syndrom. Das Gewebe und die Knochen ihres Gesichts wurden im Mutterleib nicht vollständig herausgebildet. Bei der Geburt fehlten ihr die linke Seite des Unterkiefers und der linke Wangenknochen, ihr Oberkiefer war zweigeteilt. Ihre Augenlider waren fast zusammengewachsen und mussten operiert werden. Als Kleinkind wusste sie zwar, dass sie anders aussieht, doch ihr war noch nicht bewusst, wie diese Andersartigkeit die Reaktionen der Welt auf sie bestimmen sollte. Das erfuhr sie, als sie in die Schule kam.

»Da ich mit dieser Auffälligkeit aufgewachsen bin«, erzählt sie mir heute mit ironischer und doch sanfter Stimme, »ist meine Geschichte lang und unerfreulich. Ich kenne nichts anderes; es waren 38 Jahre ununterbrochene Scheiße, aber weil es schon so lange geht, komme ich einfach damit klar.«

Es gab keine Freund*innen, keine Pyjamapartys. Die Demütigungen waren so allgegenwärtig, dass sie keine andere Möglichkeit sah, als sie zu ignorieren, so schwer das auch war und immer noch ist.

Wie viele der Menschen, mit denen ich spreche, fand Penny Trost in Märchen – in der Mischung aus Vertrautheit und Zuflucht, dem Versprechen auf ein Happy End und eine Welt, die vielleicht besser werden würde. »Als Kind war ich meistens alleine und beschäftigte mich selbst. […] Ich dachte immer, dass irgendwann alles gut werden würde – wie in den Geschichten: Wenn ich groß bin, hätte ich ein Haus und jemanden, der*die mich liebt. Ich hätte Kinder und wäre eine tolle Mutter. Doch als ich älter wurde, wurde mir klar, dass mein Leben nicht so verlaufen würde. Dass die Ausgrenzungen nicht einfach aufhören, wenn du erwachsen wirst.«

Doch ist es nicht das, was Märchen wie ›Die Schöne und das Biest‹ die Welt lehren? Das Biest ist gerade deshalb so *bestialisch*, weil sein Wesen zu Beginn der Geschichte so furchteinflößend ist. (»Schweig stille, du verwünschter Schwätzer!«, schreit es den Vater der Schönen an, als es den Diebstahl der Rose bemerkt. »Ich brauche weder deine Schmeichelworte noch die Titel, welche du mir gibst. Ich bin kein gnädiger Herr, ich bin das Tier, und du wirst dem Tode, welchen du verdienst, nicht entgehen.«) Erst als es den Wert von Demut und Güte kennenlernt, erhält es seine »wahre« Gestalt zurück, das rechtmäßige Gleichgewicht von innerer und äußerer Erscheinung. Es wird, mit anderen Worten, nur so lange ausgegrenzt, bis es lernt, sich zu benehmen, bis es *durch sein Innerstes schön wird*. Dann heißt man es willkommen und feiert es mit allem, das zu einem Happy End gehört, während man die Schöne für ihre Charakterstärke und ihre Güte lobt, wie sie schon die ganze Zeit über im Märchen gelobt wurde.

Dabei ist sicher nichts inhärent Edles daran, jemanden zu lieben, der*die anders aussieht als die anderen – insbesondere wenn Belle, wie in der ursprünglichen Fassung des Märchens, bald begreift, dass das Tier in Wirklichkeit freundlich und gut ist, und dennoch zögert, es zu heiraten. Warum also diese Betonung auf das edle Opfer der Schönen? Warum diese Betonung, bis heute, auf den »Edelmut« von Männern und Frauen, die Menschen im

Rollstuhl heiraten, Menschen mit fehlenden Gliedmaßen, mit Entstellungen im Gesicht oder anderen äußerlichen – oder innerlichen – Behinderungen?

Eine ganz besondere Gunst. De Villeneuves Schöne willigt zunächst aus Mitleid in die Ehe mit dem Biest ein. Sie findet es vielleicht nicht mehr abstoßend, doch es ist für sie immer noch niedriger als ein Mensch, etwas, so weit unterhalb ihrer eigenen Stellung, dass eine Heirat fast unvorstellbar ist. Die wiederholten Ermahnungen ihres Vaters über die Vorzüge von Charakter und Herz überzeugen sie nicht. »Wie kann ich mich entschließen«, sagt sie, »einen Gatten zu wählen, mit welchem ich keine Unterhaltung führen könnte und dessen Gestalt kein Ersatz wäre für ein amüsantes Gespräch? […] Es steht wahrlich nicht in meinen Kräften, eine solche Ehe zu schließen, und lieber möchte ich mit einem Schlage sterben, als alle Tage vor Angst, Kummer, Widerwillen und Langeweile zu sterben.«

(Ich finde es interessant, dass die Schöne neben seiner körperlichen Erscheinung auch die angebliche »Dummheit« des Tiers und dessen Unfähigkeit, ein anregendes Gespräch zu führen, als Gründe anführt, warum sie seinen Antrag nicht annehmen will – so als gäbe es wirklich nichts, das sein Äußeres aufwiegen könnte. Beim ersten Lesen der Geschichte drängte sich mir der Gedanke auf, dass die Gesellschaft behinderte Menschen in einer unsichtbaren Hierarchie anordnet, in der geistig behinderte noch stärker diskriminiert werden als körperlich behinderte Menschen. Ein Biest zu sein ist eine Sache, aber ein *dummes* Biest ist etwas ganz und gar Abstoßendes.)

Als Belle ins Schloss zurückkehrt und das Tier sterbend vorfindet, als sie es wiederbelebt und seinen Heiratsantrag annimmt, handelt sie nicht aus Liebe, sondern aus Mitleid und Pflichtgefühl. Weil sie erkannt hat, wie gut es zu ihr war, fühlt sie sich schuldig, dass sie etwas anderes gesagt hat. Weit entfernt von dem tränenreichen *Ich liebe dich*, das sie in der animierten (und späteren Realfilm-)Disney-Version des Märchens über dem scheinbar toten Biest schluchzt, zögert Villeneuves Schöne sogar bei der Annahme des Heiratsantrags. »Belle verharrte geraume Zeit, ohne zu antworten, doch als sie endlich ihren Entschluss fasste, sagte sie ihm zitternd: ›Ja, Tier, ich will es wohl.‹«

In dieser Nacht wird Belle von dem unbekannten hübschen Mann aus ihren Träumen besucht, der sich über ihre bevorstehende Heirat mit dem Tier freut. Die Schöne teilt seine Freude keinesfalls, sondern ist *bitter verärgert*, dass er sich so offensichtlich über ihre Hochzeit mit einem Anderen freut – erst als der Unbekannte sich als der Prinz entpuppt, als die wahre Gestalt des Tiers, wird ihr bewusst, was vorgefallen ist. »Wie entzückt war sie, […] aus Pflicht getan zu haben, was sie aus Neigung hätte tun mögen!«

Bezeichnenderweise wird die körperliche Gestalt der Schönen durch diesen mehr als unfreundlichen Aspekt ihres Charakters nicht beeinträchtigt. Stattdessen nehmen wir ihr Verhalten als natürlich hin – eine verständliche Entgleisung, eine vernünftige Reaktion auf die Umstände. *Er war schließlich ein Biest*, könnte man sagen. *Jede*r andere hätte an ihrer Stelle das Gleiche getan.*

In einer späteren, stark gekürzten Fassung des Märchens von der Gouvernante und späteren Schriftstellerin Marie Leprince de Beaumont fehlen der Rüssel und die Fischschuppen des Biests, und es wird schlicht als »schrecklich« beschrieben. Auch hier träumt die Schöne, als sie ihre Familie besucht, von dem sterbenden Biest und macht sich Vorwürfe wegen ihrer ablehnenden Haltung: »Warum wollte ich es nicht heiraten? Ich wäre glücklicher mit ihm als meine Schwestern mit ihren Männern. Weder die Schönheit noch der Geist eines Mannes machen eine Frau glücklich, sondern allein die Güte seines Wesens und seine Tugend. Das Biest hat all diese guten Eigenschaften.« Sie kehrt ins Schloss zurück und findet das Biest sterbend vor – auch hier gießt sie ihm Wasser über den Kopf und es erwacht, woraufhin sie ihm ihre Liebe gesteht und einwilligt, es zu heiraten. Es gibt einen plötzlichen Lichtblitz und Musik, das Biest verschwindet und an seiner Statt erscheint ein hübscher Prinz.

In der Version von de Beaumont fehlt der langatmige Schluss mit Feen und der Enthüllung der königlichen Abstammung der Schönen. Stattdessen erscheint nur die Fee, die das Biest verzaubert hat, und freut sich über dessen Verwandlung. Die Schwestern der Schönen, immer noch eitel und neidisch, werden in Statuen verwandelt und müssen den Eingang zum Palast bewachen, in dem die Schöne und ihr Gemahl leben, »bis ihr eure Fehler erkennt. Aber ich fürchte, ihr werdet für immer Statuen bleiben. Hochmut, Zorn, Völlerei und Trägheit kann man besiegen, aber es bedarf eines Wunders, damit ein böses, neidisches Herz sich wandelt«.

De Beaumont war bekannt für die moralischen Belehrungen, die sie ihren Märchen beifügte. Wie die französischen Feenmärchen, in denen das Weibliche für Veränderung stand, zielte auch ›Die Schöne und das Biest‹ auf ein weibliches Publikum ab. In diesem Fall richtete sich das Märchen vermutlich vor allem an junge Frauen, die in arrangierte Ehen gezwungen wurden. Die Moral von ›Die Schöne und das Biest‹ (»Du wirst ihn schon noch lieben lernen«) war wohl am ehesten als Balsam für die jungen Damen gedacht, die ihrem zukünftigen Leben mit einer gewissen Beklommenheit entgegensahen.

»Dass der Wunsch nach Wohlstand und gesellschaftlichem Aufstieg Eltern dazu verleitet, ihre Töchter an Bestien auszuliefern«, schreibt die Erzählforscherin Maria Tatar in der Einleitung zu ihrer Sammlung *Beauty and the Beast: Classic Tales about Animal Brides and Grooms from Around the World*, »verweist darauf, dass diese Märchen möglicherweise gesellschaftliche Praktiken aus früheren Zeiten abbilden. So manche arrangierte Ehe muss sich für das Mädchen angefühlt haben, als wäre sie an ein Monster gefesselt.«

Doch im achtzehnten Jahrhundert wurde von jungen Frauen ein bestimmtes Verhalten erwartet. Anders als die früheren Fassungen von ›Die Schöne und das Biest‹, die gesellschaftliche Strukturen in Frage stellen und Veränderungen fordern, lobt de Beaumonts Version Häuslichkeit und Fügsamkeit. 1757 wurde ihre Version von de Villeneuves Märchen in eine Sammlung mit dem Titel *Magasin des Enfans* aufgenommen, die, wie Zipes feststellt, »den didaktischen Zweck verfolgte, kleinen Mädchen beizubringen, wie sie sich in verschiedenen Situationen zu verhalten haben«. Und so wandelt sich das Märchen vom Mittel der Subversion zum Bewahrer des Status quo – von Geschichten, die den Unterschieden in der Welt Ausdruck zu geben suchen, zu solchen, die uns dazu drängen, alle nach dem gleichen pastellfarbenen Happy End zu streben.

Von wild und düster zu hell und langweilig. Wo ist da das triumphale Narrativ, selbst wenn die Prinzessin am Ende ihren Prinzen bekommt?

›Das hässliche junge Entlein‹, 1844 erstmals erschienen, gehört zu Hans Christian Andersens bekanntesten Märchen. Es handelt von einem Entlein, das als letztes aus seinem Gelege schlüpft – die Mutter sitzt noch mehrere Tage auf dem größten Ei, nachdem alle anderen Küken längst geschlüpft sind – und dann struppiger und größer als seine Geschwister ist. Die Entenmutter ist bei seinem Anblick zunächst bestürzt, überwindet dann aber ihre Bedenken und bringt alle Küken zum Teich. Als sie sieht, wie schön ihr Jüngstes im Wasser schwimmt, denkt sie: »Es ist mein eigenes Kind. Im Grunde ist es doch hübsch, wenn man es nur recht betrachtet.« So beschützt sie es dann auch, als die anderen Tiere auf dem Bauernhof sich über sein Aussehen lustig machen und es verspotten.

»Es ist vielleicht nicht hübsch«, gibt sie zu, »doch es hat ein gutes Gemüt und schwimmt so herrlich wie eins von den andern, ja, ich darf sagen, noch etwas besser.«

Doch die anderen Tiere piesacken das Entlein erbarmungslos, bis schließlich sogar die Mutter sich wünscht, es wäre nie geboren worden. Und so verlässt das Entlein verzagt den Hof.

Seine Abenteuer sind zahlreich und beschwerlich. Es begegnet anderen Enten und Wildgänsen, später lebt es bei einer alten Frau, deren Katze und einem Huhn. Als das Entlein sich danach sehnt, auf einem Teich zu schwimmen und sich treiben zu lassen, schimpft die Henne über seine Nutzlosigkeit: »Was für ein absurder Gedanke. […] Du hast nichts zu tun, deshalb kommst du auf dumme Gedanken. Wenn du schnurren oder Eier legen könntest, würden sie dir schon vergehen.«

(Weder schön noch nützlich – Aristoteles hätte für das hässliche Entlein wohl auch keine Verwendung gehabt.)

Das Entlein zieht also wieder in die Welt hinaus. Eines

Tages sieht es einen Schwarm prächtiger Vögel am Himmel, die ihm einen Schrei entlocken, »[so laut und sonderbar], dass es sich selbst davor fürchtete. O, es konnte die schönen, die glücklichen Vögel nicht vergessen, und sobald es sie nicht mehr erblickte, tauchte es gerade bis auf den Grund, und als es wieder heraufkam, war es gerade wie außer sich.«

Es wird Winter. Das Entlein friert fast in einem See fest, doch ein Bauer rettet es, nimmt es mit nach Hause und wärmt es am Feuer auf. Die Kinder des Bauern wollen mit dem Entlein spielen, doch aus Angst, dass sie es nur quälen wollen, flieht es. Den Rest des Winters zieht es abseits der Welt durch die Kälte und findet sich schließlich im Frühling in einem Moor wieder. Als es seine Flügel erprobt, stellt es fest, dass sie groß und stark geworden sind, und es erhebt sich hoch in die Lüfte, bis es drei der prächtigen Vögel erspäht, die es im Herbst gesehen hatte.

»Ich will zu ihnen hinfliegen, zu den königlichen Vögeln«, denkt es, »und sie werden mich totschlagen, weil ich, da ich so häßlich bin, mich ihnen zu nähern wage; aber das ist ja gleichviel! Besser, von ihnen getötet, als von den Enten gezwackt, von den Hühnern geschlagen, von dem Mädchen, welches den Hühnerhof hütet, gestoßen zu werden und im Winter Mangel zu leiden.«

Doch die anderen Vögel tun nichts dergleichen. Stattdessen erkennen sie das hässliche Entlein als das, was es wirklich ist: einer von ihnen, nun, da es zu einem prächtigen Schwan herangewachsen ist. Als es sein neues Spiegelbild im See erblickt, wird das ehemalige hässliche Entlein von Staunen über seine eigene Schönheit und zugleich von Demut ergriffen. »Da fühlte er sich beschämt und steckte den Kopf unter seine Flügel; er wußte selbst nicht, was er beginnen sollte, er war allzu glücklich, aber durchaus nicht stolz.« Das Märchen endet damit, dass die älteren Schwäne sich vor dem jungen, prächtigen Schwan verneigen, und der Schwan stößt einen Freudenschrei aus. »Da brausten seine Federn, der schlanke Hals hob sich und aus vollem Herzen jubelte er: ›So viel Glück habe ich mir nicht träumen lassen, als ich noch das häßliche Entlein war!‹«

›Das hässliche junge Entlein‹ ist Hans Christian Andersen in seiner reinsten Form: Der Bauernhof ist die Grausamkeit der Welt und ihrer gesellschaftlichen Gruppen; die Prüfungen des hässlichen Entleins sind die Prüfungen, mittels derer Gott das edle und würdige Individuum läutert. Am Ende des Märchens ist das hässliche Entlein, durch seine Prüfungen in Demut geübt, nicht nur schön, sondern seiner Schönheit und seines Glücks auch würdig. (Es fragt sich bloß, ob es dem Entlein unter Andersens Hand ebenso gut ergangen wäre, wenn es weiblich gewesen wäre.)

›Das hässliche junge Entlein‹ wird oft als eine Art Gegenstück zum ermahnenden Märchen gebraucht, das Menschen – insbesondere jungen Frauen – Hoffnung auf bevorstehende bessere Zeiten macht. Die Bauernhoftiere, die das hässliche Entlein nicht verstehen, sind die Welt, die noch nicht sieht, was jemand vielleicht zu bieten hat; die Schwäne, die das hässliche Entlein schließlich als einen der ihren begrüßen, sind die wahre Gemeinschaft, nach der das Entlein die ganze Zeit gesucht hat. »Es schadet nichts, in einem Entenhofe geboren zu sein, wenn man nur in einem Schwanenei gelegen hat.« Was können dir all die Prüfungen und der schmerzhafte Spott der niederen Vögel noch anhaben, wenn du herausfindest, dass du immer schon ein Schwan warst?

Wir können nicht abstreiten, dass der Schwan am Ende der Geschichte objektiv gesehen schön ist, und war er zu Beginn auch noch so hässlich. In diesem Mangel-Mangelbehebungs-Muster mangelt es zunächst an Schönheit; die Behebung des Mangels am Ende beweist, dass in den Geschichten die Schönheit zu denen kommt, die sie verdienen.

In Wirklichkeit ist das hässliche Entlein jedoch niemals hässlich – sondern die Welt vermittelt ihm nur das Gefühl, hässlich zu sein. Seine eigene Schönheit sieht es erst, als es erkennt, dass es wie andere aussieht. Seine Schmerzen und Qualen verschwinden, sobald es sich in einer Gemeinschaft wiederfindet und sich mit den Augen der anderen sieht.

2018 las ich Maggie O'Farrels *I Am, I Am, I Am: Seventeen Brushes With Death*. In einem Abschnitt über die bleibenden Folgen einer viralen Enzephalitis in der Kindheit finde ich mich in jedem Wort wieder:

> Wenn ich mich nicht konzentriere, stolpere ich oder falle hin. Beim Treppensteigen muss ich auf meine Füße sehen und jede Stufe einzeln bewältigen. Sprecht mich bitte niemals an, wenn ich eine Treppe hoch oder durch eine Tür gehe: Diese Handlungen erfordern meine volle Aufmerksamkeit. Ich werde nie Blinde Kuh spielen, surfen, Absatzschuhe tragen oder auf einem Trampolin springen. […] Ich fürchte mich vor Lesebühnen mit Stufen – bloß nicht hinfallen, schon gar nicht vor Publikum! […] Wenn ich Babys, vor allem Neugeborene, auf Treppen trage, tue ich es wie unsere Vorfahren, die Primaten, indem ich meine freie Hand als zusätzliche Stütze verwende.

(Ich selbst trage keine Babys die Treppen hoch. Ich bezweifle, dass ich mir das jemals zutrauen werde.)

Es hat mir viel bedeutet, Bestärkung von behinderten Menschen an unverhofften Stellen zu finden: von den Schwierigkeiten einer von mir bewunderten Autorin zu lesen und zu erkennen, dass diese auch meine Schwierigkeiten sein könnten; wenn ich von ihren Erfahrungen auf der Bühne höre und mir vorstelle, dass das auch in meiner Zukunft liegen könnte.

Doch wie kann ein Märchen wie ›Das hässliche junge Entlein‹ uns trösten, wenn wir erkennen, dass unsere Leben sich außerhalb der engen Begrenzungen einer Geschichte abspielen? Welchen Zweck hat es, ›Das hässliche junge Entlein‹ einem Kind vorzulesen, dem man wegen einer Behinderung das Gefühl gegeben hat, hässlich zu sein, und das auf der Suche nach Gemeinschaft ist? Bei vielen von uns geht die Behinderung nicht einfach weg. Wir wachsen nicht zu einem objektiv schönen Schwan heran; niemand stapelt für uns einen Matratzenturm, der uns als den Prinzen oder die Prinzessin ausweist, die wir immer sein wollten.

In dem Dreamworks-Film *Shrek* von 2001, dem schon bald der Ruf als freches Anti-Märchen anhing, wird Prinzessin Fiona, die sich dank eines Feenfluchs jede Nacht in einen Oger verwandelt, am Ende des Films durch Shreks Kuss der wahren Liebe befreit. Doch zu ihrer Überraschung verwandelt sich Fiona nicht in die schöne rothaarige Prinzessin, die sie tagsüber war, sondern bleibt ein Oger.

»Ich dachte, ich würde schön sein«, sagt sie verwirrt.

»Aber du *bist* schön«, sagt Shrek, und so bekommen die beiden, von Liebe umgeben, schließlich doch ihr Happy End. Es sollte uns dabei aber nicht entgehen, dass Fiona sich selbst nicht als schön sieht, bevor ihr frischgebackener Ehemann es ihr sagt. Mit ihren unerschütterlichen Schönheitsvorstellungen hat die Welt Fiona und unzähligen anderen Prinzessinnen beigebracht, dass sie, um im Leben erfolgreich zu sein und ihr Happy End zu bekommen, auf eine bestimmte Weise auszusehen haben. Dass sie dieser Vorstellung am Ende nicht entspricht – und dass das Publikum die Geschichte trotzdem glaubt – ist nur möglich, weil ihr Ehemann auf die gleiche Art anders ist. So können sie *gemeinsam* anders sein, und die Welt ist wieder einmal von der Verantwortung entbunden, ihnen so zu begegnen, wie sie sind.

Was wäre wohl aus Shrek und Fiona geworden, wenn Fiona für immer eine menschliche Prinzessin geblieben wäre? Hätte die Welt sich dann auch gewünscht, dass die beiden sich verlieben und ein gemeinsames Leben anfangen? Und das hässliche Entlein – was ist mit ihm? Wenn es die Schwäne nicht gefunden und sich in ihrer Schönheit wiedererkannt hätte, hätte es dann trotzdem sein Glück in der Welt gefunden? Oder wäre es für immer dazu verdammt, sich als Außenseiter zu sehen? Hätte man den Oger Shrek und die menschliche Fiona ausgegrenzt und über sie getuschelt, die menschliche Fiona mit mitleidigen Blicken bedacht?

Gut gemacht, Liebes. Es ist so mutig, *dass du mit ihm zusammen bist, obwohl er so aussieht.*

Was für eine herzerwärmende Geschichte.

Bei Shrek, in den Zeitungsberichten, in denen eine Braut im Rollstuhl zum Altar fährt und dann stolz vor ihrem Ehemann aufsteht; in der Geschichte von der Frau, die zu ihrem Mann steht, nachdem er durch einen Brand entstellt wurde; bei dem Mann, der sich in eine Frau mit Muskeldystrophie verliebt.

Ihr seid so gut, weil ihr sie liebt. Das Biest, Shrek, das hässliche Entlein, der spätere Schwan. Die Frau im Rollstuhl, der Mann mit der Maske. *Ich könnte das nicht.*

Und wenn du *es tust, heißt das auch, dass ich es nicht muss.*

In ihrem Essay »What the World Gets Wrong About My Quadriplegic Husband and Me« (»Wie die Welt meinen querschnittsgelähmten Mann und mich missversteht«), der im Dezember 2017 bei *Catapult* erschien, berichtet die Autorin Laura Dorwart von ihrem Leben mit ihrem Mann Jason, der querschnittsgelähmt ist und einen Rollstuhl nutzt. »Wie hältst du das aus?« und »Das ist bestimmt furchtbar«, wurde ihr gesagt. »Es tut mir leid, dass du das jeden Tag aushalten musst. Ich kann mir das nicht einmal vorstellen.«

Als ich diese und andere Sprüche lese, die sie und Jason sich täglich anhören müssen, wird mir bewusst, dass die Leute, die sie so bemitleiden, unwissentlich die tiefste aller Wahrheiten zum Ausdruck bringen: Sie *können* sich ein solches Leben *nicht* vorstellen. Denn die Unfähigkeit, sich ein Happy End außerhalb der Grenzen des Märchens vorzustellen, ist genau das: ein Mangel an Vorstellungskraft.

»Der Rollstuhl«, schreibt sie, »dieser ewige Beschwörer öffentlicher Gefühle – Angst, Mitleid, Inspiration – ist die Achse, um die sich jedes uns zugeschriebene Narrativ dreht. Ob wir es wollen oder nicht, ist der Rollstuhl Protagonist, Antagonist und alles dazwischen.«

Der Rollstuhl treibt hier das Narrativ an wie die angebliche Hässlichkeit des Biests und des hässlichen Entleins. Gefangen in ihren Vorstellungen von Andersartigkeit ist die Gesellschaft unfähig, zu sehen, wie in einem solchen Leben Glück möglich sein kann. Deshalb verlagert sich der Blick auf die Heilung: auf eine Welt ohne Rollstühle; eine Welt, in der Schönheit einem vorgeschriebenen, vorhersehbaren Muster folgt. Etwas anderes können wir uns nicht vorstellen.

»Wenn ich nachts wachliege«, schreibt Dorwart, »ich schwöre bei Gott, dann denke ich nicht an Wunderheilungen und Erlösung. Ich träume von Rampen. Rampen, die zu Duschen und Häusern und Wasserfällen führen, zu Geisterbahnen und Zügen, zu Vorstellungsgesprächen und zum Capitol Hill. […] In meinen Träumen haben Kellnerinnen und Flugbegleiter keine Scheu. Ärztinnen hören zu. In meinen Träumen sehe ich ihn nicht laufen. Ich sehe, dass er nicht mehr verletzt wird.«

Mit anderen Worten: Nicht jede*r träumt von persönlicher Verwandlung als Happy End.

Sondern wir finden unsere Lichtpunkte in anderen, die vielleicht so aussehen wie wir, oder die wie wir schon einmal auf der Treppe gestolpert sind und dabei eine volle Kanne Tee verschüttet haben. Und gemeinsam träumen wir von der Verwandlung der Welt.

2018 wurde in Großbritannien die Kampagne ›I Am Not Your Villain‹ [›Ich bin nicht dein Bösewicht‹] von Changing Faces, der wichtigsten britischen Organisation für Menschen mit auffälligen Gesichtern, initiiert. Ihr Ziel ist es, das Bewusstsein für die Verwendung von Narben, Entstellungen und anderen Auffälligkeiten als Chiffre für Bösartigkeit im Fernsehen, in Filmen und anderen Erzählformaten zu schärfen.

Denken wir an Scar aus dem *König der Löwen*. An den Joker (und Two-Face) aus der *Batman*-Reihe. Denken wir an Red Skull in *Captain America*. Dr. Poison in *Wonder Woman*, die böse Königin in *Schneewittchen*, die sich als alte Hexe verkleidet. Denken wir an die James-Bond-Schurken (seit Daniel Craig 2006 die Rolle übernahm, hatten drei der vier Bond-Schurken Narben im Gesicht). An Darth Vader in *Star Wars*, an Al Pacino als Scarface.

Freddy Krüger. Richard Harrow in *Boardwalk Empire*. Wade Wilson in *Deadpool*. Snake Eyes in der *G.I.-Joe*-Reihe. Gregor und Sandor Clegance in *Game of Thrones*. Leatherface in *Das Kettensägenmassaker*.

Denken wir an Voldemort in den *Harry Potter*-Büchern und -Filmen, und dann an diese Statistik vom November 2018 auf der Website von Changing Faces:

> – Weniger als ein Drittel der befragten Kinder sagten, sie würden mit einem Kind mit deutlichen Auffälligkeiten befreundet sein
> – Fast die Hälfte aller Kinder mit deutlichen Auffälligkeiten werden in der Schule gemobbt
> – Die Hälfte der jungen Menschen gibt an, bereits negatives Verhalten gegenüber einer Person mit deutlichen Auffälligkeiten beobachtet zu haben

Einen Monat nach dem Start der Kampagne ›I Am Not Your Villain‹ kündigte das British Film Institute an, nicht länger Filme fördern zu wollen, in denen die Bösen Entstellungen im Gesicht oder Narben haben. Die Entscheidung wurde von Changing Faces und anderen begrüßt.

»Es liegt in der Macht der Filmindustrie, die Öffentlichkeit mit ihrer Repräsentation von Diversität zu beeinflussen«, sagte Becky Hewitt, die Geschäftsführerin von Changing Faces, dem *Telegraph* im November 2018, »und dennoch werden Narben und abweichendes Aussehen im Film zu oft als Chiffre für Bösartigkeit genutzt.«

»Es könnte eine Prinzessin mit einer Narbe geben«, sagt eine der jungen Sprecherinnen in dem Kampagnenvideo von ›I Am Not Your Villain‹.

»Die Person, die gerettet wird, könnte ein Muttermal oder so haben, und nichts wäre anders [an ihnen].«

»Wenn wir Menschen mit sichtbaren Auffälligkeiten als

Böse und nicht als Held*innen zeigen«, sagt eine andere, »dann entsteht das Klischee, dass Menschen, die anders sind, gruselig oder gemein sein können. […] Damit aufzuwachsen ist beängstigend, weil du nie jemanden wie dich siehst, jemanden, die vielleicht anders ist, als Heldin siehst.«

Stellt euch vor, was für eine andere Welt wir schaffen könnten, wenn auch unsere Held*innen anders aussehen würden.

In ›Hans Dumm‹, einem weiteren Märchen der Brüder Grimm, bringt die einzige Tochter eines Königs unerklärlicherweise einen Jungen zur Welt. Niemand weiß, wer der Vater ist. Schließlich befiehlt der König, dass man das Kind in die Kirche bringt und ihm eine Zitrone gibt. Wem das Kind die Zitrone reicht, soll der Vater des Kindes sein und die Prinzessin heiraten. Der Vater ordnet an, dass nur hochgeborene Menschen in die Kirche gelassen werden.

Doch Hans Dumm, ein »kleiner, schiefer und buckelichter Bursch«, der in der Stadt lebt und »nicht recht klug« ist, hört von der Veranstaltung und macht sich auf den Weg in die Kirche. Er drängelt sich in der Schlange vor und erhält die Zitrone von dem Kind. Gekränkt lässt der König seine Tochter, Hans Dumm und das Baby in eine Tonne stecken und ins Meer werfen.

Die Prinzessin ist verzweifelt über ihr Unglück und beschimpft Hans Dumm, der ihr sein Geheimnis verrät: Vor einer Weile hatte er sich gewünscht, sie möge ein Kind bekommen, und er hat die geheime Macht, alle seine Wünsche wahr werden zu lassen.

»Nun, wenn das wahr ist«, sagt die Prinzessin, »dann wünsch uns doch etwas zu essen herbei.« Hans Dumm gehorcht; nachdem sie die Kartoffeln gegessen haben, wünscht sich Hans noch drei weitere Dinge: ein Schiff, ein prächtiges Schloss und dass er selbst sich in einen klugen und schönen Prinzen verwandelt. Die Wünsche erfüllen sich und die Prinzessin findet so viel Gefallen an ihm, dass sie seine Frau wird.

So leben Hans und die Prinzessin einige Jahre in dem Schloss. Irgendwann verirrt sich der Vater der Prinzessin auf der Jagd zu ihnen. Die Prinzessin, die ihn erkennt, nimmt ihn höflich auf. (Der König erkennt seine Tochter nicht, da er glaubt, sie sei vor vielen Jahren mit der Tonne ertrunken.) Als der König wieder aufbrechen will, steckt sie ihm heimlich einen goldenen Becher in die Tasche und schickt ihm dann einige Wachen hinterher, die ihn festnehmen und zurückbringen. Der König schwört, dass er nicht weiß, wie der Becher in seine Tasche gelangt ist.

»Darum«, sagt die Prinzessin, »muß man sich hüten, jemand gleich für schuldig zu halten.« Sie gibt sich als seine Tochter zu erkennen und die Familie freut sich gemeinsam. Happy Ends, wohin man nur schaut.

Doch wieder einmal lernt die Prinzessin ihre Lektion erst nach Hans Dumms Verwandlung. Es ist leichter für sie, im Angesicht von Schönheit und Klugheit freundlich und gutherzig zu sein, als sich eine Zukunft mit einem Mann vorzustellen, wie Hans am Anfang des Märchens einer war. Hans Dumms Behinderungen sind insofern nützlich, als sie sowohl der Prinzessin als auch ihrem Vater eine Lektion erteilen – doch sobald die Lektion erteilt ist, braucht es auch die Behinderung nicht mehr.

Doch bestimmt ist Hans Dumms Leben mehr wert als nur dazu, andere zu belehren. Was ist mit seinen geheimen Hoffnungen und Träumen? Was ist mit all den anderen, die das Leben von Hans Dumm führen, ohne jedoch seine Wunschmacht zu besitzen?

Was ist mit denen?

Zum Abschluss der High School bekam Penny Loker von ihrer Schwester eine Pediküre und Maniküre spendiert. Als sie aus dem Salon kam, fühlte sie sich zum ersten Mal in ihrem Leben schön – bis auf dem Heimweg eine vorbeifahrende Gruppe Jungen ihren Wagen verlangsamte, nur um sie zu verhöhnen.

»Die hübschen Nägel spielten überhaupt keine Rolle«, erinnert sie sich 2013 in einem Interview mit CNN. »Ich war beschämt und gedemütigt, und mir wurde klar, dass ich immer noch das Mädchen bin, über das sich alle lustig machen. Es war einer der schlimmsten Tage für mich.«

Heute ist sie sowohl pragmatisch als auch ehrlich, wenn es um ihren Weg in der Welt geht. »Dass sie mich anstarren, auslachen und mit dem Finger auf mich zeigen, all das wird mit zunehmendem Alter nicht leichter«, erzählt sie mir. »Wenn überhaupt, wird es eher schwerer. Ich merke, dass ich den Leuten ihre Neugier weniger nachsehe, und finde nicht, dass ich dafür da bin, anderen etwas beizubringen.« In ihrem Videoblog auf YouTube spricht sie offen darüber, was es heißt, mit dem Bewusstsein durch die Welt zu gehen, dass die Gesellschaft sie anders betrachtet – dass die Erwartungen an jemanden mit »normalem« Aussehen sich in vielerlei Hinsicht von den gesellschaftlichen Erwartungen an die unterscheiden, deren Äußeres anders ist.

Jedes Mal, wenn Entstellung im Film oder im Fernsehen auftaucht – und das passiert ständig –, ist Penny frustriert darüber, wie diese Darstellungen ein in Wirklichkeit so komplexes Phänomen vereinfachen. »Oberflächlich gesehen erzählen wir jungen Menschen, dass sie als Ganzes nicht gut genug sein werden, solange sie sich nicht ändern, um beliebter zu werden« – das heißt, körperlich attraktiver, oder sogar, wie im Fall des Biests, emotional zugänglicher. »Veränderung kann auch gut sein, […] aber wir müssen neue Wege finden, um das in seiner ganzen Komplexität zu zeigen. In ›Die Schöne und das Biest‹ ist es so weit vereinfacht, dass ›hässlich‹ böse ist und ›gut‹ hübsch – dabei wissen wir alle, dass es in der Welt nicht so läuft.«

»Gefühle in bezug auf das Böse«, schreibt Susan Sontag in *Krankheit als Metapher*, »werden auf eine Krankheit projiziert. Und die Krankheit wird (solchermaßen mit Bedeutung aufgeladen) auf die Welt projiziert.« Wie mit der Krankheit verhält es sich auch mit Behinderung. Die Gesellschaft verknüpft die Vorstellung von Schwäche mit der Unfähigkeit, zu gehen; jemanden, der*die nicht-lautsprachlich kommuniziert, mit verminderter intellektueller Fähigkeit (keine Sprachfähigkeit = keine Kommunikation = kein *Verständnis* von Kommunikation); in der westlichen Kultur, die Schönheit und Jugend verehrt, verknüpfen wir Entstellung, schwindende Schönheit und Alter mit etwas, das es zu fürchten, bemitleiden und um jeden Preis zu meiden gilt, damit *wir uns nicht anstecken.*

Über die Existenz von sichtbaren und unsichtbaren Behinderungen hinaus ist das *Konzept* von Behinderung insofern sichtbar und zugleich unsichtbar, als es unser bewusstes Sehen beeinflusst. Das Wissen um eine Behinderung bereitet vielen nichtbehinderten Menschen Unbehagen, und ihre Bewältigungsstrategie besteht darin, die damit verbundenen Komplikationen zu ignorieren. Die Ideologie unserer Welt und unserer generationenalten Geschichten verlangt, dass alle möglichst den idealen Körpernormen entsprechen – somit sind viele Geschichten um das Thema Behinderung oft starr und unnachgiebig, weil sie die Anforderungen unserer Gesellschaftsstruktur abbilden.

In dieser Struktur darf die Märchenprinzessin keinen Rollstuhl haben, denn das würde bedeuten, dass sie schwach ist. Sie kann kein auffälliges Gesicht haben, weil sie damit im besten Fall eine Ausgestoßene wäre, und im schlimmsten Fall böse. Ebenso darf der Märchenprinz nicht anders sein als stark – entweder körperlich, wie Prinz Eric in ›Die kleine Meerjungfrau‹ oder Prinz Phillip in ›Dornröschen‹, oder sogar emotional und intellektuell, wie etwa Aladdin.

Wie die Strukturen, gegen die Hans Christian Andersen ankämpfte, sind diese Narrative so fest in unserer Gesellschaft verwurzelt, dass sie beinahe unzerstörbar sind. Hässlich ist böse und hübsch ist gut – es ist einfacher, daran zu glauben, als den Blick auf uns zurück zu richten und uns zu fragen, warum wir das überhaupt denken.

»Attentäter von Christchurch wurde als Kind gemobbt, weil er ›pummelig‹ war – deshalb wandte er sich brutalen Videospielen zu und setzte eine Abwärtsspirale in Gang.« So lautete eine Schlagzeile der *Daily Mail Australia* einige Tage nach dem Massaker in einer Moschee in Neuseeland, bei der 2019 fünfzig Menschen erschossen wurden.

Er war hässlich und wurde gemobbt, deshalb wurde er böse.

»Ich habe mein ganzes Leben lang so ausgesehen«, sagt Penny. »*Deshalb* Amok zu laufen, um Schmerz und Leid zu verbreiten, ist mir noch nie in den Sinn gekommen.«

Aber unsere Geschichten erzählten es so. Unsere Geschichten erzählen es *noch*.

Durch die Geschichten wird es wahr.

Im Herbst 2013, als mein erster Roman erschienen und die dazugehörige Lesereise beendet war, kehrte ich zurück in meine Heimatstadt und in mein kleines, stilles Leben. Zwei Jahre zuvor hatte ich in Schottland meinen Master-Abschluss gemacht und war nach Kanada zurückgekommen. Mein ursprünglicher Plan, mein Happy End, hatte vorgesehen, nach Großbritannien überzusiedeln und dort für immer zu leben; auch wenn ich mich damit abgefunden hatte, dass ich nicht Prinz William heiraten und in einem Schloss leben würde – seufz –, hatte ich mir doch in den Kopf gesetzt, mir ein Leben in Übersee aufzubauen, weit weg von der Welt, in der ich aufgewachsen war. Ich liebte die Romantik von Edinburgh, wo ich nach meinem Schulabschluss hingezogen war; ich liebte die hügelige Erhabenheit der schottischen Moore; ich liebte die Einsamkeit der Inseln und das tiefe, durchdringende Wesen des wilden und unberechenbaren Wetters, so sehr ich auch unter dem Regen litt.

Was ich erst begriff, als mir das Geld ausging und ich wieder nach Hause zog, war, dass ich auch die Befreiung von meiner Kindheit geliebt hatte, die mir das Leben in Übersee ermöglichte: den Abstand von meinen Erinnerungen an das Mobbing in der Schule – und, obwohl ich es damals nicht erkannte, von meinem Leben als behinderte Frau. Aus der Ferne konnte ich die kleine Amanda, die mit einem Rollstuhl und mit Gehhilfen aufgewachsen war, die durch die Schule hinkte, als eine ganz und gar andere Person behandeln, auch wenn dieselbe Person immer noch durch die gepflasterten Straßen von Edinburgh hinkte.

Behinderte Menschen, so der unausgesprochene Gedanke in meinem Kopf, zogen nicht nach Übersee. Behinderte Menschen bauten sich kein eigenes Leben fern der Heimat auf. Ich hatte das getan; also war ich nicht behindert.

(Ableismus ist etwas, das wir von klein auf verinnerlichen. Er sickert überall ein. Ich brauchte viele Jahre, um das zu erkennen, und noch einmal so lange, um zu verstehen, wie er seinen Weg in mein eigenes Leben gefunden hatte.)

Doch als ich nach Hause kam und mich in den Straßen meiner Kindheit wiederfand, war das Gefühl des *Rückschritts* unentrinnbar. Ich hatte gedacht, ich könnte die Kämpfe meiner Kindheit überwinden, indem ich wegziehe und *etwas erreiche*, aber irgendwie hatte das nicht geklappt; ich dachte, es würde sich etwas ändern, wenn ich einen Roman veröffentliche, doch es änderte sich nichts. Die Rückkehr fühlte sich wie die düsterste aller Niederlagen an. Es war schwer, Arbeit als Autorin zu finden, und so arbeitete ich einige Jahre in genau dem Krankenhaus, in dem ich etwas über zwanzig Jahre zuvor meinen Gips bekommen hatte. Zuerst arbeitete ich im Blutlabor, wo ich Daten aus Blutuntersuchungen in den Computer eingab. Nach einigen Monaten wechselte ich in die Notfallpsychiatrie, wo ich Patient*innen bei ihrer Ankunft in ihre Zimmer brachte und die Tür bewachte, damit sie nicht fliehen konnten.

In der Notaufnahme, auf dem gegenüberliegenden Flur, arbeitete das Mädchen, das in der Schule das Mobbing gegen mich angeführt hatte, als Krankenschwester. Hin und wieder kam sie auf unsere Station und erkundigte sich nach einem*r Patient*in. Immer grüßte sie und lächelte, und ich grüßte ebenfalls und lächelte zurück.

Komm, sagte ich mir, *wir sind jetzt beide erwachsen. Wir sind beide nicht mehr dieselben wie damals in der Schule.*

Doch jedes Mal, wenn ich von der Arbeit im Krankenhaus nach Hause ging, war ich wütend – eine langsam schleichende Wut, die sich in spontanen Tränenausbrüchen auf dem Laufband äußerte oder darin, dass ich an meinen freien Tagen aufwachte und beschloss, im Bett liegen zu bleiben. So wurde es Winter und wieder Frühling, und die Wut verschmolz mit einer Verzweiflung, die sich ihren Weg in mein Herz und meine Brust bahnte, wie die Ranken, die an Dornröschens Schloss emporwuchsen. Ich hörte auf zu schreiben. Ich hatte eine Affäre; ich weinte auf der Toilette im Krankenhaus, zu Hause in meinem Badezimmer und auf dem langen, einsamen Fußweg zur Arbeit und zurück.

Ich schlief, ging zur Arbeit, aus 2014 wurde 2015, aus dem Winter wurde Frühling und dann wieder Sommer. Jeden Tag wachte ich auf und wünschte, ich wäre tot. Ich dachte darüber nach, mich vor ein Auto zu werfen oder meine Migränetabletten zu horten und eines Tages für immer einzuschlafen. Ich stand auf und ging zur Arbeit, weil ich keine andere Wahl hatte; ich sagte mir, ich würde arbeiten, bis ich meinen Studienkredit abbezahlt hätte, damit meine Eltern als Mitunterzeichnende nicht auf den Schulden sitzen bleiben, und dann würde ich eine Möglichkeit finden, zu verschwinden.

Es wäre keine große Sache, dachte ich mir. Ich lebte inzwischen alleine, und meine Eltern und Geschwister hatten alle ihr eigenes Leben. Ich traf meine Freund*innen, wenn ich es schaffte, doch ich wusste, wenn ich nicht da wäre, würden sie mehr oder weniger genauso weiterleben. Ich würde nichts mehr schreiben oder veröffentlichen, doch soweit ich das beurteilen konnte, hatte ich bis zu diesem Zeitpunkt nichts wirklich Bedeutendes geschrieben. Ich hatte versucht, die Welt meiner Kindheit hinter mir zu lassen, und war gescheitert. Da war ich also, zurück in meiner Heimatstadt, obwohl ich mehr als ein Jahrzehnt lang versucht hatte, so weit wie möglich von ihr wegzukommen. Nichts, das ich schreiben könnte, würde je darüber hinausgehen, über diese Grenzen. Was machte es also, wenn ich tot wäre und nicht mehr schreiben würde?

Es machte nichts, sagte ich mir. Es machte überhaupt nichts.

7
Die Wüstenei

In dem Grimm-Märchen ›Rapunzel‹ überredet eine Frau, von Schwangerschaftsgelüsten heimgesucht, ihren Mann dazu, ihr aus dem Garten der benachbarten Zauberin etwas Rapunzelsalat zu stehlen. Die Zauberin ertappt den Mann auf frischer Tat und verlangt als Wiedergutmachung das erstgeborene Kind des Paars. Sobald das Kind, eine Tochter, geboren wird, nimmt die Zauberin sie mit und gibt ihr den Namen Rapunzel. Sie wird bald das »schönste Kind unter der Sonne«. Als Rapunzel zwölf Jahre alt wird, sperrt die Zauberin sie in einen Turm, wo sie in den folgenden Jahren zu einer jungen Frau heranwächst.

Eines Tages kommt ein Prinz am Turm vorbei und hört Rapunzel singen. Von ihrer geheimnisvollen Stimme betört, kehrt er bei Tag und Nacht zurück, bis er einmal beobachtet, wie die Zauberin, Frau Gothel, auf einer Leiter aus Haaren in den Turm hinaufklettert, nachdem sie *Rapunzel, Rapunzel, lass dein Haar herunter* gerufen hat. Als die Zauberin gegangen ist, wiederholt der Prinz diese Worte und klettert ebenfalls hinauf. Rapunzel ist zunächst überrascht, findet dann aber Gefallen an dem Prinzen und erlaubt ihm, sie regelmäßig in ihrem Turm zu besuchen.

(In der siebten Ausgabe des Märchens von 1857 bittet Rapunzel den Prinzen, bei jedem seiner Besuche einen Strang Seide mitzubringen, weil sie daraus eine Leiter flechten will. Ich finde es unendlich interessant, dass der Prinz nicht einfach ein Seil mitbringt, um das Mädchen zu retten – und offenbar auch nicht am Hof von ihrer Gefangenschaft berichtet und mit einer Armee im Gefolge den Turm stürmt. Besser, sie bleibt im Turm – eingehegt, besonders. Solange sie dort ist, existiert sie *nur für ihn*.)

Bald entdeckt die Zauberin jedoch die Täuschung. (In der Fassung von 1812 wird Rapunzel schwanger und fragt die Zauberin unbedarft, warum ihre Kleider immer enger werden; in späteren, von Wilhelm Grimm überarbeiteten Versionen kommt der Verrat ans Licht, weil Rapunzel die Zauberin arglos fragt, warum es so viel schwerer ist, sie den Turm hochzuziehen als den Prinzen.) Voller Wut schneidet die Zauberin Rapunzel die Haare ab und bringt sie »in eine Wüstenei […], wo sie in großem Jammer und Elend leben musste«. Dann kehrt die Zauberin in den Turm zurück und hängt Rapunzels Zöpfe aus dem Fenster, um den Prinzen herbeizulocken. Als der Prinz hinaufklettert und dort die Zauberin vorfindet, teilt sie ihm mit, dass er Rapunzel nie wiedersehen wird. Verzweifelt springt der Prinz aus dem Fenster. Er überlebt, fällt jedoch in einen Dornenbusch, der ihm die Augen zersticht und ihn erblinden lässt.

In der Ausgabe letzter Hand der *KHM* von 1837 heißt es, der Prinz »[irrte blind] im Walde umher, aß nichts als Wurzeln und Beeren, und tat nichts als jammern und weinen über den Verlust seiner liebsten Frau«.

(»seiner liebsten Frau«: Interessanterweise findet sich trotz Wilhelm Grimms religiös geprägten Überarbeitungen kein Hinweis darauf, wann und wie Rapunzel und der Prinz eigentlich geheiratet haben.)

> So wanderte er einige Jahre im Elend umher und geriet endlich in die Wüstenei, wo Rapunzel mit den Zwillingen, die sie geboren hatte, einem Knaben und Mädchen, kümmerlich lebte. Er vernahm eine Stimme, und sie deuchte ihn so bekannt; da ging er darauf zu, und wie er herankam, erkannte ihn Rapunzel und fiel ihm um den Hals und weinte. Zwei von ihren Tränen aber benetzten seine Augen, da wurden sie wieder klar, und er konnte damit sehen wie sonst. Er führte sie in sein Reich, wo er mit Freude empfangen ward, und sie lebten noch lange glücklich und vergnügt.

Ich bin fasziniert von dieser *Wüstenei*. Ich war dort. Ich kenne ihre Senken und Mulden, ihre karge Baumlosigkeit. Was tat Rapunzel all die Jahre, in denen sie die stoppeligen Hügel durchwanderte? Wachte sie jeden Morgen auf und wünschte sich ihr Leben fort, wie ich? Fütterte sie ihre Zwillinge und ersehnte sich nichts mehr, als dass ein Sturm oder eine Seuche käme, um sie fortzunehmen? Und der Prinz – was wünschte er sich, als er umherstolperte und sich von Wurzeln und Beeren ernährte? Dachte er sehnsüchtig an das Leben, das er einst hatte, und an die Träume, die er vielleicht mit dem goldhaarigen Mädchen im Turm gehegt hatte? Hat er sie verflucht? Schrie er *Das ist ungerecht*?

In der Märchenwelt vergeht die Zeit wie ein Wimpernschlag. Doch sie kann auch ewig dauern, so wie hundert Jahre ganze Generationen umspannen. (In Charles Perraults ›Dornröschen‹-Version, ›Die schlafende Schöne‹, wacht die Prinzessin nach hundert Jahren in einer Welt auf, in der die Mode sich weiterentwickelt hat und sie selbst hoffnungslos unmodern ist. Der Prinz »sagte ihr freilich nicht, daß sie wie zu Großmutters Zeiten gekleidet wäre und noch einen hohen steif stehenden Kragen trüge«.)

Im Sommer 2015, im tiefsten Tal meiner Depression, schien mir die Zeit endlos und zugleich unmittelbar – jeder einzelne Augenblick kristallin und elektrisch und dabei irgendwie gedämpft, jeder exakt wie der Augenblick davor und der Augenblick, der ihm folgen würde. Es gibt für diesen Bewusstseinsnebel Fachausdrücke, doch ich möchte den Zustand magisch nennen – nie zuvor habe ich mich so gefangen gefühlt von etwas, das kein Gefängnis war, das nichts anderes war als mein eigenes Leben. Es fühlte sich an wie Zauberei, wie ein Fluch, der über mein Leben gekommen war, so wie das Elend aus den Händen der Zauberin über Rapunzel und ihre Zwillinge gekommen war.

Im sechzehnten Jahrhundert, als Giambattista Basile ›Sonne, Mond und Thalia‹ schrieb, die erste uns bekannte Version von ›Dornröschen‹, war Depression etwas Unbekanntes, so mysteriös und magisch wie die Sterne im fernen All. In Basiles Märchen sticht sich Thalia, die Tochter eines adligen Gutsbesitzers, den Finger an einer Flachsfaser und fällt in einen Schlaf, aus dem sie niemand aufwecken kann. Ihr Vater legt sie im Saal auf eine Bahre und verlässt das Anwesen. Einige Jahre später stößt der König beim Jagen zufällig auf das Schloss im Wald. Thalia schläft definitiv, als er sie das erste Mal sieht und »die Früchte der Liebe [pflückt]«. Sie wacht erst auf, als sie neun Monate später Zwillinge gebiert, die ihr von zwei wohlmeinenden Feen an die Brust gelegt werden.

Mit keinem Wort wird in dieser ursprünglichen Erzählung das Ungeheuerliche dieses Vorfalls angesprochen – die Tatsache, dass der König so von Verlangen überwältigt ist, dass er das schlafende bzw. bewusstlose Mädchen vergewaltigt. Dann verlässt er das Schloss und vergisst sie (»woselbst er lange Zeit an diesen Vorfall nicht mehr dachte«), nur um sich Monate später wieder an sie zu erinnern und sie bei seinem nächsten Besuch im Schloss mit ihren Kindern vorzufinden. Vermutlich kommt der König, der von der Geburt der Kinder nichts weiß, wieder, um Thalia erneut zu vergewaltigen. Dabei verschwendet er keinen Gedanken an sie, sondern denkt nur an seine eigenen Bedürfnisse. Wie die Figur Stefan in dem Disney-Film *Maleficent* einige Jahrhunderte später interessiert sich der König einzig und allein für seine eigene Lust und deren Befriedigung.

Ich finde es – auf schreckliche Weise – faszinierend, dass der Übergriff bei beiden Figuren ähnlich verläuft: Sowohl Thalia als auch Maleficent werden betäubt – die eine durch Zauberei, die andere durch einen Zaubertrank – und ihnen wird etwas genommen: Thalia ihre (vermutliche) Jungfräulichkeit, Maleficent ihre Flügel. Thalia wird vergewaltigt, weil sie schläft und der König es nicht für nötig hält, ihre Zustimmung einzuholen, Maleficent wird beraubt, weil Stefan ihre Flügel als Trophäe haben will. In beiden Fällen werden die Frauen als *Andere* betrachtet, und ihre Eigentümlichkeiten als Beute, die man sich einfach nehmen kann.

Insbesondere fällt mir auf, dass – wie Errol Kerr schon bemerkte (vgl. viertes Kapitel) – der Raub von Maleficents spezifischer Form von Mobilität einen Eingriff darstellt, mit dem viele behinderte Menschen sich identifizieren können. Indem er Maleficent die Flügel abschneidet, nimmt Stefan ihr das, was sie zu Maleficent macht – sie bewegt sich nicht wie andere Geschöpfe, doch ist sie nun durch die Machenschaften eines anderen dazu gezwungen. Sie wird als *anders* angesehen, als weniger menschlich, und damit rechtfertigt Stefan den Raub ihrer Flügel. Und auch wenn wir das im Film als etwas Schreckliches begreifen, verstehen viele Menschen vielleicht nicht, dass die Entfernung von Mobilitätshilfen, die viele behinderte Menschen täglich erleben müssen – sei es durch kulturellen Druck oder anderweitig –, auf das Gleiche hinausläuft. Wie Maleficents Flügel kann ein Rollstuhl integraler Bestandteil des Alltags einer behinderten Person sein. Er prägt, wie die Person sich bewegt und wie sie die Welt sieht. Indem man sie zum Laufen ermutigt (oder zwingt), nimmt man ihr einen bedeutenden Teil dessen, was sie ist.

Und doch sehen wir Mobilitätshilfen und andere Hilfsmittel für behinderte Menschen traditionell nicht auf diese Weise, ebenso wenig wie wir als Gesellschaft die fragwürdigen (oder geradezu grauenvollen) Elemente in den älteren Fassungen unserer Lieblingsmärchen missbilligen. Stattdessen gilt die Entfernung von Mobilitätshilfen und die »Wiederherstellung« des Normkörpers als Happy End, ähnlich wie ›Sonne, Mond und Thalia‹ mit zwei Zeilen schließt, in denen die Vergewaltigung des Mädchens als letzten Endes völlig lohnenswert dargestellt wird: *»Wem der Himmel wohlwill / dem gibt er das Glück im Schlafe.«*

Ungeachtet der Vergewaltigung ist Thalia in dieser Geschichte wahrscheinlich nicht depressiv; es ist ebenso unwahrscheinlich, dass sie das Kleine-Levin-Syndrom hat, eine Erkrankung, bei der Betroffene lange Phasen mit erheblich verlängertem Schlafbedürfnis erleben. Basile arbeitete mit Zauberei, nicht mit Krankheiten. Doch die Tatsache, dass das Kleine-Levin-Syndrom umgangssprachlich auch als »Dornröschen-Syndrom« bekannt ist, zeigt, wie eng unsere Vorstellungen von Märchen und Behinderung miteinander verflochten sind. Es war einmal, dass wir mit Geschichten die Behinderungen erklärten, die wir nicht kannten. Heute verstehen wir zwar die Behinderungen, erklären uns aber mit Geschichten, was die medizinische Terminologie nicht vermag. Auch wenn viele in der westlichen Welt vielleicht nicht wissen, was Narkolepsie ist, haben die meisten wahrscheinlich schon von Rip Van Winkle gehört – oder von Dornröschen, Aschenputtel, Rapunzel und all den anderen Geschichten, die tief in uns verwurzelt sind.

Kelly Aiello findet, dass psychische Krankheiten im Märchen viel zu oft negativ repräsentiert werden.

»Viele der Märchenschurk*innen würden wahrscheinlich in die Kategorie Persönlichkeitsstörung im *DSM-5* fallen«, erzählt sie mir. Das *DSM*, der diagnostische und statistische Leitfaden psychischer Störungen, wird von der American Psychiatric Association erstellt, um psychische Störungen zu klassifizieren (die fünfte Ausgabe erschien 2013). »Dass Persönlichkeitsstörungen somit als böse charakterisiert würden, ist schon an sich problematisch.«

Kelly lebt in Toronto und arbeitet als Autorin und Redakteurin. 2018 war sie Mitbegründerin von *Alt-Minds*, einem Online- und Print-Magazin für Prosa, Sachtexte und Lyrik rund um das Thema psychische Gesundheit. Die Frage, wie wir Geschichten erzählen – und wie wir mit diesen Geschichten insbesondere psychische Erkrankungen stigmatisieren und isolieren –, ist für Kelly unauflöslich mit unserer Auffassung von Krankheit verbunden.

»Wenn wir uns [im *DSM*] die Kriterien für Persönlichkeitsstörungen anschauen«, sagt sie, »dann wird dort eigentlich jedes Verhalten pathologisiert, das nicht als gesellschaftsfähig gilt.«

In einer Studie aus dem Jahr 2007 über geschlechtsspezifische Vorurteile bei den diagnostischen Kriterien für das DSM stellten die Autor*innen der Studie fest, dass die geltenden Kriterien für Persönlichkeitsstörungen im *DSM* »stereotype weibliche Charaktereigenschaften ungerechterweise als pathologisch bewerten«. Ähnlich unterliegen auch bestimmte negative Charaktereigenschaften von bösen Märchenfiguren einem Gender-Bias: Die böse Stiefmutter ist eine stereotypische Narzisstin, die besessen ist von Jugend und Schönheit, während männliche Schurken (und zu einem gewissen Grad auch Helden – schließlich besiegt Hans den Riesen durch Trickserei) oft als Betrüger und Schwindler dargestellt werden – eine Form der Täuschung, die in den Bereich der antisozialen Persönlichkeitsstörung fällt. Zwar streben sowohl die männlichen als auch die weiblichen Bösen nach Macht, doch wird diese Macht jeweils stark auf geschlechtsspezifische Weise konzeptualisiert: Die Stiefmütter bei ›Schneewittchen‹ und ›Aschenputtel‹ wollen den Lohn für den gekonnten Einsatz von Schönheit und Sexualität, Bösewichte wie Rumpelstilzchen oder der Teufel in den Grimm'schen Märchen wollen Menschenleben, und ihre irdischen Entsprechungen Wohlstand und Reichtum.

Hier zeigt sich wieder, dass Märchen tief in der Kultur verwurzelt sind und kontinuierlich von der Gesellschaft geprägt werden, die sie gedeihen lässt. In einer Welt, in der Schönheit und sexuelle Attraktivität die einzige Macht ist, die den Frauen zugestanden wird, ist es nur sinnvoll, eine weibliche Figur mit ebendieser Macht auszustatten; ebenso wie es sinnvoll ist, einer männlichen Figur die Eigenschaften mitzugeben, die es ihr ermöglichen, die traditionelle Vorstellung von männlichem Erfolg zu erlangen.

Gleichzeitig prägen diese Geschichten wiederum die Gesellschaft, in der sie existieren. Wenn in ihnen weibliche Macht und Handlungsfähigkeit immer wieder mit dem Narzissmus und der Gier einer Königin assoziiert werden, gerät man leicht dahin, weibliche Handlungsfähigkeit per se für fragwürdig zu halten – und zwar nicht nur in einer frühmodernen, von Volkssagen und Märchen durchdrungenen Gesellschaft, sondern auch in unserer heutigen westlichen Welt, die ebenfalls voller Erzählungen darüber ist, was es heißt, ein Mädchen zu sein. Bei der Recherche zu diesem Buch suchte ich bei Google nach »Märchen und psychische Krankheit« – die ersten drei Treffer waren Aufzählungen über »15 Disney-Prinzessinnen, die in Wirklichkeit unter einer psychischen Störung litten«.

Disney-Prinzen und ihre eventuellen inneren Kämpfe werden nicht erwähnt, weil wir den Prinzen nicht wirklich mit irgendeiner Art von innerem Kampf assoziieren.

Bitches be crazy hingegen ist ein Spruch, den alle kennen.

Kehren wir kurz noch einmal zum Wechselbalg zurück. Wir denken beim Wechselbalg meist an einen Säugling, der aus der Wiege entführt und durch ein anderes Kind ersetzt wird, doch in früheren Zeiten war es durchaus nicht unbekannt, dass das Phänomen erst später im Leben auftrat.

Im Fall der Irin Bridget Cleary, die 1895 von ihrem Mann ermordet wurde, berief sich Michael Cleary auf die »Feen-Verteidigung«, der zufolge Bridget mit einem Wechselbalg vertauscht worden sei. Michael habe nur die Fee getötet, um seine Frau unbeschadet zurückzuerhalten. Weil seine Frau nach einer kurzen Krankheit ein seltsames Verhalten an den Tag legte, hatte Michael sich besorgt an seinen Freund John Dunne gewandt. Dieser war ein *Seanchaí*, ein traditioneller Bewahrer und Erzähler von Märchen und Mythen. Dunne verwies Michael an Denis Ganey, einen »Feenarzt« aus dem Dorf, der Bridget einen Kräutertrank verschrieb. Drei Leute mussten Bridget festhalten, um ihr den bitteren Trank einzuflößen, was Michael umso mehr davon überzeugte, dass sie ein Wechselbalg war. Wiederholt forderte er seine Frau auf, sie solle ihren Namen nennen – *Ich bin Bridget Boland, Frau von Michael Cleary, im Namen Gottes* – was sie nicht zu seiner Zufriedenheit tat. Michaels Verdacht, der von Dunne entfacht und von Ganey bestätigt wurde, gipfelte darin, dass Michael einige Tage später Bridget zu Hause und in Anwesenheit ihrer Familie in Brand setzte; dann entledigte er sich ihres verkohlten Leichnams und wies die Familie an, den Behörden nichts zu sagen.

Die folgenden beiden Tage verbrachte Michael Cleary damit, mit dem Pferd in der Nähe eines nahegelegenen »Feenhügels« umherzureiten und auf die Herausgabe seiner Frau zu warten. Als man Bridget Clearys Leiche in einem Sumpf in der Nähe des Hauses der Familie fand, wurden Michael und einige andere – darunter vier von Bridgets Cousins sowie John Dunne – verhaftet und vor Gericht gestellt.

Der Fall erregte in der irischen Presse großes Aufsehen, wobei er auch zum Anlass genommen wurde, vor der Verbreitung von Märchen zu warnen. »Wenn diese schrecklichen Fälle kein Beweis einer allgemeinen abergläubischen Verderbtheit in Irland sind«, schrieb Michael McCarthy 1901 in seinem Buch *Five Years in Ireland 1895–1900*, »sondern mehr oder weniger isolierte Fälle, dann sollte unsere Verurteilung umso deutlicher und ausdrücklicher sein.«

Bridget Cleary war für ihre Zeit ungewöhnlich unabhängig. Sie war eine attraktive und geschäftige Frau, die mit ihrer Arbeit als Putzmacherin und Eierverkäuferin zum Haushaltseinkommen beitrug. Gerüchte über Eheprobleme bei den Clearys hatte es bereits seit einiger Zeit gegeben (es wurde von einer Affäre gemunkelt; während ihrer Krankheit vertraute sie außerdem einer Tante an, sie habe ihren Mann im Verdacht, er wolle schon seit einigen Monaten »eine Fee aus ihr machen«). Vielleicht machte ihre Unabhängigkeit sie stark, vielleicht war sie nach ihrer Krankheit reizbar und verstimmt und schien nicht ganz sie selbst. Berichten zufolge bestand ihr Mann mehrmals darauf, dass sie »zu fein« gewirkt habe, um seine Frau zu sein, und dass sie außerdem fünf Zentimeter größer gewesen sei als die Frau, die er geheiratet habe.

Spätere Untersuchungen des Falls kamen zu dem Schluss, dass Michael Cleary aufgrund der Krankheit seiner Frau und der damit verbundenen Belastung selbst eine Art psychotischen Zusammenbruch erlitten habe. Als mögliche Erklärung für Michaels Verhalten wurde das Capgras-Syndrom genannt – eine Erkrankung, bei der Betroffene meinen, dass eine ihnen nahestehende Person durch eine*n Doppelgänger*in ersetzt wurde. Bezeichnenderweise wird das Capgras-Syndrom stark von den persönlichen Lebensumständen beeinflusst. Wie die Märchen, die wir uns seit Jahrhunderten erzählen, leitet die Krankheit ihre Form und Ausprägung aus anderen Geschichten ab.

Wieder einmal wird es durch die Geschichten wahr.

In der siebten Klasse fehle ich wegen einer Grippe eine Woche in der Schule. Als ich zurückkomme, gibt es Getuschel und schiefe Blicke, Kichern hinter vorgehaltener Hand und übertriebenes Augenrollen in der Mittagspause, wenn die anderen denken, dass ich es nicht sehe.

»Sheila sagt, du hast sie Schlampe genannt«, erzählt mir jemand. Irritiert will ich die Sache mit Sheila klären, doch sie hört mir gar nicht zu.

»Du *hast* mich so genannt«, beharrt sie, als wir nach der Pause wieder am Eingang anstehen. Etwas anderes bekomme ich nicht aus ihr heraus.

Ich weiß nicht, woher sie diese Gewissheit nimmt, doch dann erzählt meine Schwester beim Abendessen, dass bei ihr in der Klasse die Rede davon ist, ich hätte in meinem Schultagebuch über meine Mitschüler*innen geschrieben. Während ich krank zu Hause lag, hatten meine Mitschüler*innen in einer Mittagspause mein Heft aus meinem Pult herausgeholt und laut daraus vorgelesen.

Meine Eltern rufen den Lehrer an, der verspricht, sich darum zu kümmern. Ein paar Tage später behält er die ganze Klasse in der großen Pause ein.

»Dann wollen wir der Sache mal auf den Grund gehen«, sagt er. »Ich will jetzt sofort wissen, wer an Amandas Fach war und das Heft genommen hat.«

Niemand meldet sich. Ich wünsche mir, irgendwo anders zu sein, so sehr, dass es wehtut.

Endlich spricht jemand. »Und wenn schon – wieso darf sie überhaupt solche Sachen über andere Leute schreiben?«

»Das stimmt«, sagt mein Lehrer. »Amanda hätte nichts über euch in ihr Heft schreiben sollen.«

Ich bekomme kaum Luft; kann kaum die Augen offenhalten. Alles verschwimmt. Ich will laut losschreien, reiße mich aber zusammen. Ich sitze an meinem Pult und starre auf den Boden, während meine Mitschüler*innen um mich herum in stummer Wut vor sich hin brüten.

»Ich werde mit Amanda reden«, sagt der Lehrer. »Sie wird eine entsprechende Strafe bekommen.«

25 Jahre später kann ich mich kaum noch erinnern, was in diesem Heft stand, und weil ich es nicht mehr habe, kann ich es auch nicht nachlesen. Allerdings bezweifle ich, dass ich irgendjemanden »Schlampe« genannt habe – ich war auf einer katholischen Schule und nahm das sehr ernst. Fluchen war *verboten*, sogar in persönlichen Aufzeichnungen. Außerdem lasen unsere Lehrer*innen unsere Hefte, um zu überprüfen, ob wir unsere Aufgaben gemacht hatten. Wenn ich irgendjemanden in diesem Heft so genannt hätte, hätte mich mein Lehrer auf jeden Fall schon viel früher zur Rede gestellt.

Ich weiß noch, dass ich geschrieben habe, die Welt sei ungerecht. *Warum haben manche Leute alles*, befragte ich das blau linierte Papier, *und andere nichts? Warum sind manche Leute hübsch und beliebt, und andere werden ignoriert? Das ist UNGERECHT.*

Es ist ungerecht. Es ist ungerecht.

Es war damals ungerecht und ist es auch heute noch. Es ist ungerecht, dass der behinderte Körper übersehen und vergessen wird, weil alle sich immer nur für die Prinzessin oder den Prinzen interessieren; es ist ungerecht, dass die Person mit der deutlichen Auffälligkeit immer der*die Böse ist, weil das die einzige Rolle ist, die andere sich für sie vorstellen können. Es ist ungerecht, wenn die institutionelle Macht der nichtbehinderten Welt sich gegen den behinderten Körper zusammenrottet, wie meine Mitschüler*innen damals im Klassenzimmer; wenn diese Macht sagt, *Warum spricht diese Person überhaupt*, und der Rest der Welt zustimmt: *So etwas darf sie gar nicht sagen*.

An jenem Tag lernte ich, dass es besser ist, nichts zu sagen, nicht einmal heimlich. Dass es besser ist, so zu tun, als würde ich dazugehören, auch wenn die Welt mir nicht das Gefühl gibt. Ich lernte, dass auch in der Assimilation eine gewisse Macht liegt – die weniger mit Stärke, sondern mehr mit Überleben zu tun hat. Um es in der Welt zu schaffen, war es am besten, den Kopf einzuziehen und den Status quo nicht in Frage zu stellen, auch – oder vor allem – wenn dieser Status quo spezifische Regeln darüber enthielt, wie man sich in der Welt bewegen sollte.

Am besten war es, so lernte ich, wenn ich tat, als wäre ich nicht behindert – wenn ich nicht mehr fragte, *warum* die Welt so ungerecht ist, sondern so tat, als wäre sie gerecht, auch wenn ich das nicht immer so empfand. Die ganzen Fragen darüber, wer was bekam und wer wem was angetan hatte, brachten nichts als Ärger, und dem war ich nicht gewachsen.

Warum kann ich nicht wie alle anderen sein?, fragte ich mich, als ich an jenem Abend nach Hause ging. Genau wie Hans mein Igel, wie die kleine Meerjungfrau.

Auf diese Frage gab es keine Antwort, jedenfalls nicht damals. Es gab nur eine Lösung: Wenn ich schon nicht sein konnte wie alle anderen, konnte ich wenigstens so tun. *Fake it till you make it*, wie es so schön heißt. Wenn ich gut genug spielte, könnte ich vielleicht nicht nur die Welt täuschen, sondern sogar mich selbst.

In den finstersten Zeiten meiner Depression lag ich an meinen freien Tagen im Bett und sah stundenlang fern. Besonders verfallen war ich *Sense8*, einer Serie von Lana und Lilly Wachowski und J. Michael Straczynski über eine Gruppe von acht Menschen, die eines Tages aufwachen und feststellen, dass sie psychisch miteinander verbunden sind. Die Serie beruht zwar nicht auf einem Märchen, doch von der Struktur her fühlte es sich so an: Menschen gehen ihren Weg durch eine feindselige Welt, an die traditionelle Stelle der Magie tritt ihre psychische Verbundenheit. Bei jeder Folge wünschte ich mir nichts sehnlicher als die Fähigkeit, die diesen Figuren so plötzlich zuteil geworden war: die Offenbarung einer ungekannten Welt und das Gemeinschaftsgefühl infolge dieses neuen, lebensverändernden Zustands. Die acht Protagonist*innen waren einzigartig und zugleich durch ihre gemeinsame Erfahrung aneinander gebunden – im Laufe der Serie geht es darum, wie sie sowohl ihre Gemeinschaftlichkeit als auch ihre kollektive Macht begreifen.

Mein eigenes Leben hingegen schien sich immer weiter von jeglicher Art von Gemeinschaftlichkeit zu entfernen. Ich hatte mich im Wald verirrt. Ich ging nicht mehr mit Freund*innen aus. Ich traf meine Familie nicht mehr. Wenn meine Eltern mich besorgt fragten, ob alles okay sei, wies ich sie ab und sagte, mir gehe es gut.

Es geht schon, sagte ich. *Nur eine kleine, vorübergehende Depression*. Mit meinem Teilzeitjob im Krankenhaus verdiente ich nicht genug Geld, und gedanklich war ich ständig auf der Suche nach mehr Einkommensmöglichkeiten. Ich zahlte meine Studienkredite ab und versuchte, der klaffenden Realität des Lebens in meiner Heimatstadt nicht ins Auge zu blicken. Ich fühlte mich eingeengt und überfordert. Ich hatte mir ein internationales Leben erträumt, doch daraus war nichts geworden; die Tage überstand ich nur durch die Flucht in Geschichten.

Und doch versicherte ich mir jeden Tag, dass es mir gut gehe – ich bin nur ein bisschen traurig, nur ein bisschen enttäuscht vom Leben. Jeden Morgen erinnerte ich mich selbst daran, dass mein Leben doch gar nicht so schrecklich war. Hatte ich nicht ein Dach überm Kopf und Essen im Kühlschrank? War das objektiv gesehen nicht besser als mein Leben in Schottland, wo ich so arm gewesen war, dass ich mir sogar ums Essen Sorgen machen musste?

Es ist alles okay. Dir geht es gut. Du schaffst das.

Es ist alles in Ordnung.

Ich steckte bis über die Ohren in der Verleugnung.

Im Sommer 2015, als meine Depression am schlimmsten war, nahm mich eine Krankenschwester, die mit mir in der Notfallpsychiatrie arbeitete, beiseite und sagte mir auf den Kopf zu, dass ich Hilfe brauche.

»Du bist nicht mehr du selbst«, sagte sie. »Und zwar schon lange.«

Was mich daran aus irgendeinem Grund am meisten traf, war die Tatsache, dass sie gemerkt hatte, dass etwas nicht stimmte. Hatte ich mir nicht solche Mühe gegeben, vorzutäuschen, dass alles gut ist, und hatte ich es nicht gut vorgetäuscht? Niemand wusste davon. Meine Eltern und einige meiner alten Freund*innen hatten mich zwar immer wieder gefragt, ob alles in Ordnung ist, aber hatte ich sie etwa nicht getäuscht? Hatte ich denn nicht die ganze Zeit Theater gespielt – erst indem ich tat, als könnte ich laufen, und dann auch noch, als wäre ich glücklich?

Ich bin ich selbst, wollte ich zu der Schwester sagen. Und gleichzeitig wollte ich mich bei ihr anlehnen und weinen. *Ich bin Amanda Leduc, im Namen Gottes.*

Aber niemand glaubte mir, weil es für alle offensichtlich war.

Hätten meine Freund*innen und Familie zweihundert Jahre früher bei meinem Anblick, grau und verhärmt vor Leid, auf den Gedanken kommen können, ich wäre mit einen Wechselbalg vertauscht worden?

Könnte eine Mutter, die mitten in einer Wochenbettdepression steckt, vielleicht beim Anblick ihres Babys denken, dass es nicht zu ihr gehört, nicht ihr eigenes ist, und den Feen die Schuld dafür geben? Könnten der Ehemann und die Familie angesichts der Teilnahmslosigkeit und Unberechenbarkeit der jungen Mutter einen Austausch der erwachsenen Frau mit einem Wechselbalg vermuten?

In einer Dissertation über schottische Geschichte und Folklore bemerkt die Wissenschaftlerin Mariah Hudec, dass der Wechselbalg-Mythos durch einige auf die Geburt bezogene Volksglauben und -bräuche zusätzlich verschlimmert wurde – namentlich die Praktik des *lying in*, bei der die junge Mutter bis zu einen Monat nach der Geburt zu Hause isoliert wurde und nur von Frauen besucht werden durfte. Diese längere Isolation in der empfindlichen Zeit des Wochenbetts könnte Symptome dessen verstärkt haben, was wir heute als Wochenbettdepression kennen, wobei die zunehmende Distanz zwischen Mutter und Kind und der gestörte Bindungsprozess zweifellos körperliche Auswirkungen auf das Neugeborene hatten. »Das Gefühl von Unzulänglichkeit und Unsicherheit gegenüber dem Kind könnte somit für Mütter in der Frühmoderne zu einer sich selbst verstärkenden Realität geworden sein«, schreibt Hudec. »Bei Kindern mit unsicherer Bindung zu den Eltern könnten sich auf diese Weise einige der physischen Anzeichen des Wechselbalg-Motivs ausgebildet haben.«

Später beschreibt Hudec einen konkreten Fall – den Prozess von Isobel Haldane, die 1623 wegen Hexerei vor Gericht stand. In dem Prozess, der in *Ancient Criminal Trials of Scotland* dargelegt ist, werden die typischen körperlichen Symptome einer fehlenden Mutter-Kind-Bindung geschildert: »Isobel Haldane wurde von einer Mutter aufgesucht, die sie um Hilfe bat mit ›hir bairne that wes ane scharge‹« [ihrem Kind, das eine ›scharge‹ war], schreibt Hudec. »Das Wörterbuch der schottischen Sprache definiert *sharg* als ›von Schwäche geschrumpft; mickrig. Ein kränkliches Kind‹. Wir haben also eine körperliche Beschreibung eines ›Wechselbalgs‹ ähnlich derer im Motivindex der Volksliteratur von Spence und Thompson.« So führt also eine Geschichte zu Taten und diese wieder zu einer Geschichte, bis hin zum Aarne-Thompson-Uther-Index.

Hierbei lässt sich feststellen, dass die Geschichten über Wechselbälger letztendlich in die Entmenschlichung des betroffenen Kindes oder Erwachsenen münden. Bridget Cleary wurde von ihrem Ehemann vermutlich deshalb ermordet, weil er sie nicht mehr für menschlich hielt – und mit der gleichen Begründung ließ man kränkliche oder behinderte Kinder draußen im Schnee sterben. Wenn das Kind kein Mensch ist, trifft die Person, die es sterben lässt, keine Schuld.

Wenn der behinderte oder kranke Körper als *weniger menschlich*, als *geringer* gilt, kann es auch keinen so großen Aufschrei geben, wenn das behinderte Leben ebenfalls als geringer gilt. Als der kanadische Landwirt Robert Latimer im Oktober 1993 seine Tochter Tracy ermordete, begründete er das damit, dass ihr Leben, das voller Schmerzen war, nicht lebenswert schien. Tracy hatte eine schwere Zerebralparese mit erheblichen Entwicklungsverzögerungen und körperlichen Behinderungen. »Sie hatte eine Ernährungssonde, Metallstäbe im Rücken, ein ausgerenktes Bein und wundgelegene Stellen«, zitiert ihn die *New York Times* in einem Artikel von 1997. »Wie kann da jemand sagen, dass sie glücklich war?«

An die Stelle des volkstümlichen Wechselbalg-Glaubens treten in der Moderne kulturelle Annahmen über bekannte psychische Störungen – die ein Individuum oft wörtlich zu einem anderen Menschen machen. Schizophrenie beispielsweise ist stark kulturell beeinflusst: Während die Wahnvorstellungen von Patient*innen in den 1970er und 1980er Jahren oft um russische Spione kreisten, sprachen Patient*innen, die in den frühen 2010er Jahren zu mir in die Notfallpsychiatrie kamen, oft davon, dass der IS ihnen Nachrichten über den Computer schickt. Auch wenn wir heute keine Säuglinge mehr im Schnee liegen lassen, ist die Isolation derer, die wir für anders halten, weiterhin gängige Praxis. Menschen mit psychischen Erkrankungen werden sowohl kulturell als auch gesellschaftlich ausgegrenzt – wie auch viele Menschen mit körperlichen Behinderungen. In den letzten Jahren wurde viel getan, um dem Stigma, das psychischen Erkrankungen anhaftet, entgegenzuwirken, doch wenn wir unsere Erzählungen und Annahmen über psychische Gesundheit und Krankheit wirklich revidieren wollen, brauchen wir einen strukturellen und politischen Wandel.

Im Mittelpunkt der Kampagne »Bell Let's Talk« des kanadischen Multimedienkonzerns Bell Media steht der jährliche »Bell Let's Talk Day« an einem festgelegten Tag im Januar, an dem der Konzern das Thema psychische Gesundheit in den Sozialen Medien promotet. Jeder Tweet und Retweet mit dem Hashtag #BellLetsTalk wird von Bell gezählt und mit einer Spende belohnt – am Ende des Tages wird die Summe der durch die Aktivität in den Sozialen Medien gesammelten Gelder landesweit an Initiativen zur psychischen Gesundheit gespendet. Seit Beginn der Initiative 2010 bis zum Jahr 2018 wurden durch »Bell Let's Talk« so 86,5 Millionen Dollar zusammengebracht.

Der Kampagne wird eine große Rolle dabei zugeschrieben, dass das Thema psychische Gesundheit innerhalb der Gesellschaft, insbesondere am Arbeitsplatz, inzwischen eine höhere Akzeptanz findet. Kritisiert wird dabei jedoch auch die Bindung des Themas an den Konzern – die Aktion treibt zwar Spendengelder zur Förderung der psychischen Gesundheit auf, doch sie ermöglicht Bell auch kostenlose Werbung in Form von Millionen von Diskussionen und Interaktionen in den Sozialen Medien, sowohl vor, während als auch nach dem Aktionstag.

Besonders fragwürdig erscheint die Kampagne angesichts von Aussagen ehemaliger Bell-Media-Beschäftigter, die behaupten, dass ihnen nach der Offenlegung psychischer Probleme gekündigt wurde. In einer Untersuchung der CBC-Sendung *Go Public* von 2017 berichtet Jessica Belliveau, eine ehemalige Angestellte in einem Callcenter des Bell-Konzerns in Moncton, New Brunswick, dass sie ihren Job bei einer Tochterfirma von Bell Media wegen Stress durch eine zu hohe Arbeitsbelastung gekündigt hatte. Im November 2017 reichte die ehemalige Callcenter-Mitarbeiterin Andrea Rizo eine Beschwerde wegen Diskriminierung aufgrund einer Behinderung bei der kanadischen Menschenrechtskommission ein. Sie hatte ein Karpaltunnel-Syndrom, und obwohl zwei Ärzt*innen empfohlen hatten, ihre Arbeitsbedingungen durch die Reduzierung ihrer Verkaufsziele anzupassen, hatten ihre Vorgesetzten diese im Dezember 2016 wieder auf das ursprüngliche Niveau angehoben.

Ein anderes Problem mit der Bell-Kampagne ist, dass sie die Öffentlichkeit und die Politik aus der Verantwortung nimmt, die systemischen Probleme anzugehen, die die von der Kampagne unterstützten Wohltätigkeitsorganisationen überhaupt erst notwendig machen. Ein Bewusstsein für psychische Gesundheit zu schaffen und die mit psychischen Erkrankungen verbundene Stigmatisierung abzubauen, ist ein gutes und lohnenswertes Ziel.

Doch das Bewusstsein ist nur ein Teil des Problems. Die Darstellung von behinderten Menschen als dankbare Empfänger*innen der Wohltaten von Hilfsorganisationen hält die Vorstellung aufrecht, dass sie nur wertvoll sind, sofern sie gute Objekte von Mitleid darstellen.

Und wenn eine behinderte Person kein *gutes* Objekt für Mitleid darstellt – wenn eine psychisch kranke Person kein *gutes* Beispiel für die Probleme psychischer Erkrankungen abgibt –, dann wird aus Mitleid schnell das Urteil, dass diese Person die Hilfe, die sie vielleicht zum Vorankommen braucht, nicht verdient.

Wenn du kein gutes Aushängeschild für eine Organisation bist, die etwa Menschen mit auffälligen Gesichtern unterstützt – *wenn du nicht tust, was wir dir sagen* –, dann bist du vielleicht auch gar keine gute Begünstigte besagter Organisation.

Wenn du kein guter Angestellter bist, wenn deine psychischen Probleme uns nicht passen, dann verdienst du vielleicht gar keine Hilfe, sondern die Kündigung.

Wenn du keine hübsche Prinzessin bist, kein sympathischer Erzähler, dann bekommst du dein Happy End womöglich nicht, weil du es nicht verdienst.

Wenn ich heute an diese Zeit zurückdenke, an die Jahre von 2013 bis Anfang 2016, dann kommt mir oft das Bild eines Reißverschlusses in den Sinn. Ich wollte den Schieber eines Reißverschlusses von meinem Scheitel ausgehend nach unten ziehen, um aus meiner Haut zu steigen, wie man aus einem Kleid steigt – aus meinem Sein und meinem Leben heraustreten, um unsichtbar und leise in ein anderes oder in gar kein Leben überzugehen. Doch wie entkommst du der Traurigkeit, wenn sie jeden Winkel deines Tages besetzt hält? Wohin fliehst du, wenn selbst deine

Träume voller Sorgen und Kummer sind, wenn es gerade dein Bewusstsein ist, vor dem du nicht fliehen kannst? Wie findest du zurück aus einer Sichtweise, in der nicht einmal mehr das Geschenk des eigenen Lebens wie ein Geschenk erscheint?

In einem Interview über ihr Buch *Happy Never After* spricht die schottische Autorin und Journalistin Jill Stark über das, was sie den »Märchenfilter« nennt – die Struktur des Happy Ends, die viele von uns auch ihrem eigenen Leben überstülpen wollen. Bei ihr kam der Märchenfilter 2013 nach dem Erscheinen ihres autobiografischen Buches *High Sobriety: My Year Without Booze*, das weltweit erfolgreich war. Stark verstand nicht, wieso angesichts des Erfolgs ihre Depression und Ängste außer Kontrolle schienen. Hatte sich denn nicht ihr Traum erfüllt? Warum fiel es ihr so schwer, zustimmend zu nicken und zu lächeln, wenn Leser∗innen und Zufallsbegegnungen ihr Buch lobend kommentierten?

> Wir betrachten alles […] durch einen Märchenfilter – sei es in der Werbung oder in Hollywoodfilmen. Wir mühen uns ab für ein bestimmtes Ziel, und dann sind wir da. Wir planen die Hochzeit, nicht die Ehe; wir planen die Geburt, nicht das Baby. […] Und wenn die Hochzeit vorbei ist, fragen wir uns: Tja, was nun? Es hat sich überhaupt nichts geändert!

Es war einmal, da sah ich Arielle als Disney-Meerjungfrau im Meer schwimmen und stellte mir mein Leben als das einer Meerjungfrau vor. Doch Arielles Happy End endete auf einem Hochzeitsschiff: sie Arm in Arm mit ihrem Prinzen. Die ganze Zeit war alles in Bewegung, doch am Schluss steht alles still.

Tja, *was nun*? Das fragte ich mich seit meiner Rückkehr aus Schottland. Ich hatte ein Leben in Bewegung gehabt, und nun fühlte es sich an, als wäre alles zum Stillstand gekommen. *Was sollte als Nächstes kommen*?

Als Nächstes kam, dank der Krankenschwester, die mir sagte, ich sei nicht mehr ich selbst, eine Therapie. Lange Gespräche mit einer wunderbaren Ärztin, ein langsames Herantasten an einen wirksamen Medikationsplan.

»Erzählen Sie mir von Ihrer Kindheit«, bat mich meine Ärztin bei unserem ersten Termin. Ich gab ihr eine Kurzfassung.

»Ich bin in Hamilton aufgewachsen und zum Studium weggezogen.«

»Warum wollten Sie wegziehen?«, fragte sie.

Ich zuckte die Schultern. »Ich wollte etwas von der Welt sehen. In anderen Städten leben.«

»Wollten Sie zurückkommen?«

»Nein.«

»Warum nicht?«

Das konnte ich nicht beantworten, zumindest nicht am Anfang.

»Gehen wir zurück zu Ihrer Kindheit«, sagte sie. »Ich wüsste gerne mehr darüber.«

Warum ist meine Kindheit wichtig?, dachte ich zuerst. Sie war vorbei. Sie lag hinter mir. Ich war so weit von ihr weggereist, wie ich nur konnte.

Doch ich war nicht weit genug gereist. Ich hatte meine Kindheit zurückgelassen, körperlich und emotional, und ich hatte das Gleiche mit meiner Behinderung versucht, ohne zu begreifen, dass die beiden auf unerklärliche Weise miteinander verbunden waren.

Ich war von all dem *weg*gereist. Von meiner Kindheit und meiner Behinderung. Nun musste ich alles noch einmal durchreisen, um wirklich zu begreifen, was es bedeutet, einen Körper wie den meinen zu haben, was es heißt, in dieser Welt ich zu sein.

All die Jahre später habe ich das Gefühl, dass ich die Antwort immer noch entdecke, diese Geschichte immer noch neu schreibe.

In der vorletzten Folge der HBO-Serie *Game of Thrones* verwüstet die Drachenkönigin Daenerys Targaryen die Stadt Königsmund, die sie erobert hat. Ihre Mission ist Rache und Vergeltung: Sie will den Thron zurückfordern, der ihrer Familie zwanzig Jahre zuvor gestohlen wurde. Auf ihrem Drachen Drogon reitend bringt Daenerys Verwüstung über die Stadt und ihre Bewohner*innen. Sie überwindet die Verteidigungsanlagen, die sie und ihren Drachen töten sollten, und nachdem sich die feindlichen Truppen ergeben haben, macht sie sich daran, den Rest der Stadt – mitsamt ihren unschuldigen Zivilist*innen – in Brand zu stecken.

Es war eine Wendung, die viele Zuschauer*innen schockierte – und empörte. In der Mythologie der Serie – die weit über George R. R. Martins Buchvorlage hinausgeht – war Daenerys acht Staffeln lang als archetypische Protagonistin aufgebaut worden. Sie war eine Königin, schön, wenn auch lädiert, eine gutherzige, doch unbeugsame Herrscherin, die Sklaven befreite und aus ihnen eine dankbare Armee zu ihrer Verteidigung aufbaute. (Angesichts ihrer im Laufe der Serie gezeigten Bereitschaft, ihre Feind*innen zu verbrennen und zu töten, könnte man ihre Unbeugsamkeit auch für verdächtig halten, da sie wohl kaum die gutmütige Herrscherin abgeben würde, nach der alle sich sehnten.) Obwohl der Wahnsinn in ihrer Familie verbreitet war – *Jedes Mal, wenn ein Targaryen geboren wird, werfen die Götter eine Münze*, hieß es in der Serie –, hatten die Zuschauer*innen gehofft, dass Daenerys' Figur dieser Teil ihrer Geschichte erspart bleiben würde.

Die Enttäuschung der Fans über die Brandschatzung äußerte sich umgehend auf Twitter, Quora und zahllosen anderen Plattformen. In einem Artikel für *Nerdist* beschreibt es die Autorin Lindsey Romain so: »[Die Rache] macht ihre sorgfältig geplante Eroberung von der Unberechenbarkeit weiblichen Begehrens abhängig.«

Das Gespenst des Wahnsinns wirft noch eine weitere Frage auf. Wenn eine weibliche Figur mit einer familiären Disposition zur Geisteskrankheit plötzlich vor Wut ausrastet, bespielt die Serie – und ihr Narrativ – dann nicht das genderspezifische Stereotyp von *bitches be crazy*, vor dem Leute wie Kelly Aiello von *Alt-Minds* und andere so dringend warnen? Was bedeutet es in der heutigen Welt der Narrative, wenn eine Darstellung von Raserei so eng verknüpft ist mit Stereotypen über die Pathologie weiblicher Wut und psychischer Krankheit?

Oder vielleicht sollten wir anders fragen: Was bedeutet es, dass es diese Stereotype über weibliche Wut und Unberechenbarkeit – und davon ausgehende Stereotype von Wahnsinn und dessen Ableitungen – überhaupt gibt? Wie verstärken die Geschichten, die wir erzählen, diese Vorstellungen, und woran liegt es, dass die Gesellschaft immer wieder zu diesen Geschichten zurückkehrt? Wie tragen diese Geschichten zum Erhalt von Machtstrukturen bei, an denen wir uns einerseits abarbeiten und denen wir uns zugleich fügen?

Es ist doch nur eine Geschichte – nur dass es das eben nicht ist. Die Menschen behaupten das, sie fressen diese Narrative und internalisieren dabei, dass die Welt wirklich so funktioniert: nicht kollektiver Triumph, sondern individueller; nicht die Verantwortung der Gesellschaft, die Feindseligkeit zu überwinden, sondern die Verantwortung des Erzählenden, ihr auszuweichen. Individuelle Verantwortung und auch individuelles Scheitern.

Das Stigma, das psychische Krankheiten heutzutage umgibt, erhält auch die Vorstellung aufrecht, dass die Gesellschaft nicht für die Lösung dieses Problems verantwortlich ist. Wir rechnen vielleicht nicht mit Drachen, wollen aber trotzdem gegen Unberechenbarkeit gewappnet sein. Deshalb isolieren wir unberechenbare Individuen nicht viel anders, als es schon seit Jahrhunderten üblich war. Der Ausschluss von Menschen mit psychischen Krankheiten bildet den Rezeptionsrahmen für diese Geschichten – im »echten« Leben wie auf dem Bildschirm. Selbst wenn wir es uns nicht wünschen, erwarten wir doch auf einer gewissen Ebene, dass Daenerys verrückt wird, weil uns erzählt wurde, dass das mit mächtigen Frauen eben geschieht – dass sie mit Macht nicht umgehen können (vgl. die böse Königin, die böse Hexe), dass sie nicht dazu bestimmt sind, zu herrschen, es sei denn, sie haben einen Ehemann an ihrer Scite.

(Natürlich gibt es in der echten Welt genügend Beispiele für hervorragende weibliche Herrscherinnen – doch das sind nun einmal nicht die Geschichten, die wir erzählen; am Feuer, im Internet, auf dem Bildschirm.)

Wir erwarten, dass die Person mit Schizophrenie angsteinflößend und unzuverlässig ist, weil Schizophrenie uns so erzählt wird.

Wir sehen Darstellungen von Depression im Fernsehen – jemand, der nicht mehr aus dem Bett kommt, die kaum noch funktioniert –, und weil unser Leben nicht ganz so schlimm ist, reden wir uns ein, dass wir ganz offensichtlich nicht depressiv sein können. Wir brauchen keine Hilfe, uns geht es gut.

Was wäre, wenn wir die Geschichten anders erzählen würden? Wenn Daenerys Targaryen, Mutter der Drachen, in dieser Folge nicht alleine und isoliert gewesen wäre, sondern den Rückhalt ihres Umfelds gehabt hätte? Was wäre dann anders gewesen?

»Angela Carter«, bemerkt Marina Warner, »bezeichnete den Geist des Märchens als ›heroischen Optimismus‹, ein schönerer Ausdruck für das Versprechen des Happy Ends.«

Was, wenn wir dieses Versprechen gemeinsam aufbauen und teilen, anstatt dass ein Individuum alleine für seine Verwirklichung verantwortlich ist?

Was passiert mit der Geschichte, wenn wir einander die Hand reichen?

Die drei Jahre mit der Depression waren die schlimmsten meines Lebens – und doch hatte ich am Ende Glück. Ich fand eine gute Ärztin, die Krankenversicherung übernahm die Kosten meiner Behandlung. Nach einer langen Therapie und dem Start eines Medikationsplans, den ich bis heute einhalte, konnte ich zumindest in den Anschein meines alten Lebens zurückkehren. Ich hatte ein Unterstützungssystem, Freund*innen und Familie, die die ganze Zeit für mich da gewesen waren – ich hatte es nur nicht sehen können.

Außerdem bin ich weiß, und es wäre nachlässig, nicht anzuerkennen, wie dieses Privileg zu meiner Genesung beigetragen hat. Für jede Person, die sich im Zusammenhang mit ihrer psychischen Gesundheit Hilfe sucht, gibt es zahllose andere – viele von ihnen aus BIPoC-, behinderten und anderen marginalisierten Communitys –, die nicht die Hilfe bekommen, die sie brauchen. Sie gelten oft als nicht wünschenswerte Patient*innen – weil sie vielleicht die Rolle der*des dankbaren Protagonist*in nicht gut genug spielen, weil sie nicht wie ich in eine Gemeinschaft eingebunden sind, weil Therapeut*innen ihre Symptome herunterspielen oder schlichtweg ignorieren, oder aus irgendeinem der zahllosen anderen Gründe, die die Menschen von der Hilfe fernhalten, die sie benötigen. Wieder einmal verlagern wir die Hauptverantwortung für die Genesung – für den erfolgreichen Abschluss der Aufgabe – auf das Individuum, anstatt von der Gemeinschaft zu erwarten, dass sie hilft, so gut sie kann.

Und wieder fördern wir damit eine Kultur, die auf Heilung statt auf gesellschaftlichen Wandel setzt – in der das Narrativ auf die Abschaffung des behinderten Lebens abzielt, anstatt auf die Schaffung einer Welt, in der Leben nicht behindert wird.

Unsere Geschichten müssen anders werden. Nicht mehr und nicht weniger.

Der körperliche Aspekt ist nur ein Teil der Behinderung. Der Teil, den man sieht. Der körperliche Schmerz ist endlich, oder zumindest gestattet er Verschnaufpausen, so kurz sie auch sein mögen. Die psychischen Sorgen hingegen haben Hände, die niemals loslassen. Sieh doch nur, dieser Makel hier. Sieh das Stolpern. Sieh die verkrüppelten Füße, die verbogenen Zehen. Die Narben auf dem Bauch, auf dem Rücken und dem Knöchel. Sieh nur, die Schlaufe des Plastik-Shunts, der zusammengerollt in deinem Bauch liegt – schmale Schläuche unter der Haut, wie Spaghetti.

Und sieh nur, wie viel Zeit du damit verschwendest, über all das nachzudenken.

Wie viel von uns ist unser Körper, wie viel entsteht im Kopf? Prägt es dich etwa nicht, wenn du immer mit stechenden Schmerzen in den Füßen aufwachst? Wie bemisst du die gescheiterten Träume, die dich neue Wege, andere Dinge suchen lassen?

In der letzten Zeit fiel mir auf, dass ich beim Gehen wieder die Füße einwärts drehe. Neue Schuhe nutzen sich schnell ab, selbst wenn ich meine Einlagen trage. Die Ärzt*innen sagen, es liegt daran, dass ich so fest auftrete – weil ich gelernt habe, mit Muskeln zu laufen, die nicht immer gehorchen. Die leichte Kreisbewegung des rechten Beins, das Schlenkern des widerspenstigen Fußes. Das nennt man *Bewältigungsreaktionen*. Der Körper kompensiert das Unvermögen, die richtige Bewegung auszuführen. Evolution in Aktion, sozusagen.

Ein Kind lernt, dass es nie auf einer Bühne tanzen wird, zumindest nicht so, wie es vielleicht will. Also wendet es sich den Worten zu – dem Rhythmus der Sätze, der Zeichensetzung, die auf der leeren Bühne des Bildschirms tanzt. Der Musik, die die Buchstaben erzeugen, auf dem Papier und im Mund.

»Vielleicht«, sinnierte der Dichter Patrick Friesen in einem Essay für den *Winnipeg Review*, »gilt das für alle Künstler*innen: Wir arbeiten in unserer zweitliebsten Kunstform. […] Wenn das stimmt, sollte in unserer Kunst das Grundgerüst unserer Lieblingsform erkennbar sein. […] Meine Arbeit mit Worten dreht sich immer um Bewegung, und diese Bewegung geht oft in eine musikalische Richtung. […] Das heißt etwa, mit Tempo zu arbeiten, und nicht vom Kopf, sondern vom Körper her zu sprechen.«

Was heißt das, vom Körper her zu sprechen, zu schreiben? Oder genauer: Was heißt es, von einem Körper wie dem meinen her zu sprechen? Als ich zehn oder elf war, schickte meine Mutter mich zum Tanzunterricht, damit ich an meinem Gleichgewichtssinn arbeiten konnte. Ich liebte das Tanzen und gleichzeitig hasste ich es. Es erinnerte mich immer an die Tänzerin, die ich nie sein würde.

Als Studentin machte ich einen Lindy-Hop-Kurs und stieg aus, als mein Tanzpartner Witze darüber machte, dass ich immer so konzentriert und ernst war. Ein Jahr später versuchte ich es erneut und brach wieder ab; in St. Andrews fing ich einen Salsa-Kurs an, den ich ebenfalls nicht weitermachte. In Edinburgh suchte und fand ich per Anzeige einen Partner zum Swing-Tanzen, der geduldig genug war, stundenlang mit mir durch meine Fehler zu stolpern. Eine Zeit lang war ich begeistert vom Tanzen, aber irgendwann ging ich trotzdem nicht mehr hin. (Als ich zurück nach Kanada zog, meldete ich mich wieder bei einem Kurs an, hörte aber auf, sobald ich eine gute Ausrede hatte.) Ich wäre einfach nie gut genug gewesen. Ich wäre nie die Tänzerin geworden, die ich sein wollte, also ließ ich es bleiben. Immer und immer wieder.

Heute scheint mir das ein ziemlich dummer Grund zu sein. Doch manchmal haben die kleinen, dummen Entscheidungen die größte Wirkung. Anstatt zu tanzen, setzte ich mich hin und schrieb über das Tanzen. Anstatt etwas zu tun, setzte ich mich hin und träumte.

Zerebral: das Hirn betreffend. *Parese*: Muskellähmung, auch: Handlungsunfähigkeit.

Buchstäblich, bei Licht betrachtet: ein Hirn, das den Körper lähmt.

8
Monster, Marvel und Wunderwesen

Ich wurde nicht als Superheldin geboren. Ich wurde als Mutantin geboren, mit einem Körper, der unbändig war und seltsam. Ein verdrehter Fuß, ein Hinken. Ein Mädchen, das sich mit dem Laufen Zeit ließ, ein Kind, das nicht tanzen konnte wie andere. Meine frühen Operationen, mein Rollstuhl und die Gehhilfen prägten meine Kindheit, wie die Spinnenbisse und Unfälle unsere Held*innen aus Comicheften und Kinofilmen – nur ohne die dazugehörigen Superkräfte. Ich entwickelte keine übermenschliche Koordination als Kompensation für meine schiefe Hüfte, kein außergewöhnliches Seh- oder Hörvermögen als Ausgleich für meine unterdurchschnittliche Muskelleistung.

Marvel (englisch; Substantiv): ein Wunder bzw. ein Ereignis, das Überraschung und Erstaunen hervorruft. Auch: eine wunderbare Geschichte oder Legende. Als Verb stammt *marvel* aus dem Altfranzösischen: *merveillen* – wundersam. Das dazugehörige Verb ist das altfranzösische *merveillier* – sich wundern, staunen.

Immer wieder dieses Staunen, die Überraschung. Über Superhelden wie über behinderte Menschen. Die Überraschung, wenn behinderte Menschen über die Straße rollen, wenn sie sich in öffentlichen Verkehrsmitteln mit ihren Gehhilfen abmühen, wenn sie ins Kino gehen, einkaufen. *Ganz alleine.*

Ich weiß nicht, wie Sie das machen, haben Wildfremde auf der Straße zu meinen behinderten Freund*innen gesagt, die Rollstühle und Gehhilfen nutzen. *Wenn ich Sie wäre, hätte ich mich schon längst umgebracht.*

Staunen. Menschen staunten über die bärtige Frau im Zirkus, über den Zwerg, der auf dem Bären tanzte. Im späten neunzehnten Jahrhundert strömten sie in Scharen herbei, um die Missbildungen von Joseph Merrick zu bestaunen, der als der »Elefantenmensch« in die Geschichte eingegangen ist. Im sechzehnten Jahrhundert kamen sie zum französischen Hof, um Petrus Gonsalvus zu sehen, der ursprünglich aus dem spanischen Teneriffa stammte und eine kongenitale generalisierte Hypertrichose hatte, eine Mutation, wegen der er übermäßig behaart war. Petrus lebte als Günstling am Hof des französischen Königs Heinrich II. Man brachte ihm Latein bei und kleidete ihn in feine Gewänder. Die Königin, Katharina von Medici, fand eine Frau für ihn, die ebenfalls Katharina hieß. (Porträts der beiden, von denen man annimmt, dass sie das Bild des Biests in de Villeneuves *Die Schöne und das Biest* beeinflusst haben, finden sich heute noch in Museen.) Sie hatten sieben Kinder, von denen fünf ebenfalls die Mutation trugen.

Seine Töchter nannte man Monster, Wunderwesen, Bestien.

Als ich im Südwesten Ontarios aufwuchs, waren mir Märchen näher als Mutationen, obwohl ich selbst eine Mutantin war. Prinzessinnen und Könige kannte ich aus Büchern und Filmen, Superheld*innen und ihren Geschichten begegnete ich kaum. Prinzessinnen waren immer perfekt, und perfekt zu sein, danach sehnte ich mich.

Bei Superheld*innen ging es um eine ganz andere Art

von Magie. Es war einfacher, an gute Feen zu glauben, als an übermenschliche Kraft. Dass ein Mädchen aufwächst und sich in einen Prinzen verliebt, schien mir näherliegend als der Gedanke, dass dasselbe Mädchen in einen Körper hineinwächst, der als schön angesehen wird, der ihr immer gehorcht.

Du läufst, als hättest du eine saure Gurke im Arsch, riefen die Kinder in der Schule mir hinterher. *Pickle! Pickle! Pickle! Was machst du als Nächstes – ziehst du sie raus UND ISST SIE?*

Marvel: Ein Comic-Universum. Die Reihe erschien ab 1931 im Verlag Timely Comics und wurde 1961 in Marvel umbenannt. Zu ihr gehören einige der beliebtesten Superheld∗innen und Held∗innen-Teams der Welt: Die Avengers, die Guardians of the Galaxy, Iron Man, Hulk. Captain America. Die X-Men. Spiderman. Deadpool. Dr. Strange. Thor.

Captain Marvel. Eine blonde Frau, jung und hübsch, dünn und stylish. Ein hautenger Kampfanzug steht ihr ebenso gut wie eine Lederjacke und ein Basecap. Sie ist gnadenlos gegenüber ihren Feinden, und nach einer anfänglichen, amnesiebedingten Verunsicherung ist sie auch gnadenlos gegenüber sich selbst. Einst Kampfpilotin, beherrscht sie nun den Weltraum zwischen den Galaxien. Als wir sie zum ersten Mal treffen, heißt sie Vers. Sie ist keine Prinzessin, nicht wirklich. Sie ist etwas anderes – mehr als das, etwas Größeres.

Captain Marvel, geborene Carol Danvers. Die neueste Verkörperung von Captain Marvel, einer Figur aus dem »silbernen Zeitalter« der Comics. Alle früheren Versionen dieser Figur waren männlich. Als ich das hier schreibe, Anfang April 2019, ist Carol Danvers' Captain Marvel auf dem besten Weg, die mächtigste Superheldin des Marvel-Universums zu werden – so Kevin Feige, der Präsident der Marvel-Studios, in einem Interview mit *Vulture* 2016. (Es sind nur noch wenige Wochen bis zum Start von *Avengers: Endgame*. Die Karten für die erste Vorstellung waren innerhalb von Minuten ausverkauft.) Ich habe *Captain Marvel* gerade erst gesehen, gleich als der Film in die Kinos kam. Ich war hingerissen. Dieser Sarkasmus, diese Stärke, diese Freude. Es war erfrischend, eine Frau zu sehen, die sich ihrer Kräfte so erfreut – so vergnüglich und erstaunlich, wie sie über den Tod, den ihre Hände bringen, frohlockt. So unglaublich kraftvoll, wie Carol Danvers (Brie Larson) Yon-Rogg (Jude Law) ins Gesicht sieht und sagt: *Ich muss dir gar nichts beweisen.*

Wie hätte es sich angefühlt, damals als Zehnjährige, das zu meinen Mitschüler*innen zu sagen – und zu wissen, dass es wahr ist?

Doch ich greife vor. Eine Superheld*innen-Geschichte – oder ein Märchen – ist nichts, wenn es keine Widrigkeiten zu überwinden gibt.

»Die Ideologie der idealen Körpernormen«, schreibt Tobin Siebers, »ist im einfachsten Fall die Bevorzugung von Nichtbehinderung. In ihrer radikalsten Form definiert sie die Trennlinie, die über das Menschsein bestimmt, und setzt Maßstäbe für Körper und Geist, die dem Individuum menschlichen Status zu- oder aberkennen. Sie bestimmt fast alle unsere Urteile, Definitionen und Werte über den Menschen, doch weil sie diskriminierend und ausschließend ist, schafft sie soziale Räume, die außerhalb ihres Geltungsbereichs liegen und die sie kritisieren, in diesem Fall vor allem: die Perspektive von Behinderung.«

In Angela Carters Schauergeschichte ›Blaubarts Zimmer‹, einer Nacherzählung des Blaubart-Märchens aus dem siebzehnten Jahrhundert, ist unsere namenlose junge Erzählerin frisch verheiratet mit einem weitaus älteren Marquis. Sie liebt ihn nicht, dennoch fühlt sie sich zu ihm hingezogen. Ihre Bedenken bezüglich seiner Vorgeschichte – seine drei vorherigen Ehefrauen sind alle tot, die letzte starb nur drei Monate bevor unsere Erzählerin ihn kennenlernte – wischt sie beiseite, da sie von seiner Ausstrahlung, seinem Reichtum und ihrer eigenen scheinbaren Macht über ihn fasziniert ist.

»Als ich ihm sagte, dass ich ihn heiraten wollte, rührte sich kein einziger Muskel [seines] Gesichts. Er stieß nur einen langen und erschöpften Seufzer aus. Ich dachte: Oh, wie sehr muss er mich wollen!«

An ihrem Hochzeitstag reist die Erzählerin, die ihren Ehering trägt (ein Erbstück, das Katharina von Medici einst einem Vorfahren ihres Ehemanns schenkte), im Schloss an, in dem ihr freigeistiger Ehemann lebt. Es ist imposant und geheimnisvoll, voller Bediensteter, die die Erzählerin verachten, sie aber wie die anderen Launen ihres Herren dulden. Der Vollzug der Ehe, der »am helllichten Tag« stattfindet, ruft bei ihr sowohl Ekel als auch Sehnsucht hervor: »Ich war jedenfalls völlig aus der Bahn geworfen durch den Verlust meiner Jungfräulichkeit«. Doch dann teilt ihr Mann ihr mit, dass er noch am selben Abend geschäftlich verreisen müsse. Bevor er sie in »dunkler, neuerwachter Neugier« zurücklässt, übergibt er ihr einen Schlüsselbund. Dieses, erklärt er ihr, enthält die Schlüssel zu seinem Büro, zu den Küchenräumen, zur Bibliothek und so weiter, bis nur noch ein Schlüssel übrig ist.

»Ein einziger Schlüssel hing noch unbeachtet am Ring, und er zögerte. Kurz dachte ich, er würde ihn von seinen

Brüdern trennen, würde ihn zurück in seine Tasche stecken und mitnehmen.«

Doch das tut der Marquis nicht. Stattdessen bittet er die Frau, jenes letzte Zimmer nicht zu betreten.

»›Jeder Mann muss vor seiner Frau ein Geheimnis haben, wenigstens ein einziges‹, sagte er. […] ›Alles gehört dir, alles darfst du öffnen – nur nicht das Schloss, in das dieser einzige Schlüssel passt.‹«

Der Mann reist ab, und unsere Erzählerin versucht zunächst, sich im Schloss abzulenken. Sie ist eine talentierte und erfolgreiche Pianistin, und ihr Ehemann hat den jungen, blinden Klavierstimmer aus dem nahegelegenen Dorf engagiert, damit er im Schloss wohnt und das Klavier der Erzählerin gestimmt hält. Die beiden freunden sich an. Der Junge ist sanft und freundlich.

Doch leider geht unserer Erzählerin das Zimmer nicht aus dem Kopf. Sie wagt sich bis in die tiefsten Tiefen des Schlosses vor und findet schließlich die letzte verschlossene Tür. Dahinter entdeckt sie die Leichen der drei früheren Ehefrauen ihres Mannes. Entsetzt lässt sie den Schlüssel in eine Blutlache auf dem Boden fallen, und nachdem sie aus dem Zimmer geflohen ist, bemerkt sie, dass der Schlüssel blutbefleckt ist.

Ihr Mann, der seine Geschäftsreise frühzeitig beendet hat, ist schon auf dem Rückweg ins Schloss. Voller Furcht erwartet unsere Erzählerin den drohenden Wutanfall und stellt fest, dass alle Bediensteten das Schloss verlassen haben – das heißt, alle bis auf den guten, blinden Klavierstimmer: ein Freund, der bei ihr bleibt, wenn sie durch die Hand ihres Mannes ihr Ende findet.

Doch im letzten Augenblick kommt die Rettung. Als der wütende Ehemann sie vor dem Anwesen zur Rede stellt, als das Funkeln in seinen Augen und seine besessene Stimme ihr baldiges Ende zwischen den Leichen in seinem Kellerverlies ankündigen, wird die Erzählerin gerettet – nicht von dem lieben, blinden Mann, der unschuldig und nutzlos bleibt, sondern von ihrer Mutter, die, von einer unbestimmten Sorge um ihre Tochter beschlichen, mit gezückter Pistole die Auffahrt zum Schloss heraufgeritten kommt und genau in das Herz des bösen Ehemanns zielt.

Der Marquis stirbt; die Erzählerin erbt das Schloss und schenkt es einer Blindenschule. Am Ende der Erzählung lebt sie mit ihrer Mutter und dem blinden Klavierstimmer in einer kleinen Musikschule am Rand von Paris.

Wenn man an Superheld*innen denkt, denkt man meistens nicht zuerst an eine Mutter, doch Angela Carter war gut darin, Erwartungen zu subvertieren – zumindest in gewisser Hinsicht. Ihr blinder Klavierstimmer wird so dargestellt wie die meisten behinderten Figuren in Filmen und Büchern. Wenn sie keine bösartigen Ungeheuer sind, dann sind sie bedauernswert und nutzlos, und ihre Seelen sind lieblich und rein.

Anscheinend geht es nicht an, auf mehrere Arten gleichzeitig subversiv zu sein.

Über Steve Rogers' Leben vor dem Zweiten Weltkrieg könnte man vielleicht sagen, dass er eine Behinderung hatte. Zumindest hemmt seine körperliche Realität zu Beginn seines Narrativs als Captain America im gleichnamigen Marvel-Film sein Vorankommen. Er wäre gerne Soldat, doch die Schmächtigkeit seines Körpers passt nicht zu seinem großen Herzen. Sein Körper ist nicht gefragt – nach den Maßstäben des Krieges ist er *nicht nützlich*, also wird er übersehen, ignoriert, verlacht und vergessen. Sein Wunsch, im Krieg zu kämpfen, gilt bestenfalls als niedlich, schlimmstenfalls als lächerlich. *Das kann den ganzen Tag so weitergehen*, sagt er zu Beginn seiner Reise, als er in einem Hinterhof von einem Halbstarken verprügelt wird. Der Halbstarke lacht ihn aus, weil er weiß, wie die Welt ihn sieht: armselig und nutzlos, trotz seiner großen Seele.

Schau dich an, könnte er ebenso gut sagen. *Willst trotzdem Soldat werden!* (Trotzdem in die Welt hinausziehen, trotzdem etwas tun, trotzdem Filme sehen.) *Ich weiß nicht, wie du das machst. Wenn ich du wäre, hätte ich mich schon längst umgebracht.*

»Vom erzählerischen Standpunkt her ist es nicht überraschend, dass in einem Genre, das oft mit magischen oder außergewöhnlichen Kräften assoziiert wird, Behinderung so häufig dargestellt wird.« Ann Schmiesing spricht hier von Märchen. Doch sie könnte ebenso gut von Superheld*innen-Geschichten sprechen – die schließlich die Märchen des einundzwanzigsten Jahrhunderts sind. Cape statt Ballkleid, Düsenflieger statt Kürbis. Auch hier siegt am Ende das Gute, und die Ordnung wird wiederhergestellt. Ein *Glücklich bis ans Ende ihrer Tage* mit Technologie und modifizierten Körpern – ein Spinnenbiss, eine Genmutation treten an die Stelle von Zauberstab und Zauberspruch.

Als behinderte Frau sehe ich Körper wie meinen so gut wie nie auf der Leinwand repräsentiert, ohne dass Zauberei im Spiel ist. Wenn der behinderte Körper nicht böse oder missverstanden ist (das behaarte Biest, die grünhäutige böse Hexe, das entstellte Gesicht von Red Skull), wird er am Ende immer erlöst – entweder, wie beim Mädchen ohne Hände, durch echte Zauberei, oder, wie bei vielen Superheld*innen, durch die Magie der Kompensationstheorie von Behinderung: Daredevil verliert sein Augenlicht, doch er gewinnt dafür ein überfeines Gehör; Charles Xavier von den X-Men verliert die Fähigkeit zu laufen, dafür werden seine telepathischen Fähigkeiten umso mächtiger. Jean Grey, a.k.a. Dark Phoenix, wird geächtet und gemieden, weil das *Staunen* [marvelling] der Menschen in Angst umschlägt – doch ihre Kräfte sind so außergewöhnlich, dass sie das ausgleichen.

Steve Rogers hat eigentlich keine Behinderung im engeren Sinn. Seine Behinderung ist nur eine Metapher – ein Affront gegen die ungerechte Welt, in der er lebt, ein Kommentar auf das abstruse Konzept, Körper überhaupt zum Kämpfen in den Krieg zu schicken. Dennoch bewirkt das Serum, das ihn in einen Übermenschen verwandelt, einen doppelten Akt der Auslöschung: die Auslöschung des Körpers, der einst seiner war und nun nicht mehr wichtig ist, und die Auslöschung der gelebten Realität derer, deren Körper als Erfolgshindernis angesehen werden. Im Sinne des Superheld*innen-Narrativs erhält Rogers eine Statur, die mit seiner inneren Kraft übereinstimmt. Doch was hat es zu bedeuten, dass Steve Rogers' Potenzial, Gutes zu tun, sich erst entfaltet, als die Kraft seines Körpers mit der seiner Seele korrespondiert? Wenn du als behinderte Person angesichts von Steves Kämpfen erkennst, dass in den Augen der Welt dein eigenes Potenzial sich nie entfalten kann – dass die Welt wegen deines Körpers so wenig von dir erwartet, dass sie schon die winzigste Tat wie ein galaktisches Ereignis behandelt? Ein gebrochener Körper mit einer reinen Seele. Eine Superheldin, die eine Superheldin ist, weil sie einfach nur aufsteht und sich an der Ecke einen Kaffee holt. Der behinderte Körper ist *geringer*; der behinderte Körper muss daher mit *weniger* zufrieden sein, und wenn seine Seele auch noch so hell leuchtet.

Toll, wie du Kaffee holst, wie du einkaufst, mit dem Flugzeug verreist. Wie du so tust, als wärst du nicht behindert, als wärst du wie wir. Das ist alles so inspirierend.

Zu Beginn von *Captain Marvel* ist Carol Danvers gleich auf mehrere Arten behindert. Sie hat eine Amnesie und kann sich an ihr Leben vor den letzten sechs Jahren nicht erinnern. Im Laufe des Films wird außerdem klar, dass sie von ihren Entführern, den Kree, absichtlich behindert wird, indem diese ihre Kräfte abschwächen und künstlich bändigen.

Doch in guter Superheld∗innen-Manier kämpft Carol sich zu ihrem Happy End durch. Sie tut dies sowohl körperlich – indem sie genüsslich und unbändig Unheil unter ihren Feind∗innen anrichtet – als auch emotional, indem sie sich von Yon Roggs Machenschaften abwendet und ihr Recht behauptet, ihren Körper und ihre Kräfte so zu nutzen, wie sie es für richtig hält.

Ich muss dir gar nichts beweisen.

Ich muss dir gar nichts beweisen.

Ich muss dir gar nichts beweisen.

Das flüstere ich nachts vor mich hin. Das »du« hat viele Gesichter.

Einmal, in der fünften Klasse, saß ich in der Mittagspause an meinem Pult und eine Mitschülerin bat mich, ihren Stift aufzuheben, der unter meinen Stuhl gerollt war.

»Das kann sie nicht«, sagte meine rothaarige Nemesis hinter mir. »Dafür müsste sie sich erst bücken und die Gurke aus ihrem Arsch ziehen.«

Die Wut, die mich übermannte, war überwältigend, heiß und unmittelbar. Ich knallte meinen Stuhl rückwärts gegen ihr Pult, so heftig, dass es umfiel und sie nach hinten schob, bis sie nur noch auf den Hinterbeinen ihres Stuhls kippelte. Wackelig und kurz vorm Kollabieren, genau wie ich mich fühlte. Ihr Lachen kam plötzlich, es war gefärbt von Überraschung und einem Hauch von Angst. Ich hörte die restliche Klasse ebenfalls lachen. Wenn ich 27 Jahre später die Augen schließe, höre ich das Lachen noch genauso wie an diesem Tag vor so vielen Jahren.

Nie hatte ich mir mehr gewünscht, eine Superheldin oder eine Dämonin zu sein, irgendetwas anderes als ich war. Ich wollte den Stuhl zurückschieben, mich umdrehen und dieses Mädchen durch die Luft schleudern, sie an die Wand werfen, dass es ihr den Schädel spaltet; zusehen, wie ihr Gesicht beim Aufprall aufplatzt und Blut und Hirn über ihre Wangen laufen. Ich wollte über ihr stehen, während sie schreit, und ihr Gesicht am Boden zerquetschen. Ich wollte mit einem Arm rückwärts in die Klasse greifen – die immer mit ihr zusammen gelacht hatte – und das Gleiche mit allen anderen tun. Ich wollte sehen, wie sie sich ducken und vor Ehrfurcht vergehen. Dass sie weinen und schreien und um Gnade betteln.

Doch ich wollte auch das Recht haben, ihnen diese Gnade vorzuenthalten – ich wollte, dass mein Zorn gerechtfertigt ist, dass er nachvollziehbar ist, verständlich. Ich wollte eine Strafe aussprechen, so klar und gerecht wie die einer Göttin. Sie sollten mich lieben, mich fürchten, ich *sein* wollen. Das alles wollte ich, dabei wusste ich schon, dass ich in ein paar Jahren auf eine andere Highschool gehen, neue Leute kennenlernen und diesen Teil meines Lebens hinter mir lassen würde. Ich wollte das alles, während ich wütend Luft holte und meinen Stuhl zurück an seinen Platz zog, während das Mädchen hinter mir ihr Pult und ihren Stuhl richtete, mit zitterndem, hartem Lachen.

Ich wollte das alles den ganzen Rest dieses Nachmittags, als ich mit heißem Gesicht auf mein Pult starrte. Ich wollte es den ganzen nächsten Tag, und den darauffolgenden, den danach und die Woche darauf. Ich wollte es, während ich durch die Korridore hinkte, durch mein Leben hinkte.

Ich habe nicht aufgehört, das alles zu wollen.

Irgendwann kam ich auf die Highschool. Ich fand neue Freund*innen; das Leben war wirklich anders. Ich reiste und lebte in verschiedenen Städten, ich hatte Beziehungen und fühlte mich schön, und vieles von dem, was ich mir gewünscht hatte, wurde wahr.

Trotzdem habe ich nicht aufgehört, das alles zu wollen. Den Triumph, die Rache.

Immer und immer wieder kehre ich zu diesem Tag zurück. Ich will immer noch, dass sie mich lieben, auch wenn ich weiß, dass es das nicht wert ist – auch wenn ich, was noch wichtiger ist, weiß, dass mein Zorn und meine Wut über die ganze Ungerechtigkeit direkt mit dem Märchen/Superheld*innen-Blick zusammenhing, mit dem ich unbewusst bereits die Welt betrachtete. Wenn meine Welt ungerecht war, dann musste das doch heißen, dass sich irgendwann alles zum Guten wenden würde. Bestimmt würde auch ich mein Happy End bekommen, auch wenn es vielleicht etwas dauert – passierte das denn schließlich nicht in allen Geschichten, die mir erzählt wurden? Das Leben war vielleicht manchmal ungerecht, doch die Welt an sich war gerecht. Sei gut, tue Gutes, und du wirst belohnt oder findest selbst die Kraft, um die Welt einzurenken. So war es immer.

Damals träumte ich nicht davon, wie die Welt aussehen könnte, wenn sie wirklich gerecht wäre, wenn sie keine Superheld*innen nötig hätte. Ich stellte mir nicht vor, wie das Leben in einer Welt ohne Mobbing wäre. Ich hielt es für selbstverständlich, dass ich gemobbt würde, denn ich war anders und besetzte einen anderen Raum, und ich hatte gelernt, dass das eben mit Körpern geschieht, die anders sind. Es war einfacher, mir eine Welt vorzustellen, in der ich Zauberkräfte habe, als eine, in der alle Körper einfach Seite an Seite existieren.

Der Bogen des moralischen Universums ist lang, doch er neigt sich zur Gerechtigkeit hin. In einem Artikel für *Think* auf NBC über das berühmte Zitat von Martin Luther King – das wiederum von einer Predigt des Pastors Theodore Parker aus dem neunzehnten Jahrhundert inspiriert war – bemerkt der Journalist Chris Hayes: »In dieser Behauptung kommt ein verständiger Optimismus zum Ausdruck, ein klarsichtiges Vertrauen in die Menschlichkeit. Natürlich gibt es um uns herum Böses, Prüfungen, Tragödien und Hass, doch letzten Endes überwiegt das Gute. So wie wir nicht erkennen, dass die Erde rund ist, während wir auf ihr gehen, ist auch der Fortgang der Geschichte für uns nicht erkennbar, während wir uns darin abmühen, doch seien Sie versichert, es zeichnet sich ab.«

Doch was ist, wenn dein Blick nie klarsichtig war? Wenn du ein behinderter Mensch bist, dessen Leben immer nur als Nebenrolle erzählt wird – die entstellte Hexe, das Monster oder der Zwerg, das kranke Kind als himmlisches Opfer, damit die Eltern Gott erkennen und zu besseren Menschen werden – wo bleibt da der moralische Bogen deiner eigenen Geschichte?

Der Bogen des moralischen Universums neigt sich zur Gerechtigkeit hin, doch manchmal lässt er sich damit absurd viel Zeit. Und in der Welt, die wir errichtet haben, ist es einfacher, uns vorzustellen, dass Superheld∗innen –

oder vielleicht gute Feen – den Bogen für uns neigen können. Alles andere dauert einfach zu lange.

Was hätte es damals für mich – mit acht Jahren, mit zehn – bedeutet, wenn ich tief in meinem Inneren gewusst hätte, dass ich meinen Mitschüler*innen, die mir sagten, dass ich komisch laufe, die mich verspotteten, nichts beweisen muss? Wenn ich verstanden hätte, dass ich keine Prinzessin oder Superheldin werden oder auf eine unkonventionelle Rettung warten musste, sondern dass ich überhaupt keine Rettung brauchte, weil mit meinem Körper alles in Ordnung war?

Was bedeutet es heute für mich, mit 37 Jahren, dass die Welt meinen Körper noch immer auf diese andere Weise ansieht? Als behinderte Frau bin ich überpräsent und zugleich völlig unsichtbar. Mein Hinken ist manchmal so schwach, dass ich mich in der Unauffälligkeit verstecken kann – eine Undercoveragentin in der Welt der Nichtbehinderten, eine Superkraft oder Tarnung, die sich zwar nicht ganz richtig anfühlt, aber immer noch besser als diese längst vergangenen Tage in der Schule. Ohne gute Feen und Superheldinnenverwandlung ist mein behinderter Körper Objekt von Mitleid oder zärtlicher Faszination, doch selten etwas anderes. Wir sind bemitleidenswerte Gestalten oder *Superheld*innen des Alltags*; mit unserer unmenschlichen Kraft, mit der wir das unmögliche Gewöhnliche meistern, sind wir eine Inspiration für alle, die problemlos laufen und rennen können. Wir kaufen mit unseren Rollstühlen ein, gehen mit unseren Stöcken. Bewegen uns mit unseren Blindenhunden und Elektrorollern und anderen Hilfsmitteln durch die Welt – Erweiterungen, die vielleicht nicht so sexy sind wie die Krallen, die aus Wolverines Hand schnellen, der ARK-Reaktor in Iron

Mans Brust oder der unmögliche Körper, den Tony Stark erhält, doch sie sind nun einmal das, was wir benutzen, um mehr zu sein.

Eine Welt zu gestalten, die diesen Hilfsmitteln Raum gibt oder sie sogar unnötig macht (wer braucht einen Körper, der im Krieg kämpfen kann, wenn es keine Kriege gibt?), das wäre eine ganz besondere Art von Zauberei, scheint es. Eine, die sich uns allen noch entzieht.

Vor etwas über zwei Jahren ging ich eines Tages zur Arbeit im Krankenhaus, und während ich mich durch den Wind kämpfte, hämmerten in meinem Kopf wie so oft die vertrauten Worte zum Takt meines schiefen, eiligen Schritts.

Du *läufst* nicht *wie* die *an*deren.

DU *LÄUFST* NICHT *WIE* DIE *AN*DEREN.

Dieser Refrain ist für mich nichts Ungewöhnliches. Ich denke ihn jedes Mal, wenn ich meine Schritte auf dem Boden höre. Ich höre ihn jedes Mal, wenn ich meinen Körper in einem Schaufenster vorbeilaufen sehe. Doch aus irgendeinem Grund war an dem Tag etwas anders.

Es ist nicht so, dass du nicht wie alle anderen läufst, fuhr die kleine Stimme fort. Es war meine Stimme, und sie sprach etwas aus, das ich eigentlich schon immer gewusst hatte.

Es ist so, dass niemand auf der Welt so läuft wie du.

Warum habe ich 35 Jahre gebraucht, um das zu erkennen? Es hat damit zu tun, wie wir Geschichten erzählen – wie wir den Körper verstehen, in seiner üblichen Varianz und seiner vermeintlich übermenschlichen Form.

»Wir sind in der Lage«, schreibt Tobin Siebers, »gleichzeitig zu glauben, dass der Körper keine Rolle spielt und dass er perfektioniert werden sollte.« Und so fantasieren wir von der Abschaffung von Behinderung wie von Superheld*innen und Zauberei: weil der andersartige Körper anormal ist, so wie Superheld*innen anormal sind, auch wenn bei ihnen die Differenz eine Gabe ist. Wir sehnen uns nach Handlungen, durch die wir die Welt individuell reparieren können, weil eine systematische Überholung einfach ein zu großes Unterfangen ist. Wir sind für die Subversion von Geschichten, so lange bis diese Subversion einen Wandel in der echten Welt erfordert, der uns Arbeit abverlangt. Dann greifen wir auf unsere gewohnten Narrative zurück und warten darauf, dass uns jemand retten kommt. Wir nehmen es als gegeben hin, dass die Welt fehlerhaft ist und eine*n Captain Marvel zu ihrer Rettung braucht; wir gehen davon aus, dass der behinderte Körper ein Fehler im System ist, statt seine Unterschiedlichkeit als Besonderheit zu feiern.

Doch mein Gang, meine Beine, mein Körper – ich bin, wie ich bin, eine Besonderheit (wir alle sind es). Ich habe keine gute Fee, weil ich keine brauche. Ich warte nicht, dass ein unkonventioneller weißer Ritter die Auffahrt zu meinem Schloss heraufstürmt, weil ich das Schloss und sein finsteres Inneres kenne und nichts darin mir mehr Angst macht. Ich brauche keine Rettung. Ich will mehr als die Geschichten, in denen die Starken überleben und alle anderen beschützen. Ich will Geschichten, in denen man die Menschen nicht dafür beklatscht, dass sie Unterschiede akzeptieren, sondern in denen sie die Welt so umgestalten, dass die Unterschiede normal sind.

Ich muss der Welt nichts beweisen, weil die Welt mir alles beweisen muss. Es liegt in ihrer Verantwortung, meinem Körper, meinen Worten, meinem schiefen Gang Raum zu geben – unseren Körpern, unseren Worten, unserer Art, uns durch die Welt zu bewegen. Ich will meine

Kindheitsträume davon, eine Prinzessin oder Superheldin zu sein, bewahren, in dem Wissen, dass ich weder das eine noch das andere sein muss. Die Welt muss andere Geschichten über einen Körper erzählen, der vielleicht wie meiner aussieht, und sich so verändern, dass alle hineinpassen.

Ich bin schon genug. Ich muss nicht mehr sein.

Es scheint eine Längenabweichung zwischen den Beinen zu geben, die jedoch noch nicht genauer ermittelt wurde. Im rechten Sprunggelenk besteht ein klonischer Spasmus mit einem positiven Babinski-Reflex des Fußes. Die tiefen Sehnenreflexe sind ansonsten nicht erhöht. Der Wadenumfang wurde von mir beidseits gleich gemessen, wobei ich den rechten Fuß für kleiner halte als den linken. Arm und Hand auf der rechten Seite scheinen normal, die Mimik ist symmetrisch.

Ich habe die begleitenden CT- und MRT-Scans ausgewertet (die Unterlagen verbleiben bei der Familie). Die ersten CT-Untersuchungen zeigen eine asymmetrische Dilatation der Hirnventrikel, wobei der linke laterale größer als der rechte ist. Bei flüchtiger Betrachtung scheint das Kind eine leichte Ausdehnung des linken lateralen Hirnventrikels in Verbindung mit einer Porenzephalie zu haben.

Porenzephalie: aus dem Griechischen, »Löcher im Gehirn«.

Historisch besteht jedoch kein Grund für dieses Problem. Bei näherer Untersuchung der CT-Befunde und insbesondere der nachfolgenden MRT-Aufnahmen scheint eine intraventrikuläre Zyste mittig im linken lateralen Ventrikel vorzuliegen. Meiner Meinung nach zeigt der letzte Scan definitiv eine abgegrenzte, runde Struktur, die vollständig innerhalb der Ventrikelhöhle zu liegen scheint. Dies würde gegen die Möglichkeit einer porenzephalitischen Zyste sprechen, da diese normalerweise neben dem Ventrikel liegt und meist keine eigenständige »Membran« aufweist.

Nun geht es darum, das Wesen dieser Läsion genauer zu definieren. Ich würde daher zustimmen, dass Amanda einen traditionellen ventrikuloperitonealen Shunt (oder von der Zyste zum Peritoneum) erhält, wobei der Ventri-

kelkatheter innerhalb der Zystenhöhle platziert wird. Anschließend sollte ein Kontrastmittel durch den Ventrikelkatheter in die Zyste geleitet werden, um festzustellen, ob diese mit dem Rest des ventrikulären Systems verbunden ist. Möglicherweise ist die Zyste vom Ventrikel getrennt und verschließt dessen Abfluss. Im Fall, dass die Zyste nicht eröffnet werden kann, weil sie vom Ventrikel getrennt ist, muss sie möglicherweise entfernt werden. Die Eltern fragten sich natürlich, ob es sich um eine neoplastische Zyste handeln könnte, doch ich vermute, dass sie angeborenen Ursprungs und etwa aus dem Ependym oder dem Solarplexus entstanden ist.

Neoplastisch: von oder im Zusammenhang mit einer Neoplasie. Eine Neoplasie ist eine anormale Wucherung von Zellen, deren Wachstum und Vermehrung nicht analog zu den umgebenden Zellen verläuft. Der Laienbegriff lautet »Tumor«.

Ependym: eine dünne Zellschicht, die das Ventrikelsystem im Gehirn auskleidet. Das Ependym produziert den Liquor cerebrospinalis, der das Gehirn polstert und schützt und als Reservoir für den Prozess der Neurogeneration dient, bei dem Nervengewebe und -zellen nachwachsen und sich regenerieren.

Solarplexus: Ein Geflecht von Ganglien und Nerven, das sich im Bauchraum hinter dem Magen befindet. Der Solarplexus, auch als Sonnengeflecht bekannt, ist für das reibungslose Funktionieren der inneren Organe und für die Stressreaktion des Körpers verantwortlich.

Als ich etwa dreißig Jahre später in der sonnendurchfluteten Wärme meines Elternhauses die Aufzeichnungen meines Arztes durchgehe, finde ich in ihnen Poesie und auch eine leise Magie. Eine Wucherung im Gehirn, abgeleitet aus dem Prozess der Zellgeneration, möglicherweise verbunden mit einem anderen Mechanismus, der den Körper auf Störungen vorbereitet. Ein Leben, das auf eine bestimmte Weise angelegt war, sich dann aber in etwas anderes verwandelte, wobei es alles in sich trug, was für die Verwandlung nötig war.

Die Tatsache, dass ich überlebt habe und das alles heute begreifen kann, ist kein individueller Erfolg und keine Superheld*innengeschichte, auch wenn es vielleicht so scheint. Wo ich heute bin, bin ich wegen meiner Eltern, die vor so vielen Jahren etwas Ungewöhnliches im Gang einer Zweijährigen gesehen haben; wegen Dr. Humphreys und den zahllosen anderen Mediziner*innen, die mich in den langen Jahren nach meinen Operationen beraten, behandelt und beobachtet haben.

Ich bin hier wegen des Gesundheitssystems meines Landes, das für meine neurochirurgischen Behandlungen aufkam, ohne dass meine Eltern sich für den Rest ihres Lebens verschulden mussten. (Weil irgendwann jemand Mächtiges entschieden hatte, dass es nicht gerecht wäre, wenn Jack und seine Mutter den ganzen Reichtum, den sie dem Riesen gestohlen haben, für sich allein behalten.)

Ich bin hier wegen der schlimmen Tage auf dem Schulhof, die mir schwere, aber nützliche Lektionen über Empathie und Größe erteilten. (Weil es nicht das Ziel ist, an die Spitze der gesellschaftlichen Ordnung zu klettern und wie die Herrschenden zu werden, sondern die gesellschaftliche Ordnung zu zerschlagen.)

Ich bin hier, weil eine Krankenschwester auf meiner Arbeit den Wechselbalg in meiner Haut erkannte und mich drängte, Hilfe zu suchen.

Ich bin hier, weil ich als Geschichtenerzählerin aufgewachsen bin und verstanden habe, wie Geschichten uns bewegen und formen, noch bevor ich richtig verstand, wie ich sie erzählen kann.

Ich habe der Familie mitgeteilt, schreibt der Chirurg in

diesen lange zurückliegenden Berichten an meine Hausärztin, *dass ich Ihnen über diese Angelegenheit Bericht erstatten werde. Sie wollen über meine Empfehlungen weiter nachdenken.*

Mit freundlichen Grüßen, R. P. Humphreys, Dr. med, FRCSC (Fellow of the Royal College of Surgeons, Canada).

Ich bin, wo ich heute bin, dank der Gemeinschaft, die mich getragen hat.

9
Der große Zusammenbruch

»Behinderung wurde in der Geschichte lange in den Dienst von Diskriminierung, Ungleichheit und Gewalt gestellt.« – Tobin Siebers

»Kaum jemand würde widersprechen, dass das Märchen in unserem Leben ein ganz besonderes Genre ist. Auf rätselhafte Weise hat es uns so durchdrungen, dass viele Menschen unbewusst versuchen, aus ihrem Leben ein Märchen zu machen.«
– Jack Zipes

»Behinderung markiert die letzte Grenze unhinterfragter Minderwertigkeit, weil die Bevorzugung der idealen Körpernormen es extrem schwer macht, behinderte Menschen zu akzeptieren und ihre unnötige und gewaltvolle Ausgrenzung aus der Gesellschaft zu erkennen. […] Es ist, als fungiere Behinderung symbolisch als ein *otherndes* Anderes.«
– Tobin Siebers

Zusammengenommen zeigen diese Zitate, wie Märchen und die Ideologie der idealen Körpernormen unserer Welt eine ganz bestimmte Struktur aufgezwungen haben. Sie beginnt als Erzählung und dringt von dort in alle Aspekte behinderten Lebens ein – politisch, sozial und ökonomisch. Wir leben in einer Welt, in der Glück gleichbedeutend ist mit *nicht behindert sein* – alles Geringere erscheint unwürdig, einfach aufgrund der Tatsache, dass dem normierten Körperideal nicht entsprochen wird.

Wir leben auch in einer Welt, die das Glück meist im Rahmen romantischer Erfüllung sucht. (Der Prinz und die Prinzessin leben glücklich bis ans Ende ihrer Tage.) Auch wenn dieses romantische Ideal in den letzten Jahrzehnten etwas fortschrittlicher geworden ist – etwa indem auch nicht-heteronormative Romanzen darstellbar sind –, verfolgt es die Behindertenbewegung auf ganz eigentümliche Weise.

Der queere kanadische Autor und Awareness-Berater Andrew Gurza betreibt den Podcast *Disability After Dark* über behinderte Sexualität. In einem Essay für die *Huffington Post* schrieb er über seine Entscheidung, Sexarbeiter*innen zu beschäftigen, um seine sexuellen Bedürfnisse zu erfüllen. Die Reaktionen reichten von freudiger Unterstützung bis hin zu Mitleid. Per Twitter-Direktnachricht drückte jemand sein Bedauern darüber aus, dass er Sexarbeiter*innen in Anspruch nehmen müsse und keine*n Partner*in finde.

Dabei ging es in Gurzas Essay nicht um Mitleid – sondern um Empowerment. Darum, wie eine andere Weltsicht ihm als behindertem Mann eine Zukunft ermöglichen kann, in der seine Bedürfnisse erfüllt werden, anstatt dass er immer versucht, in die Form zu passen, die die Gesellschaft für ihn vorgefertigt hat.

In einem späteren Interview mit August McLaughlin, der Schöpferin des Podcasts *Girl Boner*, bekräftigte Gurza noch einmal seine Argumentation: »Ich finde, dass der Zugang zu Sexarbeit für behinderte Menschen von der

Regierung gefördert werden und allen offenstehen sollte, die es wünschen.«

In dieser Welt wählt die behinderte Person selbst den Weg zu ihrer eigenen Erfüllung. Die Gesellschaft unterstützt sie dabei, indem sie gewährleistet, dass verschiedene Möglichkeiten des Glücks denkbar sind und gefördert werden. Es gibt nicht mehr nur den Prinzen, der die Prinzessin heiratet, oder den Prinzen, der den Prinzen heiratet. Vielleicht lebt der Prinz eine Weile mit einem anderen Prinzen zusammen und verbringt dann eine gewisse Zeit alleine in der Stadt. Vielleicht sieht sich eine Prinzessin, die weiß, was sie will, zur Erfüllung ihrer Bedürfnisse im Harem um. Vielleicht heiratet die Königin im Rollstuhl niemanden, weil sie nicht heiraten muss, um zu beweisen, dass sie ein erfülltes Leben führt.

Vielleicht muss der Junge, der halb Mensch, halb Igel ist, sein Igelgewand am Ende seiner Geschichte nicht verbrennen, um das ersehnte Glück zu erlangen.

In einigen Versionen von ›Aschenputtel‹ weiß man von den Stiefschwestern nicht mehr, als dass sie grausam sind. In dem von Charles Perrault verfassten Märchen ›Cendrillon, ou la petite pantoufle de verre‹ trägt die ältere Stiefschwester den Namen Charlotte; die jüngere, die sich nur dadurch von ihrer Schwester unterscheidet, dass sie nicht ganz so boshaft und gemein ist (aber trotzdem immer noch ziemlich grausam), ist weiterhin namenlos. Sie sind nicht wichtig – wichtig ist nur das, was sie tun.

In Perraults Version bitten die Schwestern und die Stiefmutter Cendrillon um Vergebung, nachdem diese den Schuh angezogen hat, und sie verzeiht ihnen. Die Stiefschwestern heiraten zwei Herren vom königlichen Hof und Cendrillon ihren Prinzen.

In der von Jacob und Wilhelm Grimm aufgezeichneten Version – in der es keine gute Fee gibt, sondern einen Haselstrauch mit dem Geist von Aschenputtels verstorbener Mutter sowie eine Taube, die ihr Wünsche erfüllt – hacken sich die Stiefschwestern, die wieder einmal namenlos sind, Teile ihrer Füße ab, um in den Schuh zu passen und die Gunst des Prinzen zu gewinnen. Die erste Schwester schneidet sich ein Stück vom Zeh ab, die zweite ein Stück der Ferse. Jedes Mal flattert die Taube über der Kutsche, die den Prinzen mit der falschen Schwester davonträgt, und verrät den Betrug.

Die Stiefschwestern haben keinen Erfolg. Sie bitten auch nicht um Vergebung, und es wird ihnen nicht verziehen. Stattdessen versuchen sie, sich als Brautjungfern in Aschenputtels Leben zu schleichen. Am Ende der Trauung werden ihnen von Tauben die Augen ausgepickt.

In der Disney-Version des Märchens sind die Schwestern, Drizella und Anastasia, als dick und ungeschlacht gezeichnet. Sie haben auffällige Nasen und große Hände und Füße. Als Anastasia ihren Fuß in den Glaspantoffel schiebt, bewirkt ihr ungraziler großer Zeh, dass der Schuh von ihrem Fuß abprallt und fast am Boden zerschellt. Cinderellas Fuß hingegen ist nur mit der leisesten Andeutung von Zehen gezeichnet, als wären schon Zehen an sich unansehnlich und abscheulich.

Im Jahr 2017 besuche ich ein Podiumsgespräch im Rahmen einer Literaturkonferenz. Die Diskutant*innen sind ebenso berühmt wie eloquent. Doch ich verbringe die meiste Zeit damit, auf die Schuhe der weiblichen Expertin zu blicken. Sie trägt Sandalen mit dunkelroten Riemchen und Keilabsatz; die Riemen verlaufen kreuzweise über ihre Waden bis knapp unters Knie, wo sie in einer Schleife zusammengebunden sind. Wunderschön, ein Gang wie auf Wolken. Eine Frau, die in solchen Schuhen elegant laufen kann, besitzt eine undurchdringliche Macht – ein Selbstbewusstsein, das über sie hinausstrahlt und zu einem Schutzschild, einem Leuchtfeuer wird.

Ich werde niemals solche Schuhe tragen können. Es sollte sich nicht wie eine Niederlage anfühlen, doch das tut es.

Ich verrate euch ein Geheimnis: Ich kann mir nur schwer vorstellen, dass irgendjemand schön findet, wie ich durch die Welt laufe – und das, obwohl ich mittlerweile mag, wie ich gehe, mich lieber auf ungewöhnliche Weise bewege, als in der Masse zu verschwinden.

Es ist schwer, mir vorzustellen, dass mein Körper einer ist, mit dem jemand händchenhaltend durch die Straßen gehen will. Dieser schiefe Gang *gehört zu mir*, doch wer will ihn schon 24 Stunden am Tag um sich haben? Zu sagen, dass wir alle unterschiedliche Körper haben, dass wir uns alle auf unterschiedliche Weise durch die Welt bewegen, ist das eine. Doch es ist etwas anderes, wenn du siehst, welche Geschichten immer wieder hervorgehoben werden: die märchenhaften Liebesgeschichten aus dem echten Leben, die schönen Menschen, die dich aus Zeitschriften anlächeln, aus der Fernsehwerbung, von den Reklameschildern, an denen du nachts auf der Autobahn vorbeifährst.

Es ist schwer, das nicht zu verinnerlichen – wie alle ganz aus dem Häuschen sind über den Mann, der eine Frau heiratet, die einen Unfall hatte und nun im Rollstuhl zum Altar fährt: *Wie edel das doch ist! Wie* nett *von ihm, dass er eine Frau im Rollstuhl heiratet!*

Es ist schwer, Models auf dem Laufsteg zu betrachten und sich nicht irgendwie minderwertig zu fühlen. Schwer, zu erkennen, wie lange ich selbst schon mit diesem Ableismus vollgestopft wurde.

Es ist auch schwer, zuzugeben, dass ich so empfinde und dabei doch extrem privilegiert bin. Meine Behinderung betrifft zwar alle Aspekte meines Lebens, doch sie ist auch vergleichsweise leicht. Ich habe Zugang zu Orten, die andere meiner behinderten Freund*innen nicht erreichen können. Ich werde nervös, wenn ich Treppen steige, doch ich kann es; meine feinmotorischen Fähigkeiten lassen manchmal zu wünschen übrig, doch sie sind mehr oder weniger zuverlässig; ich habe chronische Schmerzen, doch sie sind noch nicht unerträglich. Ich kann tanzen, ich kann rennen, und wenn ich nachts genug schlafe, kann ich dem Tag mehr oder weniger gut ins Auge blicken.

Aber wenn du als kleines Mädchen auf dem Spielplatz stehst und die anderen Kinder dich auslachen, weil du kurze Haare hast und sie dich für einen Jungen halten; wenn deine Mitschüler*innen flüstern, dass du hässlich bist, weil du nicht so läufst, wie sie es für richtig halten; wenn du in der Schule verspottet wirst, weil du so offensichtlich *anders* bist als alle anderen – wenn dir das alles passiert, dann hinterlässt es tiefe Narben.

Finden Sie wirklich, dass es keine große Sache ist?, schrieb eine Redakteurin mir vor einigen Jahren als Anmerkung zu einem Essay, in dem ich versuchte, meine Behinderung herunterzuspielen, während ich sie erklärte. *Sie hatten eine körperliche Beeinträchtigung und bekamen deshalb eine soziale Angststörung. Sie hatten es schwer in der Schule. Das ist bestimmt alles nicht leicht.*

Ich las ihre Worte und weinte – wie ich einige Jahre zuvor geweint hatte, als ich bei meinen Recherchen für den ersten Essay, den ich jemals über meine Behinderung schrieb, auf den Artikel über Zerebralparese und Mobbing in der Schule stieß, den ich in diesem Buch zitiere.

Ich will nicht wie alle anderen laufen. Ich will nicht wie alle anderen sein.

Aber manchmal fühlt es sich so an, als ob die Welt genau das von dir will.

Doch wenden wir uns für einen Augenblick der Physik des Stöckelschuhs zu. In normaler Gehhaltung steht der menschliche Körper senkrecht zum Boden, mehr oder weniger im 90-Grad-Winkel. Wenn sich die Fersen heben, verschiebt sich der Schwerpunkt. Der Rücken wölbt sich, wodurch der Schwerpunkt nach oben wandert. Um die Schwerpunktverlagerung auszugleichen, werden Brust und Po nach außen gedrückt. Die Waden straffen sich. Zur Stabilisierung des zu den Zehen hin geneigten Fußes sind einige Muskeln in den unteren Beinen dauerhaft angespannt, was, neben der Illusion zusätzlicher Körpergröße, diese Kraft erzeugt, diese Realität.

Alles im Körper ist gefordert, muss härter, *stärker* sein, um die Stabilität zu erhalten.

Das ist die Magie des Stöckelschuhs – der Körper strengt sich an für etwas, das normalerweise von ganz alleine passiert. Was wir sehen, wenn jemand in High Heels läuft, ist diese *Anstrengung*, selbst wenn es ganz unangestrengt aussieht. Die graziöse Haltung, der schnelle, entschlossene Schritt – das macht der Körper, um das Gleichgewicht zu halten, um nicht umzufallen.

Wie viel Zeit verbringt die behinderte Person damit, sich körperlich den gesellschaftlichen Erwartungen anzupassen, wo es doch so viel einfacher wäre, unangepasst durchs Leben zu gehen? Wie viel Zeit verbringen wir damit, unsere Füße in Schuhe zu zwängen, in die wir überhaupt nicht passen müssen? So viel Mühe für eine Welt, die anordnet, dass alle hochhackige Schuhe tragen/gerade gehen/neurotypischen sozialen Standards entsprechen müssen. Und so weiter und so fort.

So viel Mühe, und allesamt unnötig.

»Behinderung«, erinnert uns Tobin Siebers, »diente im Lauf der Geschichte immer auch der Symbolisierung anderer Probleme in der menschlichen Gesellschaft.«

Wir machen Behinderung zum Symbol, weil sie dahin sozialisiert wurde, dass sie *nicht nützlich* ist: eine Last für die Gesellschaft, ein unangenehmes Ende. Wenn Behinderung in einer Erzählung aber als Metapher fungiert, besteht die Möglichkeit auf ein Happy End, wie es die nichtbehinderte Welt kennt. Wenn eine Behinderung keine Behinderung, sondern ein Symbol für etwas anderes ist, kann sie verschwinden, sobald das Symbol aufgelöst ist.

Die moderne Kunst begann, wie Siebers zeigt, als Künstler∗innen wie René Magritte die althergebrachte Vorstellung, dass Schönheit von der Symmetrie her komme, in Frage stellten. Ähnlich muss unser heutiges Verständnis des Märchens – und von Erzählungen im Allgemeinen – die Idee des Mangel-Mangelbehebungs-Musters hinterfragen, wie es von Vladimir Propp und anderen Theoretiker∗innen bekannt gemacht wurde. Wie wir gesehen haben, fungiert die Behinderung im Märchen oft als Antrieb, um das Gleichgewicht bzw. einen Idealzustand wiederherzustellen: Wenn die behinderte Figur die Aufgabe löst, wenn sie tut, was von ihr erwartet wird, wenn sie etwas lernt, dann wird sie von ihrer Behinderung erlöst und kann (wieder) einen Platz in der nichtbehinderten Welt einnehmen. Die Behinderung des∗der Schurk∗in hingegen ist dauerhaft und auch irgendwie gerechtfertigt.

Er*sie ist wegen seiner*ihrer Behinderung wütend und verbittert, und zugleich wegen seiner*ihrer Wut und Verbitterung behindert – ein Teufelskreis, aus dem es kein Entkommen gibt.

Behinderung ist also im besten Fall eine Metapher für psychologische Missstände, die überwunden werden können, im schlimmsten Fall eine Strafe, die mittels Zauberei oder Spiritualität rückgängig gemacht werden kann – sofern man es verdient. Diese Konzeptualisierung von Behinderung erweist jedoch der tatsächlichen gelebten Erfahrung, in der Welt einen anderen Körper zu besetzen, einen schlechten Dienst. Behinderung ist keine Heimsuchung innerhalb eines großen narrativen Plans, sondern vielmehr eine gelebte, komplexe Realität, die darüber bestimmt, wie wir Räume erleben und besetzen. Sie formt die Gesellschaft und wird zugleich von ihr geformt, und indem man diese konkrete Realität des behinderten Körpers verleugnet, verleugnet man die Möglichkeit der Veränderung zu den Bedingungen des behinderten Menschen.

Das ist mein Körper, könnte das Kind mit Gehhilfen sagen. Es geht nicht darum, den Körper zu heilen, damit er wieder ohne Hilfsmittel laufen kann (auch wenn das für manche durchaus das Ziel sein mag), sondern zu verstehen, was es heißt, sich mit diesem Körper durch die Welt zu bewegen – für diesen Körper Räume zu schaffen und entsprechende Anpassungen vorzunehmen. In einer solchen Welt ist der behinderte Körper nichts Schlechtes. Behinderung kann, selbst wenn sie möglicherweise mit Schmerzen und Kämpfen verbunden ist, auch Freude machen – insbesondere solche, die an die behinderte Erfahrung gebunden ist. Kennt und begreift eine nichtbehinderte Person das befreiende Gefühl, im Rollstuhl eine

Rampe hinunterzusausen, wie es der von der behinderten Tänzerin und Aktivistin Alice Sheppard initiierte Hashtag #RampJoy exemplarisch zeigt? Eine nichtbehinderte Person kann vielleicht das Gefühl teilweise nachvollziehen – der wilde Rausch, der Spaß –, doch es ist die gelebte, alltägliche Realität des Lebens als Rollstuhlnutzer*in, die dieses Glück so besonders macht. In ihrem autobiografischen Werk *Too Late to Die Young* beschreibt es Harriet McBryde Johnson folgendermaßen: »Wir können auf unsere eigene Weise mit Bild und Klang spielen, Rhythmus und Form kombinieren, wir können uns in und mit unseren Rollstühlen bewegen, können gleiten und uns drehen, wie es gehende Menschen nicht können.«

Die Autorin Kayla Whaley drückte es 2018 in einem Essay für *Catapult* über ihr Leben mit einer Magensonde so aus: »Dass ich in meinen Bauch hineinsehen konnte, seine Gewohnheiten und Stimmungen kennenlernte, das hatte eine ungeahnte Intimität, die insgesamt jedoch eine Freude war.«

Kurz gesagt: Das Leben im behinderten Körper hat seine eigenen und besonderen Freuden. Durch unsere Behinderung verbindet uns eine Intimität mit unseren eigenen Körpern, die nichtbehinderten Menschen ironischerweise oft verschlossen bleibt. Wir müssen nicht trotz Behinderung glücklich sein. Wir können wegen ihr glücklich sein.

In einer Welt, die das zur Kenntnis nimmt, kann der behinderte Körper ein Held sein. Und er braucht nicht einmal eine Aufgabe, um das zu beweisen.

Das Verständnis der Vielfalt behinderten Lebens – dass ein Leben schmerzhaft und freudvoll zugleich sein kann, hell und schön und zugleich voller Kämpfe – hat weitreichende politische Folgen. Denken wir nur an die jüngste Kontroverse über den Vorschlag zur Social-Media-Überwachung bei der US-Social Security Administration. Die Haushaltsplanung der Behörde für 2019 sah eine verstärkte Beobachtung von Social-Media-Accounts vor, um gegen den Missbrauch von Invaliditätsleistungen vorzugehen. Unter einer solchen Regelung könnte das Posten von Bildern auf Instagram oder die Beteiligung an politischen Aktionen bei Twitter als Begründung für die Ablehnung von Ansprüchen behinderter Menschen herangezogen werden. Wer gesund genug ist, um in den Sozialen Medien mit der Welt zu interagieren, ist sicher auch gesund genug, um nicht auf Sozialleistungen angewiesen zu sein. Wie die jahrhundertealten Geschichten über Schurk*innen und Held*innen folgt die Vorstellung von Behinderung dem Prinzip Entweder-Oder: Behinderung bedeutet entweder vollständige Handlungsunfähigkeit oder sie bedeutet überhaupt nichts.

Du bist entweder gut oder du bist böse. Dazwischen gibt es nichts.

Doch wie könnte eine Welt aussehen, die dieses Denken überwunden hat? Welche Form könnte unsere westliche Welt annehmen, wenn sie sich über die traditionellen Märchenstrukturen hinausbewegt, die wir schon so lange kennen?

Sie nimmt die Form neuer Geschichten an, wie der von Ryan O'Connell geschaffenen Netflix-Serie *Special* von 2019, deren Hauptfigur ein schwuler Mann mit einer Zerebralparese ist. O'Connell, der selbst eine Zerebralparese hat und schwul ist, bekennt ganz offen, was er mit der Serie bewirken wollte:

»Ich wollte mich nie als Opfer sehen, und es war mir sehr wichtig, das auch in der Serie zum Ausdruck zu bringen«, erklärte er in einem Interview mit dem Magazin *Variety* im April 2019. »Die Leute sollten nicht mehr das Gefühl haben, sie müssten uns bemitleiden oder mit Samthandschuhen anfassen.«

Sie nimmt die Form von Mandy Mouse an, einer neuen Figur, die Anfang 2019 in der britischen Kindersendung *Peppa Wutz* eingeführt wurde. Mandy Mouse nutzt einen Rollstuhl. Sie spricht damit viele Kinder an, die selbst Rollstühle nutzen. Sie spricht aber auch die Kinder an, die das nicht tun, die aber nun den behinderten Körper einfach als einen von vielen in der Welt sehen.

Sie nimmt die Form der ersten International Face Equality Week an, die im Mai 2019 gefeiert wurde. Die Form der Kampagne »I Am Not Your Villain« und die der Hashtags #DisabilityTooWhite, #ThingsDisabledPeopleKnow und #DisabledAndCute. Die des Hashtags #DisabledPeopleAreHot, der von Andrew Gurza (*Disability After Dark*) initiiert wurde.

In Kanada nimmt sie die Form von Behindertenaktivist*innen und Autor*innen wie Sarah Jamal und Dorothy Ellen Palmer an, des gehörlosen Autors Adam Pottle und von Menschen wie Kelly Aiello, die all diesen unterschiedlichen Stimmen Gehör verschaffen.

Sie nimmt die Form der Behindertenrechtsbewegung an, bei der eine kollektive Stimme sich erhebt und die Welt zur Veränderung zwingt.

Patty Berne ist die Mitbegründerin und künstlerische Leiterin von *Sins Invalid*, einem aus der Behindertenrechtsbewegung heraus gegründeten Performanceprojekt. Ihre Abhandlung »Disability Justice – a Working Draft« findet sich auf der *Sins Invalid*-Seite im Internet. »Die Behindertenrechtsbewegung«, schreibt sie,

> begreift, dass alle Körper einzigartig und wichtig sind, dass alle Körper ihre Stärken haben und Bedürfnisse, die es zu erfüllen gilt. Wir wissen, dass wir nicht trotz der Komplexitäten unserer Körper mächtig sind, sondern wegen ihnen. Wir verstehen, dass alle Körper unauflösbar durch Ability, Race, Gender, Sexualität, Klasse, Nationalität, Staatlichkeit und Imperialismus bedingt sind. Von diesen Positionen aus kämpfen wir. Wir stecken in einem globalen System, das mit dem Leben unvereinbar ist. Es ist nicht möglich, nur einzelne Zahnräder in dem Mechanismus aufzuhalten – wir müssen die ganze Maschine auseinandernehmen.

Es ist lange her, dass wir uns am Feuer Zaubergeschichten erzählt haben, um Behinderung in der Welt einen Sinn zu geben. Heute haben wir Prothesen und Rollstühle und Brillen, die bis zur vollen Sehkraft korrigieren können. Doch noch immer behaupten viele unserer Geschichten und Narrative, dass Behinderung etwas ist, das es zu überwinden, das es abzuschaffen gilt, das verschwinden soll, und verstärken damit die Schwierigkeiten, denen behinderte Menschen in der Welt begegnen. Wenn du von klein auf lernst, dass der behinderte Körper schwach ist, anders, abgesondert, beteiligst du dich an einer Welt, die dieses *Anderssein* durch systemische und kulturelle Barrieren zu festigen sucht. Du beteiligst dich, wenn auch unbewusst, an einer Kultur, die die Ausgrenzung von Behinderung fortführt.

Wie wir in den Geschichten gesehen haben, beginnt dieses Lernen schon früh und wirkt auf verschiedenen Ebenen. Einer der wichtigsten Ausschlussmechanismen funktioniert über Sprache: Die Assoziation von Behinderung mit Schwäche und Minderwertigkeit beeinflusst unsere Metaphern und unsere Wortwahl. Behinderungen und ihre Merkmale werden als ableistische Bezeichnungen oder Schlagworte missbraucht, die unser Sprechen durchdringen.

Eine wankelmütige Person wird scherzhaft als *schizophren* bezeichnet, Menschen, die gefühlskalt wirken oder nicht adäquat sozial interagieren, als *autistisch*; jemand mit einer psychischen Krankheit ist *geistesgestört, irre, total verrückt*. Etwas (oder jemand) Langweiliges ist *lahm* (oder *lame*).

Menschen sind an den Rollstuhl *gefesselt*, sie *erliegen* einer langen Krankheit, als könnten sie die Kraft zur Bekämpfung besagter Krankheit nicht mehr aufbringen, als wäre das Aufgeben eine irgendwie freie Entscheidung; Menschen, die etwas nicht zur Kenntnis nehmen, sind *blind und taub* dafür. Jedes Mal bestätigt die Sprache damit Behinderung als eine Angelegenheit von Schwäche, den behinderten Menschen ebenfalls als schwach, als geringeren.

Und dann sind da noch die militärischen Metaphern. Die militärische Krankheitsmetapher (*hat den Kampf gegen den Krebs verloren; kämpfte lange und schwer mit Aids*) sollte im frühen zwanzigsten Jahrhundert Soldaten dazu anhalten, sich vor Syphilis zu schützen. Wenn Krankheit, und im weiteren Sinne auch Behinderung, zum Feind erklärt wird, dürfen alle Maßnahmen zu ihrer Bekämpfung und Ausrottung als gut und richtig gelten. Wenn wir gegen den Krebs *kämpfen*, ist die Gentherapie, die krebsverursachende Mutationen verhindert, eine Kraft des Guten – ebenso wie Gentherapien, die Blindheit »heilen« oder das Down-Syndrom beseitigen, wie Prothesen, mit denen ein Mensch, der einen Rollstuhl nutzt, laufen und somit »frei« sein kann.

Wenn du lernst, dass der behinderte Körper schlecht ist, wenn du eine Sprache verwendest, die diese Sichtweise bestätigt – auch oder vielleicht insbesondere, wenn du diese Sprache unbewusst verwendest, ohne zu bedenken, dass du gerade jemandes gelebte Realität als Metapher für eine Schwierigkeit in deinem eigenen Leben missbrauchst – dann beteiligst du dich an einer Welt, die die Ausgrenzung von Behinderung fortschreibt. Das Gleiche gilt für die Vorstellung, so gut sie auch gemeint sein mag, dass eine behinderte Person sich über ihre eigenen körperlichen Einschränkungen erheben kann und sollte.

Denken wir an das *Lass dich von deiner Behinderung nicht definieren*-Klischee: Das ist mindestens eine verkleidete Version der militärischen Metapher. Wenn du dich *von deiner Behinderung nicht definieren lässt*, dann heißt das, du hast gewonnen: Du erlaubst deiner Behinderung nicht, dein Leben zu vereinnahmen; du bist siegreich aus der Schlacht hervorgegangen und kannst deinem Alltag nachgehen wie alle anderen.

Doch was meinen wir damit, wenn wir sagen, dass uns etwas definiert? Ich wurde mit einem Körper geboren, der nicht so funktionierte wie andere – mein ganzes Leben war und ist geprägt davon, dass mein Körper anders ist. Ich kann keine Absatzschuhe tragen, ich mag keine Treppen, ich mache mir jeden Tag Sorgen, weil ich alleine lebe und vielleicht irgendwann in der Dusche ausrutsche. Manchmal – und wenn ich ehrlich bin, sogar immer öfter – verliere ich das Gleichgewicht, wenn ich einfach nur die Straße entlanggehe. Meine Füße tun weh, meine Beine schmerzen. Auf fast allen Fotos halte ich den Kopf schräg. Zur Zeit bin ich fast immer müde.

Und doch bin ich, wer ich bin, wegen dieses Körpers, seiner Erfahrungen und Lehren. Er definiert mich. Jeder meiner Schritte erinnert mich daran, wie meine körperliche Realität in der Welt definiert ist.

Aber darum geht es doch nicht, könnte jemand erwidern. *Du* wirst *vielleicht behindert, aber du* bist *nicht behindert. Du bist ein* Mensch mit einer Behinderung, *kein* behinderter Mensch*! Du lässt davon nicht dein Leben bestimmen!*

Doch noch einmal – was soll das heißen? Wenn ich eines Tages aufwache, und die Müdigkeit, die Migräne und die Schmerzen sind so schlimm, dass ich beschließe, im Bett zu bleiben und weiterzuschlafen, ist es dann so, dass meine Behinderung mich definiert? Werde ich nur von meiner Behinderung definiert, wenn sie mich daran hindert, in die Welt hinauszugehen und produktiv zu sein?

Und falls ja, wie produktiv muss ich sein, damit feststeht, dass ich nicht von dieser minderwertigen Vorstellung meines Körpers definiert werde? Wie viel ist zu wenig? Wo ziehen wir die Grenze – bei jemandem, die arbeiten kann, bei jemandem, der seinem Job nachgeht, bei jemandem, die mit Freund*innen und Familie interagiert und regelmäßig am sozialen Leben teilnimmt, so dass man sie nicht komisch oder ungewöhnlich oder sonstwie nennt?

Susan Sontag über Krankheit: »[D]ie metaphorischen Verbrämungen der Krebserkrankung [haben] sehr reale Konsequenzen: Sie hindern den Menschen daran, sich rechtzeitig behandeln zu lassen oder sich energischer um kompetente Behandlung zu bemühen.«

Ähnlich haben auch die metaphorischen Verbrämungen des Sprechens über Behinderung ganz reale Konsequenzen. Es macht etwas mit dir, wenn du eine schlimme Agoraphobie hast und das Haus nicht verlassen kannst und dann hörst, dass *Soundso sich von ihrer Behinderung nicht definieren lässt!* Es macht etwas, wenn du hörst, dass die Person mit einer Amputation, die gerade eine olympische Medaille gewonnen hat, *sich nicht von ihrer Behinderung definieren lässt*, wenn du vielleicht selbst eine Amputation hast und keinen Hundertmetersprint schaffst. Es setzt behinderte Menschen in ständige Konkurrenz zueinander, in der wir beweisen sollen, dass die eine weniger behindert ist als der andere. Sie ignoriert unsere Lebensrealitäten, zugunsten einer Fantasievorstellung, die niemand erreichen kann.

Mit der Vorstellung, dass jemand von einer Behinderung definiert ist, sind bestimmte Erwartungen verknüpft: Die Erwartung daran, wie wir als Menschen generell in der Gesellschaft zu sein haben – wie wir sprechen, lieben, uns anfreunden, produktiv sein sollen. Eine bestimmte Erwartung daran, was es heißt, einen Beitrag zur Gesellschaft zu leisten – und damit auch die unterschwellige Erwartung, dass man etwas beitragen muss, um den eigenen Wert zu beweisen. »In der heutigen Arbeitswelt«, schreibt Melissa Gregg in ihrem Buch *Counterproductive*, »ist man zur Produktivität angehalten, solange der Körper dazu in der Lage ist. Ist der Körper behindert, werden die zur Wiederherstellung der Arbeitsfähigkeit notwendigen Heilmaßnahmen bereitgestellt.« Sofern du durch deine Behinderung dermaßen definiert bist, dass davon auszugehen ist, dass du nichts beitragen kannst, bist du nicht wertvoll. Sofern du einen geringeren Beitrag leistest, bist du auch weniger wert als andere – zumindest bis du so weit »rehabilitiert« bist, dass du auf dem gleichen Niveau funktionieren kannst wie die anderen Erwerbstätigen.

(Dieses metaphorische *Weniger* kann durchaus auch wörtlich genommen werden: In den USA ist es erlaubt, behinderten Menschen nur einen Dollar Stundenlohn zu zahlen, wenn ihre Arbeit als weniger wert erachtet wird als die ihrer nichtbehinderten Kolleg∗innen. Diese Ausnahme vom Fair Labor Standards Act [Mindestlohn] ist seit achtzig Jahren in Kraft.)

»Gerechtigkeit wird noch lange auf sich warten lassen«, stellt Sarah Jama fest. »Behinderten Menschen Zugeständnisse zu machen, ist in den bestehenden Gesellschaftsstrukturen nicht vorteilhaft, weil darin kein ökonomischer Wert liegt. Im Gegenteil wird sogar ein Schaden für die Gesellschaft befürchtet, weil man Menschen beibringt, dass sie einen Wert jenseits ihrer Produktionsfähigkeit haben, und das könnte die gesamte Struktur bedrohen.«

Wenn du blind bist und kein Auto fahren kannst, lässt du dich dann *von deiner Behinderung definieren*, wenn du nicht Auto fährst? Wird jemand, der*die mit einer Depression lebt, von dieser Depression so definiert, dass sie sie*ihn zu etwas Geringerem macht? Sind behinderte Menschen, die nicht an den Paralympischen Spielen teilnehmen können, dadurch inhärent weniger wert als die, die es können? Sind wir, die durch unsere Behinderungen so »definiert« sind, dass wir ihretwegen dieses oder jenes nicht tun können, deshalb geringer?

Oder leben wir einfach unser Leben in einer Weise, die anders aussieht als die Norm? Wenn wir Menschen beibringen, dass sie wertvoll sind, einfach indem sie sind, wer sie sind – dass ein Leben, das *anders als die Norm* ist, genauso viel Wert hat wie jedes andere – welche welterschütternde Zauberei würden wir damit entfesseln?

»Im [Märchen-]Genre finden wir eine tiefe Ehrfurcht vor der Wirkmacht von Worten«, schreibt Marina Warner, »sowohl in den Geschichten als auch in der Welt.« Ein wesentlicher Aspekt der Behindertenrechtsbewegung liegt darin, die Kraft unserer eigenen Worte in der heutigen Welt zu erkennen und zu respektieren. Die Märchen, die wir uns seit Tausenden von Jahren erzählen, waren nie *bloß Geschichten*: Mit ihrer Sprache, ihrem Gebrauch von Zauberei, mit dem Happy End der modernen Märchen tragen sie dazu bei, unsere Vorstellungen von Glück und Erfüllung zu prägen. Und sie können auch in Zukunft unsere Vorstellungen davon prägen, was es heißt, in der Welt glücklich und behindert zu sein, sofern wir begreifen, wie das Narrativ der normierten Körperideale – der Prinz und die Prinzessin, die aussehen wie alle anderen – mit dem Prinzip der Geschichten verflochten ist.

Wir müssen die Wirkmacht von Worten in der Welt verstehen und respektieren, damit wir die Märchen, die wir so lange über Behinderung erzählt haben, wiedergutmachen können: die Dornen um Dornröschens Schloss zurückzuschneiden, oder vielleicht das ganze Schloss abbauen, Stein für Stein. Jedes Mal, wenn wir durch unsere Sprache den behinderten Körper abwerten, jedes Mal, wenn wir eine Geschichte über ein Kind hören, das nicht laufen kann und dann »geheilt« wird, über eine*n neurotypische*n Protagonist*in oder eine Prinzessin, die alles bekommt, was sie sich wünscht, weil sie hübsch ist – jedes Mal, wenn wir dieses normgerechte Happy End akzeptieren –, lassen wir die Dornen wachsen. Es liegt bei uns, die Dornen herauszureißen, damit etwas anderes wachsen kann. Es liegt bei uns, Märchen und eine Welt zu entwerfen, in der die Umgebung nicht feindlich ist – in der die*der Protagonist*in, die*der anders ist, nicht gewinnt, weil sie*er alle Hindernisse alleine überwindet, sondern dank der Gemeinschaft, die ihr*ihm weiterhilft.

Um schließlich Raum zu schaffen für andere Geschichten.

Nachwort

An dem Tag, an dem ich mit dem Schreiben dieses Buches fertig war, wurde auf HBO die letzte Folge der Fernsehserie *Game of Thrones* ausgestrahlt. In dem Finale wird die Drachenkönigin Daenerys Targaryen von ihrem Geliebten Jon Snow getötet. Die Ära der absolutistischen monarchischen Herrschaft endet, und es entsteht ein Königreich, das ein wenig mehr einer Demokratie ähnelt: Ein Rat von Adeligen wählt Brandon Stark auf den Thron, und auch die nachfolgenden Könige und Königinnen sollen auf diese Weise bestimmt werden.

Bran, der als Hauptfigur in der ersten Staffel der Serie eingeführt wurde, war als Kind aus einem Fenster gestoßen worden und ist seither von der Hüfte abwärts gelähmt. Im Laufe der Serie erlebt er viele Abenteuer: Er flieht in den Norden und wird der Dreiäugige Rabe, ein Seher, der Zugang zu der Sicht hoch fliegender Vögel und zur gesamten Geschichte hat. Zunächst wird Bran wegen seiner Behinderung auf einem Karren herumgefahren, später nutzt er einen eigens für ihn angefertigten Rollstuhl. Als er zum König gekrönt wird, wird dieser Rollstuhl sein Thron.

Sein Königsname lautet: »Bran der Gebrochene, der Erste seines Namens, König der Andalen und der Ersten Menschen, Herr der Sechs Königreiche und Beschützer des Reiches«.

Es war eine Wendung, mit der kaum jemand gerechnet hatte. Wie die Wendung, in der Daenerys Targaryen Königsmund in Brand steckte, rief auch diese Handlungsentwicklung heftige Kritik vom Publikum, nicht zuletzt von der Behindertenbewegung hervor.

Bran der Gebrochene. Ein Mann, der König wird, dabei jedoch die sogenannten Einschränkungen seiner Behinderung im Namen tragen muss; ein Mann, der weit von seiner Heimat fortgereist ist, vieles ertragen hat (alles, muss hinzugefügt werden, mit der Hilfe seiner Familie und Freund*innen, die ihn im Laufe der Serie auf verschiedene Weise unterstützt haben), der über vieles triumphiert hat, nur um auf dem Höhepunkt seines Erfolgs auf den seinem Körper innewohnenden Makel zurückgeworfen zu werden.

Es sei noch angemerkt, dass Brandon Stark den Namen »Bran der Gebrochene« von Tyrion Lannister erhält, einer Figur in der Serie, die kleinwüchsig ist und vom Schauspieler Peter Dinklage gespielt wird. In den Diskussionen innerhalb der Behinderten-Community nach der Ausstrahlung des Finales wurde darauf hingewiesen, dass der Name sich auf einen Ausspruch Tyrions in der ersten Staffel der Serie bezieht, in dem er eine Affinität zu »Krüppeln, Bastarden und Zerbrochenem« bekennt. In ihrem Twitter-Feed bemerkte Rebecca Cokley, dass »Bran der Gebrochene« auch als Akt der Solidarisierung innerhalb der Community zu verstehen ist – eine behinderte Person spricht zu einer anderen, im gegenseitigen Einvernehmen, dass das Etikett »zer-/gebrochen« ihre körperliche Lebensrealität anspricht und zugleich über sie hinausweist: Schließlich wird es ein solcherart gebrochener Mann sein, der die zerbrochenen Königreiche wieder zusammenfügt.

Ich persönlich war angenehm überrascht von Brans Erhebung auf den Thron. Der Name »Bran der Gebrochene« scheint mir aber insofern problematisch, als er auf der gleichen Ebene agiert wie das Narrativ der behinderten Superheld*innen: Der inspirierende Aspekt seiner Thronbesteigung (Ein König! Und zwar ein gebrochener! *Seht nur, wie weit er gekommen ist!*) wird auf eine Weise hervorgehoben, die es bei einer*m nichtbehinderten König*in nicht geben würde. Was immer Bran auch erreicht haben mag – letzten Endes bleibt er ein Mann im Rollstuhl, König hin oder her.

Trotzdem hat es mir gefallen, dass ein behinderter Mann – der die ganze Zeit über behindert bleibt und trotz des Fantasy-Charakters der Serie keine wundersame Heilung erlebt – am Ende in einer solchen Machtposition ist. Es gefiel mir, dass am Hof zwangsläufig Anpassungen für Bran vorgenommen werden müssen; nachdem der berühmte Eiserne Thron von einem Drachen zerstört wurde, wird der Rollstuhl de facto zum neuen Thron, und alle, die sich um ihn versammeln, müssen ihm den Raum einräumen, den er benötigt. Natürlich ist die Behandlung von Brans Behinderung und seiner Thronbesteigung nicht perfekt – die Reaktion der Behinderten-Community ging in die Richtung von *Königsmund ist so was von nicht barrierefrei!* –, doch die Tatsache, dass ein behinderter Körper überhaupt in eine solche Position gelangt, und dies auch noch in dem märchenhaften Fantasy-Universum einer so bekannten Serie – das erschien mir enorm wichtig.

Es ist nun einmal so, dass in den behinderten Geschichten, die wir erzählen, in den behinderten Leben, die wir in der Welt führen, nichts perfekt ist. Wenn wir unsere Geschichten richtig erzählen wollen, gehört diese Imperfektion dazu. Es ist dem behinderten Individuum und dem behinderten Leben nicht möglich, das traditionelle Märchen-Happy-End zu erreichen, aber die Happy Ends, die wir erreichen können und die wir verdienen, sind viel besser. Sie sind verwickelt und kompliziert, sie erfordern sowohl individuelle Entwicklung als auch die Unterstützung der Community. Sie brauchen Individuen, die sich ändern, so dass die Welt sich ändern und verbessern kann, um ihnen direkt zu begegnen. Es sind weniger Happy Ends, sondern mehr oder weniger positive Aufbrüche, die immer auch mit Arbeit verbunden sein werden. Die Fokussierung auf das traditionelle Happy End blendet diese Arbeit jedoch völlig aus.

Bei aller Kritik ist es bedeutsam, dass eine große Erzählung wie *Game of Thrones* Behinderung diesen Platz einräumt. Es bedeutete mir viel, dass diese Serie eine Welt entwarf, in der Behinderung und der andere Körper Führungspositionen erlangen. Dabei erscheint es mir vollkommen passend, dass diese Erzählung in unserer modernen westlichen Gesellschaft einen ähnlichen kulturellen Einfluss hat wie einst die Märchen. Auch wenn wir vielleicht über die Märchen, die wir einst kannten und liebten, hinausgewachsen sind, stehen wir immer noch unter dem Einfluss ihrer Struktur und Bannkraft. Sie lehren uns, was es heißt, an etwas zu glauben, und sie ermutigen uns, mithilfe der Freude und Macht von Geschichten zueinander zu finden.

Einige Wochen nach dem *Game of Thrones*-Finale schrieb die Schauspielerin Ali Stroker Geschichte als erste Rollstuhlnutzerin, die einen Tony Award als beste Darstellerin gewann. Ausgezeichnet wurde sie für ihre Darstellung bei der Neuverfilmung des Musicals *Oklahoma!* aus dem Jahr 2019. Weil es keine Rampe zur Bühne gab (obwohl die Preisverleihung in der Radio City Music Hall stattfand, wo regelmäßig Bühnenbilder für Live-Shows gebaut werden und der Bau einer Rollstuhlrampe daher kein Problem sein dürfte), musste sie hinter der Bühne warten, bis ihr Name aufgerufen wurde, und dann von dort aus auf die Bühne fahren, um ihren Preis in Empfang zu nehmen.

Als *Oklahoma!* später den Preis für das beste Revival eines Musicals bekam, war sie die Einzige aus der Besetzung, die – wieder aufgrund der nicht vorhandenen Rampe – nicht für die Auszeichnung auf die Bühne kommen konnte. Wenn die Gesellschaft es nicht gewohnt ist, behinderte Menschen in Geschichten zu sehen, gewöhnt sie sich daran, behinderte Menschen auch nicht im echten Leben zu sehen.

Wenn die Gesellschaft es nicht gewohnt ist, behinderte Menschen im echten Leben zu sehen, dann wird sie die Welt weiterhin so einrichten, dass behinderten Menschen die Teilhabe erschwert ist, wodurch das Problem weiterbesteht. In dieser Welt besteht kein Bedarf für Rollstuhlrampen, weil kaum jemand, der*die einen Preis gewinnt, eine braucht, um auf die Bühne zu kommen. Doch was, wenn wir es für selbstverständlich hielten, dass jeder Mensch, ob behindert oder nicht, Erfolg haben kann, und wir die Bühnen wie die Welt entsprechend einrichten?

Es ist an der Zeit, dass wir andere Geschichten erzählen.

Es ist Zeit für eine andere Welt.

Her mit der Geschichte über eine behinderte Person, die lernt, in der Welt zurechtzukommen, und die im Gegenzug die Welt lehrt, mit ihrem behinderten Körper zurechtzukommen. Her mit der Macht und auch der Schwäche, den Kämpfen und der Freude.

Das sind unsere Leben – und unsere Geschichten verdienen nichts Geringeres.

In ihrer Erzählung ›A Conversation With My Father‹ hat Grace Paley Folgendes über das Prinzip der Handlung zu sagen: »[Die Handlung ist] eine gerade Linie zwischen zwei Punkten, was ich immer verachtet habe. Nicht aus literarischen Gründen, sondern weil es einem jegliche Hoffnung nimmt. Jeder, ob real oder erfunden, verdient doch ein offenes Schicksal.« Das Narrativ von Behinderung war jahrhundertelang eine solche »gerade Linie« – eine vorbestimmte Reise zu einem unglücklichen Ende: Behinderung als Antithese zum normgerechten Körper, Behinderung als etwas Geringeres und Anderes. Wenn die solcherart betrachtete Behinderung über den nichtbehinderten Körper hereinbricht, zerstört sie nicht nur seinen Status quo, sondern auch das Glück, das die Gesellschaft traditionell mit Gesundheit und Wohlbefinden assoziiert. In diesem Sinn ist Behinderung das, was jegliche Hoffnung nimmt.

Doch die Wahrheit ist, dass behinderte Leben und Narrative voller Hoffnung sein können – und sind. Die Leben behinderter Menschen sind wie die aller anderen: voller Leid, Freude und Kämpfe. Wenn wir Literatur mit dem Blick des »offenen Schicksals« betrachten, verstehen wir, dass das Ende einer Geschichte weniger ein *Abschluss*, sondern vielmehr ein *Aufbruch* ist – der Punkt, an dem das Publikum die*den Protagonist*in verlässt und ihr*ihm erlaubt, ihre*seine Reise durch die Welt fortzusetzen. In ganz ähnlicher Weise müssen wir verstehen, dass Narrative von Behinderung nicht zwangsläufig mit der Wiederherstellung des normgerechten Körpers oder dem Absturz in die Verzweiflung enden müssen, sondern auch einfach so weitergehen dürfen, wie sie sind. Behinderten Leben und Narrativen stehen alle Freuden, Frustrationen, Sorgen, Ärgernisse und all die anderen Elemente zu, die die komplexe Realität des Lebens ausmachen. Wir verdienen das gleiche »offene Schicksal« wie alle anderen, und die Geschichten über Behinderung ebenso.

Geschichten haben eine nachhaltige Wirkung auf Kinder – und sie wirken, ob wir es nun wahrhaben wollen oder nicht, auch auf die Erwachsenen weiter, die aus diesen Kindern werden. Wenn ein behindertes Kind mit Märchen und Geschichten aufwächst, in denen behinderte Figuren nicht vorkommen oder Behinderung an eine Vielzahl von Hindernissen und Misserfolgen geknüpft ist, wird es als Erwachsene*r daran gewöhnt sein, Behinderung nur verschleiert und vor den Realitäten des Lebens verborgen wahrzunehmen. Diese*r Erwachsene wird also, bewusst oder unbewusst, Behinderung mit einer Reise gleichsetzen, die aufhört und nicht weitergeht. In einer solchen Welt ist die Abwesenheit positiv besetzter behinderter Figuren in Büchern und Filmen nicht hinterfragbar, sondern eine schlichte Tatsache – wie die unbewussten Vorurteile, die entstehen, weil Behinderung, wie in vielen der Märchen der westlichen Welt, nur als *Charakterschwäche* dargestellt wird. Behinderung ist etwas Negatives, das wir mit Hemmnissen assoziieren, seitdem wir Geschichten verstehen können.

Meine eigene Behinderung war seit meinem dritten Lebensjahr eine Tatsache in meinem Leben. Ich habe viel Zeit mit dem Versuch verbracht, sie zu ignorieren – so zu tun, als wären mein Hinken und andere Schwierigkeiten nicht da. Ich tat das, weil ich mich in den Geschichten und Filmen, die ich kennenlernte, nicht wiederfand. Als Arielle laufen konnte, ging sie anmutig, und alles wendete sich am Ende für sie zum Guten. Wo waren die Märchen oder Geschichten über Kinder in Rollstühlen, über Mädchen, die hinkten, wenn sie im Ballettunterricht zu tanzen versuchten? Es gab sie nicht. Happy Ends waren den Nichtbehinderten vorbehalten. Und weil ich für mein Leben auf jeden Fall ein Happy End wollte, tat ich so, als wäre ich genau das.

Doch mein eigenes Märchen, das damals mit dem ersten Schritt ins Krankenhaus begann, ist immer einen anderen Weg gegangen. Ich wurde aus dem Krankenhaus in ein anderes Leben entlassen, und auch wenn ich mich heute in einer überwiegend normgerechten Weise durch die Welt bewege, frage ich mich manchmal, wie mein Leben verlaufen wäre, wenn ich früher schon kleine Mädchen – und ja, auch Prinzessinnen – in Rollstühlen und mit Gehhilfen gesehen hätte. Wie hätte sich mein Selbstbild als behinderte Frau entwickelt? Wenn ich Geschichten gelesen hätte, die Behinderung einfach als einen Teil des Lebens feiern, wie wäre meine Teenager-Zeit dann verlaufen?

Vielleicht wäre ich selbstbewusster gewesen. Sicher wäre es mir leichtergefallen, Behinderung in die Geschichten einzubeziehen, die ich selbst zu erzählen begann – ja, diese Unterschiede sogar als Grund zur Freude oder zumindest als *normal* anzusehen.

Ob es uns gefällt oder nicht: Die Geschichten, die wir als Kinder kennenlernen, formen die Welt, auf die wir treffen. Märchen und Fabeln sind niemals *nur Geschichten*: Sie lehren uns Entscheidendes. Gerechtigkeit, Hierarchien, Verhaltensmuster; wer ein Happy End verdient und wer nicht. Was es heißt, überhaupt etwas zu verdienen; was Happy Ends in der Fantasie wie in der Wirklichkeit bedeuten. Als Schriftstellerin verstehe ich erst allmählich, wie all das meinen Sinn für Gerechtigkeit und

Gleichberechtigung geprägt hat – als behinderte Frau bin ich mir jetzt erst der Macht bewusst geworden, die darin liegt, ein kompliziertes Happy End zu beanspruchen, selbst wenn die Geschichten dir etwas anderes erzählen.

Wenn wir Geschichten erzählen, wünschen wir uns ein Happy End als Ausgleich für die Ungerechtigkeit der Welt – für ihr Unrecht, ihre Grausamkeit, ihre beharrliche Zermürbungskraft. Und doch besteht ein Happy End aus Millionen von Dingen. Für die einen gehört dazu vielleicht die romantische Liebe. Für andere – etwa für mich – die Liebe, die aus dem Quell des Selbst entspringt, aus der Erkenntnis, dass das, was mir im Laufe meines Lebens begegnet ist, nichts ist, das es auf meinem Weg zum Glück zu überwinden gilt, sondern vielmehr der Stoff meines Lebensglücks. Ich gehe nicht durch die Welt wie irgendjemand anderes – darauf bin ich heute stolz, auch wenn es mit Herausforderungen einhergeht. Ich bin gespannt, wie meine Geschichten anderen dabei helfen können, dieses Glück auch für sich zu entdecken.

Es war einmal ein dunkelhaariges Mädchen, das ein Krankenhaus betrat und eine Reise begann, die bestimmen sollte, wie sie die Welt sehen und erleben würde. Es war nicht die glückliche Geschichte, die sie sich als Kind gewünscht hatte. Selbst heute, wo sie erwachsen ist, ist manches daran verletzend, und es passiert noch immer, dass sie ihren Gang im Spiegel sieht und die Stimmen aus ihrer Kindheit flüstern hört, die so grausam zu ihr waren.

Doch das ist das Märchen, das ich erzählen kann. Das ist mein kompliziertes Happy End – mein kompliziertes, glückliches *Leben*. Zu tun, als gäbe es irgendetwas daran zu überwinden – wie es die Welt so häufig tut –, würde mir und meiner Community keinen Dienst erweisen. Behinderung ist etwas, mit dem ich lebe, nicht etwas, das ich besiegt habe wie einen Schurken. Das versuche ich mit meinen Geschichten zu zeigen. Die Geschichten, die *wir alle* heute erzählen, sollten dieser Wahrheit in irgendeiner Weise Raum geben.

Her mit der Prinzessin im Rollstuhl! Her mit dem Mann, der einen bösen Zauberer überlistet, nicht mit Zauberei, sondern weil er die Welt anders sieht; eine Besonderheit, die es ihm ermöglicht, über sich selbst hinauszublicken und dies auch bei anderen zu erkennen. Her mit den Geschichten, in denen *Behinderung* gleichbedeutend ist mit einer anderen Sicht auf die Welt, und der Erkenntnis, dass die Welt daran wachsen kann.

Her mit den Märchen, in denen behinderte Figuren nicht nur obsiegen, sondern auch die Welt verändern. Behinderte Menschen haben das schon unzählige Male getan, und zwar in einer Welt, die ihnen immer wieder eine andere Geschichte erzählt: eine, in der sie überhaupt nicht vorkommen. Was könnten wir in einer Welt erreichen, wo der behinderte Körper im Mittelpunkt unserer Geschichten steht?

Wenn ich heute Geschichten erzähle, wenn ich mit ihrer Hilfe die Welt befrage, denke ich an das Mädchen von vor dreißig Jahren, deren Leben einen anderen Weg in den Wald nahm. Ihre Geschichte verlief nicht so, wie sie es sich vorgestellt hatte, doch sie offenbarte eine andere, schwierigere Art von Glück. Daran denke ich, wenn ich heute Märchen lese.

Ich will keine Geschichte, die mit einem Regenbogen über dem Meer endet, in der alle Schwierigkeiten einfach verschwinden und alles *perfekt* ist. Niemand sollte das alles wollen. Ich will eine Geschichte, in der ein Prinz – oder eigentlich jede*r – es schafft, mit einer Frau ohne Stimme zu kommunizieren. In der wir einander verstehen, uns die Hand reichen und uns gemeinsam dem offenen Schicksal stellen.

Für mich sind das die Märchen, die es wert sind, erzählt zu werden.

Anmerkungen

Die Autorin dankt Jeannine Hall Gailey für die Erlaubnis, Auszüge aus ihrem Gedicht »The Little Mermaid Warns You, You May Have Already Become Forgotten« (zuerst erschienen im *Enchanted Living Magazine* [ehemals *Faerie Magazine*]) als Epigraph zu verwenden. Sie dankt Patrick Friesen für die Erlaubnis, aus seinem Essay »Poetry Was My Back-Up Plan, After Music« (zuerst erschienen im *Winnipeg Review*) zu zitieren.

Das achte Kapitel »Monster, Marvel und Wunderwesen« erschien zuerst als »Monster or Marvel: The Disabled Life in a Superhero Universe« am 26. April 2019 auf *LitHub*.

Einige Teile der autobiografischen Abschnitte dieses Buches waren ursprünglich Teil des Essays »The Second Art Form«, der am 3. September 2013 auf *The Rumpus* erschien.

Bibliografie

Andersen, Hans Christian: *Sämtliche Märchen*. Nach *H. C. Andersen's Sämmtliche Märchen – Einzige vollständige vom Verfasser besorgte Ausgabe*, Leipzig, 1882. Deutsch von Julius Reuscher. Berlin, 2018. Daraus:

– ›Das hässliche junge Entlein‹
– ›Der Krüppel‹
– ›Des Kaisers neue Kleider‹
– ›Die kleine Seejungfer‹

Barbarin, Imani: »All My Life, People Have Told Me I'm ›An Inspiration‹. Here's Why It's So Harmful«. *Bustle*, 5. April 2019. www.bustle.com/p/all-my-life-people-have-told-me-im-inspiration-heres-why-its-so-harmful-17004612

Basile, Giambattiasta: ›Sonne, Mond und Thalia‹. Projekt Gutenberg. www.projekt-gutenberg.org/basile/pentamer/sonne.html

Berne, Patty: »Disability Justice – a Working Draft by Patty Berne«. *Sins Invalid*, 9. Juni 2015. www.sinsinvalid.org/blog/disability-justice-a-working-draft-by-patty-berne

Bottigheimer, Ruth: *Fairy Godfather: Straparola, Venice, and the Fairy Tale Tradition*. Philadelphia, 2002.

Bourke, Angela: *The Burning of Bridget Cleary*. London, 1999.

Campbell, Joseph: *Der Heros in tausend Gestalten*. Deutsch von Karl Koehne. Berlin, 2011.

Carter, Angela: *Blaubarts Zimmer. Märchen aus der Zwischenwelt*. Deutsch von Sybil Gräfin Schönfeldt. Hamburg, 1982.

Changing Faces UK: »I Am Not Your Villain«. 16. November 2018. www.changingfaces.org.uk/i-am-not-your-villain-campaign-launches-today-in-the-telegraph

Christensen, Jen; Leyla Santiago: »Despite rhetoric, illness threat from migrants is minimal, experts say«. CNN, 2. November 2018. www.cnn.com/2018/11/02/health/migrant-caravan-illness/index.html

Crafton, Donald: *Before Mickey: The Animated Film 1898–1928*. Chicago, 1993.

Dangerfield, Katie: »N. S. teen with cerebral palsy pressured to lie in creek, walked on by classmate«. *Global News*, 9. November 2018. www.globalnews.ca/news/4647329/bullying-video-ns-teen-cerebral-palsy/

De Beaumont, Jeanne-Marie Leprince: *Die Schöne und das Biest*. Deutsch von Barbara Egner. Esslingen, 2005.

DePalma, Anthony: »Father's Killing of Canadian Girl: Mercy or Murder?« *New York Times*, 1. Dezember 1997. www.nytimes.com/1997/12/01/world/father-s-killing-of-canadian-girl-mercy-or-murder.html

De Villeneuve, Gabrielle-Suzanne: *Die Schöne und das Tier*. Deutsch von Christine Hoeppener. Berlin, 1969.

Dolmage, Jay Timothy: *Disability Rhetoric*. Syracuse, 2014.

Dorwart, Laura: »What the World Gets Wrong About My Quadriplegic Husband and Me«. *Catapult*, 6. Dezember 2017. www.catapult.co/stories/what-the-world-gets-wrong-about-my-quadriplegic-husband-and-me

Ellington, Tameka N.: »The Origin of Anansi the Spider«. Vortrag auf der International Textile and Apparel Association 2016 Conference: Blending Cultures, Vancouver, BC, September 2016. www.lib.dr.iastate.edu/cgi/viewcontent.cgi?article=1806&context=itaa_proceedings

Frainey, Brendan; Beverly Tann; Susan Berger; Melanie Rak; Deborah Gaebler-Spira: »Bullying in Children and Adolescents with Cerebral Palsy and Other Physical Disabilities«. *American Academy for Cerebral Palsy and Developmental Medicine*. www.aacpdm.org/UserFiles/file/SP14-Frainey.pdf

Friesen, Patrick: »Poetry Was My Back-Up Plan, After Music« *The Winnipeg Review*, 22. März 2013.

Geschichten aus Tausendundeiner Nacht. Deutsch von Max Henning. Leipzig, 1974.

Gilbert, Sophie: »The Dark Morality of Fairy-Tale Animal Brides«. *The Atlantic*, 31. März 2017. www.theatlantic.com/entertainment/

archive/2017/03/marrying-a-monster-the-romantic-anxieties-of-fairy-tales/521319/

Gregg, Melissa: *Counterproductive: Time Management in the Knowledge Economy*. Durham, 2018.

Grimm, Jacob und Wilhelm: *Kinder- und Hausmärchen (1812–1815)*. Berliner Ausgabe, 2016. Daraus:
– ›Aschenputtel‹
– ›Hans mein Igel‹
– ›Hans Dumm‹
– ›Schneewittchen‹

Brüder Grimm: *Kinder und Hausmärchen*. Ausgabe letzter Hand, herausgegeben von Heinz Rölleke. Stuttgart, 2009. Daraus:
– ›Das Mädchen ohne Hände‹
– ›Der alte Sultan‹
– ›Die beiden Wanderer‹
– ›Rapunzel‹

Grimm, Jacob und Wilhelm: *Briefwechsel der Brüder Jacob und Wilhelm Grimm. Kritische Ausgabe in Einzelbänden, Band 1.1: Briefwechsel zwischen Jacob und Wilhelm Grimm*. Herausgegeben von Heinz Rölleke. Stuttgart, 2001.

Gurza, Andrew: »I Told My Mom I Hire Sex Workers And Her Response Changed Our Relationship«. *HuffPost*, 3. April 2019. www.huff-post.com/entry/disability-sex-workers_n_5ca21581e4b00ba6328062d8

Gurza, Andrew: »Sex, Pleasure, and Disability«. *Girl Boner Radio*. Podcast audio, 4. Mai 2019. www.podcasts.apple.com/us/podcast/sex-pleasure-and-disability/id814715884?i=1000437211012

Habermeyer, Ryan: »William Osler, Medicine, and Fairy Tales«. *Fugitive Leaves* (Blog). The Historical Medical Library of The College of Physicians of Philadelphia, 9. Januar 2019. www.histmed.collegeofphysicians.org/oslermedicine-fairy-tales/

Hayes, Chris: »The idea that the moral universe inherently bends towards justice is inspiring. It's also wrong«. *Think: Opinion, Analysis, Essays* (Blog). NBC News Digital, 24. März 2018. www.nbcnews.com/think/opinion/idea-moral-universe-inherently-bends-towards-justice-inspiring-it-s-ncna859661

Hiskey, Daven: »Sleeping Beauty is Based on a Story Where a Married King Finds a Girl Asleep and Can't Wake Her, So Rapes Her

Instead«. Todayifoundout.com. 29. Oktober 2012. www.todayifoundout.com/index.php/2012/10/sleeping-beauty-is-based-on-a-story-where-a-married-king-finds-a-girl-asleep-and-cant-wake-her-so-rapes-her-instead/

Hudec, Mariah: »Changelings and Sexual Coercion: Trauma and the Nature of Fairy Belief and Spirit-guide Relationships in Early Modern Scotland«. Master's Thesis, University of Edinburgh, 2014. www.academia.edu/10033810/Changelings_and_Sexual_Coercion_Trauma_and_the_Nature_of_Fairy_Belief_and_Spirit-guide_Relationships_in_Early_Modern_Scotland

Jane, J. S.; T. F. Oltmanns; S. C. South; E. Turkheimer: »Gender bias in diagnostic criteria for personality disorders: an item response theory analysis«. Abstract. *Journal of Abnormal Psychology* 116, no. 1 (Februar 2007), S. 166-175. www.ncbi.nlm.nih.gov/pubmed/17324027

Johnson, Erica: »Bell's ›Let's Talk‹ campaign rings hollow for employees suffering panic attacks, vomiting and anxiety«. CBC News, 25. November 2017. www.cbc.ca/news/health/bell-employees-stressed-by-sales-targets-1.4418876

Kamenetsky, Christa: »The German Folklore Revival in the Eighteenth Century: Herder's Theory of Naturpoesie«. *The Journal of Popular Culture* 6, no. 4 (Frühjahr 1973), S. 836-848. www.onlinelibrary.wiley.com/doi/abs/10.1111/j.0022-3840.1973.00836.x

Kay, Molly: »›Peppa Pig‹ Introducing Mandy Mouse Is a Major Moment for Disability Representation«. *Teen Vogue*, 30. Mai 2019. www.teenvogue.com/story/peppa-pig-mandy-mouse-disability-representation

Kim, Sarah: »Ali Stroker's Tony Award Was Only Broadway's First Step To Disability Inclusivity«. Forbes.com. 13. Juni 2019. www.forbes.com/sites/sarahkim/2019/06/13/ali-stroker-tony-award/#763b504c7a73

Klein, Betsy; Kevin Liptak: »Trump ramps up rhetoric: Dems want ›illegal immigrants‹ to ›infest our country‹«. CNN, 19. Juni 2018. www.cnn.com/2018/06/19/politics/trump-illegal-immigrants-infest/index.html

Kofoid, Jessica: »Walking in High Heels: The Physics Behind the Physique«. *Illumin: A Review of Engineering in Everyday Life* 2, no. 8 (September 2007). www.illumin.usc.edu/walking-in-high-heels-the-physics-behind-the-physique/

Konstan, David: »Beauty, Love and Art: The Legacy of Ancient Greece«. *ΣΧΟΛΗ: Ancient Philosophy and the Classical Tradition* 7, no. 2 (Juni 2013), S. 325-337. pdfs.semanticscholar.org/3c4f/87a83df2fb1bf9b670fbf3232b950a985cdd.pdf

Ladau, Emily: »Why Person-First Language Doesn't Always Put the Person First«. *Think Inclusive*, 20. Juni 2015. www.thinkinclusive.us/why-person-first-language-doesnt-always-put-the-person-first/

Lapointe, Grace: »Ambulatory: How the Little Mermaid Shaped My Self-Image with Cerebral Palsy«. *Monstering*, 28. März 2018. www.monsteringmag.com/blog/2018/3/28/ambulatory-how-the-little-mermaid-shaped-my-self-image-with-cerebral-palsy

Lewis, Talila A.: »Longmore Lecture: Context, Clarity, and Grounding«. Akademischer Blog. 5. März 2019. www.talilalewis.com/blog

Liddle, Siân: »Despite appearances, not all people with scarred faces are movie villains«. *The Conversation Canada*, 19. Oktober 2017. www.theconversation.com/despite-appearances-not-all-people-with-scarred-faces-are-movievillains-84732

Lindahl, Carl: »Jacks: The Name, The Tales, The American Traditions«. In: *Jack In Two Worlds*, herausgegeben von William Bernard McCarthy, S. xiii-xxxiv. Chapel Hills, 1994. www.folkstreams.net/filmcontext.php?id=258

Lombroso, Cesare: »Left-Handedness and Left-Sidedness«. *The North American Review* 177, no. 562 (September 1903), S. 440-444. www.jstor.org/stable/25119452? origin=JSTOR-pdf

Lowe, Johannes: »British Film Institute says it will no longer fund films which star villains with facial scarring«. *The Telegraph,* 27. November 2018. www.telegraph.co.uk/news/2018/11/27/british-film-institute-says-will-no-longer-fund-films-star-villains/

Lyons, Kate: »›Here is a story! Story it is‹: how fairytales are told in other tongues«. *The Guardian*, 19. April 2019. www.theguardian.com/books/2019/apr/19/here-is-a-story-story-it-is-how-fairytales-are-told-in-other-tongues

McBryde Johnson: *Harriet. Too Late To Die Young.* New York, 2006.

McCarthy, Michael J. F.: *Five Years in Ireland, 1895–1900.* Dublin, 1901. www.libraryireland.com/articles/Burning-Bridget-Cleary/index.php

Min, Sarah: »Social Security may use your Facebook and Instagram photos to nix disability claims«. CBS News, 21. März 2019. www.cbsnews.com/news/social-security-disability-benefits-your-facebook-instagram-postscould-affect-your-social-security-disability-claim/

Mitchell, David T.; Sharon L. Snyder: *Narrative Prothesis: Disability and the Dependencies of Discourse.* Ann Arbor, 2001.

Munsch, Robert: *Die Prinzessin in der Tüte.* Deutsch von Salah Naoura. Ravensburg, 2014.

O'Farrell, Maggie: *I Am, I Am, I Am: Seventeen Brushes With Death.* Toronto, 2018.

Oliver, Michael; Bob Sapey: *Social Work with Disabled People.* Basingstoke, 2006.

Oring, Elliott; Steven Swann Jones: »On the Meanings of Mother Goose«. *Western Folklore* 46, no. 2 (April 1987), S. 106-114. www.jstor.org/stable/1499928

Owens, Janine: »Exploring the critiques of the social model of disability: the transformative possibility of Arendt's notion of power«. *Sociology of Health & Illness* 37, no. 3 (März 2015), S. 385-403. www.onlinelibrary.wiley.com/doi/full/10.1111/1467-9566.12199

Paley, Grace: *Ungeheure Veränderungen in letzter Minute.* Deutsch von Sigrid Ruschmeier. Frankfurt am Main, 2014.

Pérez Cuervo, Maria J.: »The Bizarre Death of Bridget Cleary, the Irish ›Fairy Wife‹«. *Mental Floss*, 17. April 2018. www.mentalfloss.com/article/539793/bizarre-death-bridget-cleary-irish-fairy-wife

Perrault, Charles: *Sämtliche Märchen.* Übersetzung und Nachwort von Doris Distelmaier-Haas. Stuttgart, 1986. Daraus:

– ›Cendrillon oder der kleine gläserne Pantoffel‹
– ›Riquet mit dem Schopf‹
– ›Die schlafende Schöne im Walde‹

Phillips, Brian: »Once and Future Queen«. In: *Impossible Owls: Essays.* New York, 2018.

Piepzna-Samarasinha, Leah Lakshmi: *Care Work: Dreaming Disability Justice.* Vancouver, 2018.

Priestley, Mark: »Fundamental Principles of Disability: Being a summary of the discussion held on 22nd November, 1975 and containing commentaries from each organization [The Union of the

Physically Impaired Against Segregation and The Disability Alliance]«. In consultation with Vic Finkelstein and Ken Davis. Disability Resource Centre, October 1997. www.disability.co.uk/sites/default/files/resources/fundamental%20principles.pdf

Pring, John: »Action on Hearing Loss defends holding comedy fundraiser in inaccessible venue«. *Disability News Service*, 9. Mai 2019. www.disabilitynewsservice.com/action-on-hearing-loss-defends-holding-comedyfundraiser-in-inaccessible-venue/

Propp, Vladimir: *Morphologie des Märchens*. Herausgegeben von Karl Eimermacher, Deutsch von Christel Wendt. Frankfurt am Main, 1975.

Propp, Vladimir: *Theory and History of Folklore*. Translated by Ariadna Y. Martin and Richard P. Martin, edited by Anatoly Liberman. Minneapolis, 1984.

Radin, Paul: »How Spider Obtained the Sky-God's Stories«. In: ders. (Hg.): *African Folktales*, S. 25-27. New York, 1983.

Röhrich, Lutz: *Märchen und Wirklichkeit. Eine volkskundliche Untersuchung*. Baltmannsweiler, 2001.

Romain, Lindsey: »How *Game of Thrones* Failed Daenerys Targaryen«. *Nerdist*, 14. Mai 2019. www.nerdist.com/article/game-of-thrones-failed-daenerys-targaryen/

Roth, Melissa: *The Left Stuff: How the Left-Handed Have Survived and Thrived in a Right-Handed World*. Lanham, 2009.

Schmiesing, Ann: *Disability, Deformity, and Disease in the Grimms' Fairy Tales*. Detroit, 2014.

Siebers, Tobin: *Disability Aesthetics*. Ann Arbor, 2010.

Siebers, Tobin: *Disability Theory*. Ann Arbor, 2008.

smith, s. e., Matthew Cortland: »A Trump Proposal Could Make Selfies Dangerous for Disabled People«. TalkPoverty.org (Blog). Center for American Progress, 28. März 2019. www.talkpoverty.org/2019/03/28/trump-selfies-dangerous-disabled-people/

Snow, Blake: »The Science of High Heels: How Physics Keeps Women from Falling Down«. Fox News, zuletzt aktualisiert 21. Juni 2015. www.foxnews.com/science/the-science-of-high-heels-how-physics-keeps-women-from-falling-down

Sontag, Susan: *Krankheit als Metapher und Aids und seine Metaphern*. Deutsch von Karin Kersten, Caroline Neubaur und Holger Fliessbach. Frankfurt am Main, 2003.

Squire, Michael: *The Art of the Body: Antiquity and Its Legacy*. Oxford, 2011.

Stark, Jill: »Anxiety, depression and the ›fairy tale filter‹«. *Big Ideas*, ABC Radio National. Podcast audio, 8. August 2018. www.abc.net.au/radionational/programs/bigideas/anxiety,-depression,-and-the-happiness-myth/10204250

Thompson, Janet: »The Folklore Tradition of Jack Tales«. The Internet Archive: Wayback Machine, 2004. Zuletzt aktualisiert 10. April 2014. web.archive.org/web/20140410004237/http://ccb.lis.illinois.edu/Projects/storytelling/jsthomps/tales.htm

Thorne, Will: »*Special*'s Ryan O'Connell Talks Centering a TV Series on a Character with Cerebral Palsy«. *Variety*, 5. April 2019. www.variety.com/2019/tv/features/ryan-oconnell-special-disability-representation-interview-1203175586/

Tilton Ratcliff, Ace: »As a Disabled Writer, I Know My Stories Are Worth Telling«. *Catapult*, 14. Februar 2019. www.catapult.co/stories/fahrenheit-451-ray-bradbury-disability-writing-block-ace-tilton-ratcliff

Urquhart, Emily: *Beyond the Pale: Folklore, Family, and the Mystery of Our Hidden Genes*. Toronto, 2016.

Warner, Marina: *Once Upon A Time: A Short History of Fairy Tale*. Oxford, 2014.

Whaley, Kayla: »(Don't) Fear the Feeding Tube«. *Catapult*. 8. Mai 2018. www.catapult.co/stories/column-hard-to-swallow-dont-fear-the-feeding-tube

Willis McCullough, David: »The Fairy Defense«, Rezensionen zu *The Burning of Bridget Cleary: A True Story* von Angela Bourke und *The Cooper's Wife is Missing: The Trials of Bridget Cleary* von Joan Hoff und Marian Yeates. *The New York Times*, 8. Oktober 2000. www.nytimes.com/2000/10/08/books/the-fairy-defense.html

Wong, Alice: »Unbroken and Unbowed: Revisiting Disability Representation on ›Game of Thrones‹«. *Bitch*, 29. Mai 2019. www.bitchmedia.org/article/game-of-thrones-disability-roundtable

World Health Organization: »Disabilities: Definition«. www.who.int/topics/disabilities/en/

Wynn, Debbi: »A beauty beyond skin deep«. CNN, 17. April 2013. www.cnn.com/2013/04/14/health/loker-profile/index.html

Zipes, Jack: *Breaking the Magic Spell: Radical Theories of Folk & Fairy Tales*. Überarbeitete Ausgabe. Lexington, 2002.

Zipes, Jack: *The Oxford Companion to Fairy Tales*. 2. Auflage. Oxford, 2015.

Zipes, Jack: *The Irresistible Fairy Tale: The Cultural and Social History of a Genre*. Princeton, 2013.

Zipes, Jack: *When Dreams Came True: Classical Fairy Tales and Their Tradition*. 2. Auflage. New York, 2007.

Filmografie

Arielle, die Meerjungfrau. Regie: Ron Clements; John Musker. Buena Vista Pictures, 1989.

Captain America: The First Avenger. Regie: Joe Johnston. Paramount Pictures, 2011.

Captain Marvel. Regie: Anna Boden; Ryan Fleck. Buena Vista Pictures, 2019.

Cinderella. Regie: Clyde Geronimi; Wilfred Jackson; Hamilton Luske. Walt Disney Studios, 1950.

Game of Thrones. Staffeln 1-8. Produktion: David Benioff; D.B. Weiss. HBO, 2011–2019.

Maleficent – die dunkle Fee. Regie: Robert Stromberg. Walt Disney Studios Motion Pictures, 2014.

Schneewittchen und die sieben Zwerge. Regie: David D. Hand. Walt Disney Studios, 1937.

Shrek, der tollkühne Held. Regie: Andrew Adamson; Vicky Jenson. Dreamworks Pictures, 2001.

Danksagungen

Mein Dank gilt wie immer meiner Agentin Samantha Haywood für ihren unerschütterlichen Glauben und ihren Ansporn. Alana Wilcox und Melanie Little für das wunderbare, scharfsinnige Lektorat; Ricky Lima, James Lindsay, Crystal Sikma und dem Team von Coach House Books dafür, dass sie diesem Buch und seiner Autorin ein so wunderbares Zuhause gegeben haben.

Ich bin allen Mitgliedern der Behindertenbewegung, die mir für *Entstellt* von sich und ihrem Leben erzählt haben, zutiefst dankbar. Danke an Tinu Abayomi-Paul, Natalie Abbott, Kelly Aiello, Madeleine Battista, Rebecca Cokley, Irené Colthurst, André Daughtry, Laura Dorwart, Dominick Evans, Jeannine Hall Gailey, Andrew Gurza, Sarah Jama, Errol Kerr, Bethany Killen, Jónina Kirton, Grace Lapointe, Cara Liebowitz, Penny Loker, Dominik Parisien, Adam Pottle, Elsa Sjunesson-Henry, Rebecca Thorne, Emily Urquhart, Jerome van Leeuwen, Allison Wallis und David Williamson. Ich hoffe, dass etwas in diesem Buch euch so anspricht, wie ihr zu mir gesprochen und mir Hoffnung gegeben habt.

Die Arbeit der Behindertenrechtsbewegung ist ein langer, beschwerlicher Weg. Ich habe das Privileg, so vielen brillanten Menschen und Autor*innen zu folgen, die diesen Kampf schon so lange kämpfen. Mein besonderer

Dank gilt Imani Barbarin (#HashtagQueen), Bronwyn Berg, Patty Berne, Keah Brown, Hamilton, Mia Mingus, Mike Oliver, Dorothy Ellen Palmer, Leah Lakshmi Piepzna-Samarasinha, Vilissa Thompson, Ace Tilton Ratcliff, Alice Wong und Stella Young. Eure Hingabe und Entschlossenheit haben viele von uns getragen, und ich werde euch ewig dankbar sein.

Vielen Dank an Sarah Henstra, die sich hingesetzt hat, um mit mir über Märchen und die feindselige Welt zu sprechen; an Pauline Greenhill von der Universität Winnipeg für ihren fabelhaften Rat und ihre Empfehlungen; und an Tea Gerbeza für ihre wunderbare Arbeit über Behindertenfeindlichkeit in den *Harry Potter*-Büchern.

Herzlichen Dank an Garnette Cadogan und Jonny Diamond, die maßgeblich an der Gestaltung von Kapitel acht, ›Monster, Marvel und Wunderwesen‹, beteiligt waren und dem Text als eigenständigem Werk bei *LitHub* sein erstes Zuhause gaben.

Ich bin Shay Erlich für die sorgfältige Lektüre dieses Buches zu Dank verpflichtet. Shay hat mir geholfen, bei meiner Arbeit so offen und feinfühlig zu sein, wie ich nur konnte.

Vielen Dank an das Ontario Arts Council und das Canada Council for the Arts, deren finanzielle Unterstützung die Fertigstellung dieses Buches ermöglicht hat. Vielen Dank auch an den Ontario Heritage Trust und das Doris McCarthy Artist in Residence Program, die mir den Raum und die Ruhe verschafft haben, um *Entstellt* zum Leben zu erwecken.

Dank an Jess Babcock, Harolynne Bobis, Amy Fournier, Vito Zingarelli und alle anderen in Hedgebrook, die Autorinnen und ihren Geschichten einen Raum bieten.

Dank an meine Freund*innen, die mich daran erinnern,

dass ich als Schreibende nie allein bin: Carleigh Baker, Trevor Cole, Sean Cranbury, Jessica Desanta, Liz Harmer, Jaime Krakowski, Jen Sookfong Lee, Adam Pottle, Ben Rawluk, Amanda Reaume, Jael Richardson, Peter Snow, Sarah Taggart und Andrew Wilmot.

Besonderer Hexendank an Piyali Bhattacharya, Vero González, Mira Jacob, Ashley M. Jones, Lisa Nikolidakis und Yaccaira Salvatierra, die mit mir in Hedgebrook waren, als die Idee zu diesem Buch entstand. Unsere Freundschaft ist der Stoff, aus dem Magie entsteht, und ich werde immer dankbar sein, dass die Welt uns zusammengeführt hat.

Danke an meine Familie – Raymond und Debra Leduc, Alex Leduc, Aimee Leduc und Allison, Adam, Areyana und Adelyn DiFilippo – dafür, dass sie immer an mich geglaubt haben.

Und schließlich – an Sitka, den Höllenhund, der es für angebracht hielt, dieses Manuskript nicht zu zerfetzen, wofür ich überaus dankbar bin.

Inhalt